本书受以下项目资助：

国家社科基金重大项目——"把握经济发展趋势性特征　加快形成

发展新常态的体制机制和发展方式研究"（项目编号：15ZDC009）

中国行政体制改革研究会行政改革研究基金重点课题——"40年经济体制改革

历程和深化改革任务研究（2018002）"

中国社会主义
市场经济创新发展研究

ZHONGGUO SHEHUIZHUYI

SHICHANG JINGJI CHUANGXIN FAZHAN YANJIU

钱路波　著

中国财经出版传媒集团

经济科学出版社

Economic Science Press

图书在版编目（CIP）数据

中国社会主义市场经济创新发展研究/钱路波著．
—北京：经济科学出版社，2020.5
ISBN 978 - 7 - 5218 - 1584 - 9

Ⅰ.①中…　Ⅱ.①钱…　Ⅲ.①中国经济 - 社会主义市场经济 -
研究　Ⅳ.①F123.9

中国版本图书馆 CIP 数据核字（2020）第 083861 号

责任编辑：周胜婷
责任校对：隗立娜
责任印制：邱　天

中国社会主义市场经济创新发展研究
钱路波　著
经济科学出版社出版、发行　新华书店经销
社址：北京市海淀区阜成路甲 28 号　邮编：100142
总编部电话：010 - 88191217　发行部电话：010 - 88191522
网址：www. esp. com. cn
电子邮箱：esp@ esp. com. cn
天猫网店：经济科学出版社旗舰店
网址：http：//jjkxcbs. tmall. com
固安华明印业有限公司印装
787 × 1092　16 开　15.5 印张　320000 字
2020 年 6 月第 1 版　2020 年 6 月第 1 次印刷
ISBN 978 - 7 - 5218 - 1584 - 9　定价：78.00 元

前　言

　　市场经济理论是人类对实际经济生活中关于市场机制和市场组织结构等客观关系和实际作用的一种理论抽象。而社会主义市场经济理论，并不仅仅是把市场体制与一种特定的社会制度结合起来，在更深一层，即在具有普遍价值的意义上，是要找到一条路径，使市场经济本身既能避免严重失衡，又能持久地发挥它的功能。社会主义市场经济体制的确立和逐步完善的历史过程，既集中体现了建设中国特色社会主义的生动实践，也进一步丰富了中国特色社会主义的理论内涵。社会主义中国在改革开放40多年的伟大历史进程中，就如何正确认识并处理好市场及市场经济的地位和作用这一中心问题，构成了中国特色社会主义理论和实践发展的一条主线。同时，党的十九届四中全会将社会主义市场经济体制纳入基本经济制度范畴，这是我们党的一个重大理论创新。这一理论创新在鲜明地昭示，社会主义制度与市场经济不仅可以有效结合，更是为了坚实进一步发展社会主义生产力和社会活力的最有效的社会生产组织方式和交换方式，让经济基础与上层建筑实现良性互动。因此，学界有必要对中华人民共和国成立以来，尤其是自1978年开始改革开放以来，我国如何认识、运用、发展市场经济进行系统性的梳理研究，并在中国特色社会主义发展进入新时代背景下，进一步探索社会主义与市场经济的兼容结合，使中国社会主义市场经济以崭新面貌在21世纪发展得更加完善。

　　本书秉承马克思主义的立场、观点和方法，将马克思主义政治经济学的基本原理与中国经济体制改革的具体实践和时代特征相结合，从生产方式的客观实践出发，对中国市场经济的创新发展进行系统研究，从而寻求实践总结和理论跃升。具体而言，本书主要包括以下几个部分：

　　第一，在对中国社会主义市场经济发展的国内外研究文献进行梳理和分析的基础上，以对中国社会主义市场经济创新发展的思想渊源开篇。中国社会主义市场经济理论作为一个综合开放的科学体系，不能凭空产生，必须借助于各种有益的思想材料作为自己的理论来源。在社会主义市场经济体制中，既有市场机制，也有计划手段。因此，中国市场经济理论的理论来源不是单一的，既有马克思主义的科学理论，也有西方经济学家的合理见解。可以说，中国社会主义市场经济理论是对社会主义国家的经济制度和西方国家的经济运行机制辩证综合的理论结晶。

第二，本书从实践的维度，对我国社会主义市场经济创新发展的历史进程进行了系统地分析研究。历史地看，改革肇始于党中央的工作重心转移以及来自底层的人民力量。党的十一届三中全会将全党工作重心从阶级斗争转到了经济建设，之后的改革则从农村开始，由安徽小岗村的联产承包为起点，催生了城镇的个体经济、乡镇企业及由此发展而来的民营企业等。这些变化起于民众的意愿和主动，又得到了中央决策的支持。这种"上下呼应"和民众的首创精神，构成了日新月异的中国改革不竭的动力源泉。尤其是党的十八大以来，随着中国经济发展进入新常态，我国积极发展混合所有制经济、推进供给侧结构性改革、加快"一带一路"建设等经济实践，为中国社会主义市场经济的创新发展提供了丰富的研究空间。

第三，本书从理论的维度，探究了在中国社会主义市场经济的创新发展过程中，党和政府对推行市场经济体制必要性的认识，经历了一个由浅入深，实践—认识—再实践—再认识，不断往返、逐步深化的过程，这也是一个艰苦的较长的理论和实践探索过程。在这一探索过程中，我国实现了社会主义与市场经济的有机结合，结合的理论前提是商品经济的二重性，结合的现实前提是中国正处于社会主义初级阶段，结合的逻辑前提是市场经济中性论与社会主义本质论的提出，结合的关键节点是公有制与市场经济的有机结合，结合的基本途径是按公有制与市场经济的要求优化各自的实现形式；可以说，社会主义与市场经济的有机结合，不仅是马克思主义经济学说的新篇章，而且也成为我国经济体制改革的重要理论基础。在此基础上，我国市场经济创新发展的理论成就还表现在形成了独具中国特色的市场决定论、宏观调控模式和新发展理念，并从经济基础、分配制度、上层建筑等方面，形成了与英美模式市场经济相区别的内在特征。这些理论成就，既是对马克思政治经济学的丰富完善，也是对新民主主义经济论的精辟思想与科学方法的继承发展。

第四，本书从时代的维度，分析了我国社会主义市场经济的创新发展对中国特色社会主义进入新时代的重大意义。在新时代的语境下，中国市场经济的发展在回应时代课题、解决时代矛盾的过程中，构成了中国特色社会主义进入新时代的重要维度。从历史逻辑来看，中国市场经济的发展是随着时代的发展变化而变化的，并在变化过程中不断发展完善。随着中国特色社会主义发展进入新时代，中国市场经济的发展既要面对新的时代课题，又要吸纳新的时代精神。因而，中国市场经济在新时代的创新发展，既是开启全面建设社会主义现代化国家新征程的必然要求，也是推进国家治理现代化的重要内容和途径；既是实现中华民族伟大复兴的必由之路，也是建设现代化经济体系的体制基础和制度保障。可以断言，随着时代和实践的发展，我国社会主义市场经济的创新发展具有重大的时代意义。一是为转型国家提供了一种可供借鉴的改革和发展模式；二是为国际共产主义运动带来了新的活力和希望；三是为推动构建人类命运共同体提供了有力支撑；四是有利于坚定中国特色社会主义政治经济学的理论自觉和理论自信，促进21世纪中国马克思主义的不断发展。

第五，本书从特征的维度，系统总结了中国社会主义市场经济创新发展的基本特征。中国市场经济的创新发展不是遵循市场原教旨主义，而是根据本国国情，坚持把马克思主义政治经济学的基本原理和中国经济体制改革的具体实践相结合，独立自主并创造性地进行制度选择与制度安排，形成内生性和创新型的制度变迁轨迹，由此避免了那种强制性的制度移植输入和制度外部依附所带来的灾难性后果。中国经济改革的国别特色和"本土化"制度创新模式成为转型经济中独树一帜的模式，在国际上被冠以"中国模式"。由于中国进行市场经济体制改革初始条件的特殊性和改革现实基础的不可逆性，中国的市场经济体制改革只有从最初的"摸着石头过河"到"小步舞曲"再到"大刀阔斧"渐次演进，同时将自下而上的改革和自上而下的改革相结合、将增量改革和存量改革相结合，才能达到改革的目的。另外，价格改革既是经济体制改革的重要组成部分，又是关键环节，价格改革的全面展开，为发挥价值规律的调节功能、建立社会主义市场经济体制发挥了关键性作用。我国社会主义市场经济的创新发展，本质上是社会主义制度的自我发展完善，这就需要坚持生产力标准和价值标准的有机统一，从而实现社会主义制度优越性和市场配置资源有效性的兼融结合，形成具有中国特色和"本土化"制度创新模式的市场经济。

第六，基于上述理论和现实的思考，运用马克思主义政治经济学的分析范式，本书提出了在新时代背景下完善中国特色社会主义市场经济体制的政策建议。本书认为，时代是思想之母，实践是理论之源。要有效消除中美贸易摩擦的负面影响、积极推进新时代中国特色社会主义市场经济体制更加完善，就必须以习近平新时代中国特色社会主义思想为指引，深入推进基本经济制度、产权制度的更加完善，同时从要素配置的市场化、宏观调控方式以及全面深化供给侧结构性改革等方面进行深入思考，从而为建构具有中国风格、中国气派、中国特色的社会主义市场经济体制提供理论借鉴和实践指导。

目　　录

第1章 绪 论

1.1 选题背景及意义

社会主义的理论已有500多年的历史，社会主义的实践纵横将近一个世纪。进入21世纪后，各国共产党人仍然面临着"如何认识与建设社会主义"这个历史性的挑战。解决好这个兼具理论性与实践性的挑战涉及各个方面，而正确认识并处理好市场经济与社会主义的关系是其中的关键问题与核心所在。

早在1848年，马克思、恩格斯在《共产党宣言》中就对资产阶级利用商品市场来促进社会经济发展进行了生动阐述："资产阶级在它的不到一百年的阶级统治中所创造的生产力，比过去一切世代创造全部生产力还要多，还要大。①"在这里，马克思充分肯定资本主义在创造社会物质财富方面的积极作用，认为正是由于市场经济的发展，各种资源才在价值规律的指引下得以优化组合进而不断提升生产效率和经济效益，才为资本主义向社会主义的转变创造有利的物质条件。随后，马克思在其理论巨著《资本论》中，一开始就对市场进行严格的抽象和精确的定义，并从这个定义出发，对资本主义经济运动过程中纷繁复杂的流通领域进行深入探讨。马克思主义的经济学说对市场问题进行了科学的研究和精辟的阐述，成为马克思政治经济学的重要组成部分，对现代市场经济理论的发展产生重大影响。

俄国十月革命胜利后，社会主义由理论变为实践，这一伟大实践从一开始就提出社会主义也存在商品经济，必须大力发展市场的问题，列宁从战时共产主义转向新经济政策，这在社会主义理论和实践中第一次有限度地承认了社会主义经济中商品货币关系和市场作用。从此，市场在社会主义实践中成为挥之不去的"幽灵"，社会主义市场经济理论由此孕育、产生和发展。政治人物在对市场与社会主义的关系进行修正的

---

① 马克思恩格斯选集（第1卷）[M]. 北京：人民出版社，1995：277.

同时，各国经济学家也对这个问题进行深入探讨，由此产生了20世纪二三十年代关于社会主义经济可行性的一场大争论，在这场争论中脱颖而出的波兰经济学家兰格关于市场在社会主义经济中作用的理论阐述，是突破传统观念和苏联模式束缚的先声，并由此形成了"市场工具论"。在苏联社会主义实践中，斯大林提出"市场有限论"，认为在社会主义条件下，生产资料只具有商品形式的"外壳"，价值规律的作用将受到限制，只对消费者产生调节作用，而对生产领域只能间接发挥作用。随后在20世纪五六十年代，苏联、东欧等国家兴起的社会主义改革实践则为市场经济理论的发展提供了新的背景，改革的实践催生了"市场扩大论"的诞生，贯穿其中一条的理论主线就是要扩大市场机制在社会主义经济运行和调控中的作用，这种理论进展反过来又推动当时社会主义国家以市场取向为特征的经济改革。

从市场工具论到市场有限论再到市场扩大论的发展轨迹，大致反映了社会主义实践对传统的无市场论的突破和对市场关系的运用。历史发展到20世纪80年代，社会主义市场经济理论的最后定型，历史性地由中国共产党人在中国特色社会主义理论指引下的改革实践和理论进展所取得的突破而完成。这就是中国社会主义市场经济理论。这一理论的确立，既是对过去百年来社会主义市场理论发展的一个突破，又突出了"市场决定论"，从而使市场在社会主义经济中重新归位，开创了马克思经济学发展的新阶段。我国市场经济理论将由此以崭新的面貌在21世纪中发展完善并展现其独特魅力。

1.1.1 市场理论在马克思经济学体系中具有重要地位

马克思所生活的年代正值资本主义自由竞争的旺盛时期，市场机制已日趋成熟，并对资本主义的经济运行机制发挥着越来越重要的调节作用。随着市场竞争日益激烈，英法等国家开始周期性地爆发经济危机，给社会生产力造成了巨大破坏。为揭露危机背后的真实原因，马克思把商品作为资本主义市场经济的细胞，通过对资本主义的"商品生产""市场竞争"等问题展开分析，深刻揭示市场经济发展的一般规律。对此，早在1843年底至1845年初，马克思刚开始研究经济学时，就已经注意到市场价格的波动对利润、地租和工资之间的比例关系的影响。随后在《1857—1858年经济学手稿》中，马克思对经济学体系中"市场的抽象范畴应该放在什么地方"的问题做了思考。这就是说，在马克思经济学体系中，市场作为起点既是一个同商品、货币、价值、价格等相似的简单的经济范畴，也是一个同商品价值相关，涉及供求、价格、竞争等关系的较为复杂的经济范畴。关于这一点，马克思在论述资本的流通过程时曾指出：

"就资本的回流时间——即流通时间——必然随着市场同产地之间距离的扩大而延长来说……借助运输工具来缩短这种时间，直接属于考察资本流通的范围。但实际上这属于市场学说，而后者属于论述资本的部分。①"在这里，马克思不仅直接提出"市场学说"这一专门术语，用以表明市场问题应该作为专门的"学说"来考察，而且还表明，与资本运行相联结的"市场学说"，应该属于论述资本的部分，应该是资本理论的重要组成部分。因为在资本主义生产关系下，市场经济运行中资源一般采取资本形式，资本作为市场资源的一种特殊形式，它必须在运动中才能增殖。因此，资本主义生产方式下的资源配置过程，又表现为资本的运动。而这种运动，不可能脱离市场经济运行的一般规律。同时，马克思对市场关系的探讨贯穿于"六册结构计划"的各册之中。"六册结构计划"的前三册，即《资本》《土地所有制》和《雇佣劳动》，都对市场关系、市场类型做了分析。在后三册之中，《国家》首先从"资产阶级社会在国家形式上的概括"角度，对国内市场关系做出整体概述；《对外贸易》则从"生产的国际关系"角度，探讨市场关系在国际分工、国际交换中的经济过程及其内在规定性；《世界市场》主要研究的是"生产以及它的每一个要素都表现为总体，但是同时一切矛盾都展开了。于是，世界市场又构成总体的前提和承担者"②。可见，马克思对市场关系的分析经历了从抽象上升到具体、局部上升到整体的过程，即由对一国内部市场关系阐述扩展到对世界市场关系的阐述，这也清楚表明，市场、市场关系问题是马克思政治经济学研究中的重要论题和有机组成部分。

1.1.2 社会主义市场经济理论是中国特色社会主义理论体系的重要基石

"基石"原为建筑学上的词语，指称在建筑物的底部为其提供支撑的坚硬的石块。从实质上看，理论基石是理论体系中最为根本、最为基础的重要构件，在整个理论体系中居于重要支撑地位，是理论体系的"元理论"和学理总纲。我国市场经济理论的创建发展，是中国特色社会主义理论体系中最具时代活力和创新意义的组成部分，是一百多年来人类经济学说史上最重大的思想成果。它揭示了社会主义生产力和生产关系矛盾运动的规律和中国现阶段社会主义经济形态的本质特征，为我们正确认识并处理好计划与市场的关系，确立我国经济体制改革的基本目标，提供了基本的理论遵循，

---

① 马克思恩格斯全集（第46卷，下册）[M]. 北京：人民出版社，2003：185.
② 马克思恩格斯全集（第46卷，下册）[M]. 北京：人民出版社，2003：238.

指明了前进方向。

作为中国特色社会主义理论体系中的"基础子系统",社会主义市场经济理论比较成功地解决了社会主义改革和发展过程中遇到的一个最大问题,即如何正确认识和解决社会主义制度和市场经济形式之间的关系,更进一步讲就是计划与市场的关系问题。一方面,马克思认为,资本主义灭亡后,未来的社会经济形式将变为社会直接占有全部生产资料,商品生产将被消除,社会生产将有计划有组织地进行。但在现实的社会主义国家里,商品生产不仅没有完全消除,而且市场经济还要充分发展。这一问题该如何认识呢?是我国发展市场经济违背了马克思所揭示的客观规律,还是马克思理论本身有缺陷?能否从理论与实践结合点上真正搞清楚计划与市场的关系问题,找到社会主义基本制度与市场经济体制之间有机结合的途径和形式,进而在生产力迅速发展的基础上充分展现社会主义的优越性,将直接关系到社会主义在 21 世纪的兴衰成败。我国市场经济通过把作为制度形态的社会主义和作为体制形式的市场经济进行兼容结合,进而把计划与市场两种手段的优势结合起来,使长期争论不休的关于计划与市场的关系问题,在认识和实践上取得了突破性的进展。另一方面,由于经济是社会运行的基础和核心,在很大程度上决定着政治、文化、社会管理的重心与走向。从中国特色社会主义理论体系的内生逻辑来看,其各个组成部分都与我国市场经济的建立、发展、完善有着紧密联系,尤其是党的十九大更是把发挥"市场在资源配置中起决定性作用,更好发挥政府作用"作为"坚持新发展理念"的重要内容之一,并强调要"坚持社会主义市场经济改革方向,推动经济持续健康发展"[1],由此成为习近平新时代中国特色社会主义思想的重要组成部分,足见我国市场经济理论的重要地位。同时,党的十九届四中全会通过的《中共中央关于坚持和完善中国特色社会主义制度 推进国家治理体系和治理能力现代化若干重大问题的决定》明确指出:"公有制为主体、多种所有制经济共同发展,按劳分配为主体、多种分配方式并存,社会主义市场经济体制等社会主义基本经济制度,既体现了社会主义制度优越性,又同我国社会主义初级阶段社会生产力发展水平相适应,是党和人民的伟大创造[2]"。这段表述,第一次把分配方式和社会主义市场经济体制纳入基本经济制度范畴,是我们党的一个重大理论创新,是对我国改革开放 40 多年经验特别是党的十八大以来新鲜经验的一个科学总结,为推动经济高质量发展、建设现代化经济体系提供了理论支撑和制度支撑。

---

① 习近平. 决胜全面建成小康社会 夺取新时代中国特色社会主义伟大胜利——在中国共产党第十九次全国代表大会上的报告 [N]. 人民日报, 2017 - 10 - 28 (03).

② 中共中央关于坚持和完善中国特色社会主义制度 推进国家治理体系和治理能力现代化若干重大问题的决定 [N]. 人民日报, 2019 - 11 - 06 (05).

1.1.3 实行社会主义市场经济是中国经济奇迹般腾飞的体制根源

1978 年开始改革开放以来，我们党深刻总结国内外正反两方面经验，从我国社会主义初级阶段的基本国情出发，解放思想、实事求是，实现了从单一的公有制经济向公有制为主体、多种所有制经济共同发展的转变，实现了从单一的按劳分配方式向按劳分配为主体、多种分配方式并存的转变，实现了从高度集中的计划经济体制向社会主义市场经济体制的转变，极大地解放和发展了社会生产力，创造了经济快速发展的奇迹，这主要表现在和几乎同时起步的国家——印度相比较而言。具体情况如表 1.1 所示。

表 1.1 　　　　　　　　　中国和印度两国近 70 年发展指标比较

项　　目	1950 年			2018 年		
	中国	印度	中印比	中国	印度	中印比
人均 GDP（美元）	36	56	0.67	9770	2015	4.85
农业增加值/GDP（%）	59	51	0.86	7.19	14.46	0.50
服务业增加值/GDP（%）	20	33	0.60	52.16	54.21	0.96
农业劳动力占比（%）	84	70	0.84	26.77	43.86	0.61
城市化率（%）	13	17	0.71	59.15	34.0	1.74
婴儿死亡率（‰）	138	127	0.92	6.1	19.8	0.31
平均预期寿命（岁）	48	32	1.5	76	69.1	1.1
成人识字率（%）	43	18	2.3	96.4	72.2	1.34
大学普及率（%）	0.1	1	2.2	443.4	26.9	1.61

资料来源：（1）1950 年数据转引自中国科学院中国现代化研究中心. 21 世纪现代化的特征与前途［M］. 北京：科学出版社，2012：17；（2）2018 年数据来自世界银行数据库，并根据相关指标测算而得。

从表 1.1 可以看出，在 1950 年，中国的人均 GDP 仅为 36 美元，中国不足印度的 2/3，而到 2018 年，中国的人均 GDP 为 9770 美元，较之 1950 年增长了 271.39 倍，此时印度的人均 GDP 仅为 2015 美元，只约合中国的 1/4。同时，从农业增加值占 GDP 百分比、服务业增加值占 GDP 百分比、城市化率等指标来看，在 1950 年时，中国均不及印度，二者的发展存在一定差距；而经过 40 年的改革开放，2018 年时中国的相关主要指标均超越印度且遥遥领先。

总之，中华人民共和国成立以来，尤其是改革开放的 40 多年，我国社会生产力迅速发展，人均收入不断提高，生活质量不断改善，对外开放成效显著，创造了人类经济发展奇迹。"中国奇迹"的事实表明，我国市场经济理论为促进社会生产力水平的提升提供了理论指南，显示出强大生命力和科学性，成为中国特色社会主义理论体系的重要支柱。"中国奇迹"的事实也表明，实行社会主义市场经济体制，是中国改革开放以来最重大的体制创新，是中国经济腾飞的体制根源，是改变中国命运的历史抉择。故此，在实现中华民族伟大复兴中国梦的关键历史阶段，深入研究中国社会主义市场经济理论与实践，认真总结其形成、发展的主要历程，概括其基本内涵和创新之处，有助于我们不断完善我国市场经济体制，更好地发挥市场的积极作用，推动全面建成小康社会。

1.1.4 推进社会主义市场经济的创新发展是我国跨越"中等收入陷阱"的必然选择

改革开放的 40 多年，我国的人均 GDP 先后实现了两次跨越，第一次跨越是从 1978 年的 155 美元跨越到 2000 年的 1000 美元，解决了温饱问题，摆脱了低收入水平，开启了全面建设小康的历史进程；第二次跨越是到 2010 年，中国人均 GDP 突破 4000 美元大关，开始摆脱中下收入水平而进入上中等收入行列[①]。目前正向第三次跨越迈进，即由中等收入国家上升成为高收入国家。改革开放 40 多年的发展历程表明，我国的人均收入已经跨越了低收入和下中等收入，将来还要跨越上中等收入和高收入阶段。从拉动经济发展动力的视角出发，上述四个阶段相应呈现出"市场驱动""要素驱动""效率驱动""创新驱动"的发展特点，即经济增长动力的每一次转换，都会带来收入水平的相应变化，如表 1.2 所示。

表 1.2   **我国经济成长的四个发展阶段**

项目	第一阶段	第二阶段	第三阶段	第四阶段
组群划分	低收入组	中低收入陷阱		高收入组
		下中等收入组	上中等收入组	
人均 GDP	1000 美元以下	1000～4000 美元	4000～125000 美元	125000 美元以上
增长动力	市场驱动	要素驱动	效率驱动	创新驱动
时间节点	1978～2000 年	2001～2010 年	2010 年至"十四五"规划	"十四五"规划以后

可见，在我国经济发展的四个阶段中：第一阶段的本质是我国经济发展的制度

---

① 郑秉文."中等收入陷阱"与中国发展道路——基于国际经验教训的视角 [J]. 中国人口科学, 2011 (1).

变迁，强调的是向现代市场经济体制的转型；第二阶段是以要素资源的高投入来拉动经济增长，并在这一过程中使现代市场经济体制得以确立；第三阶段是避免"中等收入陷阱"的必由之路，强调的是我国市场经济体制内涵的提升以及由此带来的社会转型；第四阶段是我国转向高收入阶段，强调的是社会转型。但就目前情形而言，我国刚刚进入第三阶段，在此阶段要顺利实现增长转型，就必须进一步完善社会主义市场经济体制，确保市场在资源配置中的决定作用，实现"包容性增长"。

1.1.5　我国社会主义市场经济的创新发展在国际上引起了强烈反响

改革开放的40多年，中国经济持续、健康、快速发展，创造了举世瞩目的中国经济增长奇迹。"中国奇迹"使西方学者在反思传统理论的同时，试图以新的学说来审视中国经济发展所取得的新成就，以此探寻"中国奇迹"的密码所在。在此情形下，2004年5月11日，乔舒亚·库珀·雷默（Josha Cooper Ramo）在《北京共识》一文中总结了中国20多年改革开放的经验，对其中的经济和社会改革成就做了认真细致的理性思考和分析。在雷默那里，"中国模式"是"北京共识"的一部分，即关于经济的部分。雷默的论文发表后，顿如一石激起千层浪，中国经济奇迹及背后的"北京共识"一时成为世界瞩目的焦点。以"华盛顿共识"为代表的新自由主义在拉美地区的传播，造成了这一地区经济停滞、社会动荡，这与中国社会主义的蓬勃发展形成了巨大反差，这使得众多第三世界国家开始对本国所效仿的英美模式进行了深刻反思与强烈批评，同时对"中国模式"进行了分析借鉴，希望我国的发展模式能够成为有别于从前其他所有模式的一个替代模式。一些主流经济学家也认为，中国改革发展的道路应作为一种成功的典范，为世界上多数后发国家学习借鉴。

实际上，"中国奇迹"之所以引人注目，最根本的原因就在于，中国从自身实际出发走出了一条独立自主的发展之路。中国市场经济的创建和发展，彰显了社会主义本质实现的中国个性和民族色彩，是中国特殊国情的产物，是中国人民智慧经验的结晶。在历史性和当代性的双重交叉下，厘清我国市场经济创新发展的进程和价值，深刻阐明如何把市场经济、法治国家等现代性要素与公有制、党的领导等社会主义要素相结合，既是牢牢掌控我国研究话语权的理论自省，也是树立中国良好国际形象的现实需要。

1.2 国内外关于中国社会主义市场经济的研究现状述评

改革开放的 40 多年中，我国结合国情对马克思经济学进行了创造性运用与发展，形成了独具中国特色的市场经济，并由此创造出令世人为之瞩目的"中国奇迹"，引起国内外学界的高度关注，众多学者从多方面对其进行了深度解读。

1.2.1 国内学者对我国市场经济发展研究的基本现状述评

社会主义市场经济理论是改革开放以来我国经济体制改革实践在思想领域中的理论智慧结晶，这一理论是对马克思主义经济理论的发展和创新，是马克思主义经济学中国化最新成果的重要组成部分。对此，国内学界始终给予高度关注，并从不同领域、不同角度进行广泛探讨，主要集中表现在以下五个方面。

1.2.1.1 关于我国选择市场经济体制的必然性分析

一种观点认为，现代市场经济在发展生产力方面有优势。杨继绳（1993）对此指出，现代市场经济已经克服了昔日市场经济那种"事后调节"和盲目性的缺陷。在资源配置和经济调控中，以市场调节为基础，同时辅以政府干预，兼顾了公平和效率，可以促进生产力快速发展。另一种观点认为，市场经济是我国现有国情决定的。比如，著名经济学家王珏（1994）就认为，现实的社会主义是在发达国家所开辟的资本主义道路之外，落后国家企图借以跻身于现代文明进程，使落后的社会生产力获得迅速发展，把人民从贫困中解放出来的另一条历史道路。还有一种观点认为，市场经济是逻辑必然。持此观点的论者主要是詹连富教授，他认为，商品经济充分发展是社会经济发展不可逾越的阶段，而社会主义市场经济是由社会主义商品经济发展来的，是我国经济体制改革内在逻辑发展的必然结果[①]。

1.2.1.2 关于社会主义与市场经济相结合的探讨

社会主义与市场经济相结合，是 20 世纪人类社会的最伟大的探索之一，在这一探索过程中，我国成功地确立了社会主义市场经济新体制。围绕二者结合的逻辑主线，

---

① 詹连富. 对计划经济向市场经济转变的认识 [J]. 《资本论》与当代经济, 1993 (1).

国内学者就中国市场经济理论的各种观点展开了理论争鸣，得出不同结论。通过中国学术期刊网（CNKI）搜索国内有关"社会主义与市场经济相结合"的论文，国内学者在对社会主义与市场经济相结合的描述上互有交叉，1978～2017 年，以"社会主义与市场经济结合"为主题的文章共有 203 篇；以"社会主义与市场经济兼容"为主题的文章共有 25 篇；剔除交叉重复部分，两类文章合计 227 篇。具体分布情况如表 1.3 和图 1.1 所示。

表 1.3　　　　　　　　　　　论文发表数量与时间分布

项目	1993 年	1994 年	1995 年	1996 年	1997 年	1998 年	1999 年	2000 年	2001 年	2002 年	2003 年	2004 年	2005 年
数量（篇）	11	6	4	3	9	23	8	15	11	11	2	12	11
比重（%）	4.85	2.64	1.76	1.32	3.96	10.13	3.52	6.61	4.85	4.85	0.88	5.29	4.85

项目	2006 年	2007 年	2008 年	2009 年	2010 年	2011 年	2012 年	2013 年	2014 年	2015 年	2016 年	2017 年	合计
数量（篇）	9	4	12	15	10	7	9	7	12	8	6	2	227
比重（%）	3.96	1.76	5.29	6.61	4.41	3.08	3.96	3.08	5.29	3.52	2.64	0.88	100

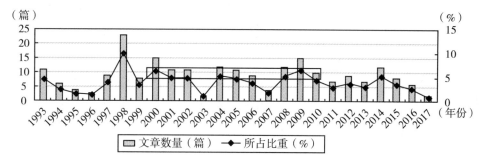

图 1.1　关于社会主义与市场经济相结合的论文分布

从表 1.3 和图 1.1 可以看出，关于"社会主义与市场经济相结合"的论文每年都会发表，但其数量变化却出现了"W"趋势。具体来看，在 1997 年党的十五大召开后，1998 年论文发表较多（23 篇），占总量的 10.13%，随后下降，之后又稳中有升，在新中国成立 60 周年（2009 年）发表论文较多（15 篇），占总量的 6.61%。围绕邓小平诞辰 100 周年（2004 年）和改革开放 30 周年（2008 年），年均发表了论文 12 篇，党的十八届三中全会之后的一年（2014 年）也发表了论文 12 篇。可见，每逢重大节点，学者们均围绕"社会主义与市场经济的结合"展开研究，并从不同视角发表不同观点。具体而言，学者们的研究视域及主要内容大致反映在以下四个方面：

（1）社会主义与市场经济能否相结合。在 20 世纪 90 年代初，部分学者指出社会主义公有制与市场经济是无法兼容结合的，因为只有在私有制条件下，才能实现产权的明晰化，从而保证市场机制的有效运转。持这种观点的人，一般都认为改革目标应该是推行私有化，国民经济的大部分活动应以私有制为原则①。但随着改革实践的不断推进，越来越多的学者认识到，社会主义尤其是全民所有制与市场经济从根本上来说是能够兼容的，没有根本性的矛盾。比如，赵凌云（1993）就明确指出，社会主义生产关系与市场经济具有兼容性。其理论依据在于，市场、市场机制、市场经济具有生产力属性，这是适合社会化大生产要求的生产力组织形式；其现实依据在于，中国生产力发展的现状，即工业化质量和水平低下，这在客观上要求通过经济市场化来改善。著名学者周新城（2004）也一再强调，市场经济本身并不能说明社会制度的性质，正相反，它的社会性质是由利用这种方法、手段的社会基本制度决定的。事实上，人们对于二者能否兼容结合这一问题的认识，是一个不断发展的历史过程。

（2）社会主义与市场经济怎样结合。顾珏民（2008）认为，社会主义和市场经济相结合的实质是在坚持社会主义基本制度前提下选择市场经济，而不是以市场经济为前提选择社会主义。张卓元（2008）指出，社会主义和市场经济相结合必需确保"公有制要适应市场经济，市场经济发展要适应社会主义共同富裕"的目标。著名马克思主义经济学家张宇（2016）也从所有制的视角出发，论述了社会主义与市场经济结合的关键是公有制与市场经济的结合，认为二者之间既有内在的一致性，又存在着一定的矛盾冲突。

（3）关于社会主义与市场经济结合的条件。赵晓雷（2009）指出，社会主义全民所有制与市场经济结合的前提条件是，既要坚持共产党领导下的人民民主政权，又必须改变人民民主政权管理社会经济的职能和方式。简新华、余江（2016）则认为，中国社会主义初级阶段的经济是商品经济或者市场经济的基本条件是存在社会分工和不同所有制。

（4）社会主义与市场经济相结合的优越性。杨承训（2008）指出，社会主义市场经济是市场经济的高级形态，符合社会化生产的基本规律，运行效果最好。对此，白暴力、方凤玲（2002）指出，资本主义市场经济是建立在私有制基础之上的，这就不可避免地导致经济危机；而社会主义市场经济则坚持以公有制为主体，坚持共同富裕的价值取向，则可以避免类似危机的出现。

1.2.1.3 关于社会主义与市场经济相结合的模式

社会主义和市场经济的结合是一个长期探索、逐步"磨合"的结果，不是一蹴而就的，在这一过程中，贯穿其始终的关键问题就是"计划与市场"怎样协调组合以更

---

① 魏杰，张宇. 公有制与商品经济关系的新思考 [J]. 探索，1989（1）.

好地促进生产力的发展，围绕这一重大关系，先后形成了以下四种结合模式。

一是"板块式结合说"。这种观点主张把产品划分为几块，不同的板块用不同的调节方式，有的板块用计划调节，有的板块用市场调节。例如，"对于有关国计民生的重要产品，必须实行计划调节"，而"对于其他产品，则实行市场调节"[①]。

二是"渗透结合说"。这种观点认为"社会主义经济中的计划性和市场性是相互渗透的，你中有我，我中有你"[②]，或者说"计划调节与市场调节……之间本来是紧密结合的，互相渗透，你中有我，我中有你，把他们截然分开是不妥当的"[③]。

三是"板块—渗透层次结合说"。该观点认为，现实经济生活是相互联系、无法截然分开的，经济运行是一个有机联系的严密统一体。因此，我国在经济运行中既存在板块结合的一面，又存在渗透结合的一面，二者是联系在一起的，即"板块"和"渗透"二者就像水和牛奶融合在一起，密不可分。比如，桂世镛、周叔莲（1981）认为，国民经济各个部分都在国家计划指导下利用市场机制，同时它们受计划控制和市场影响的程度又有不小的区别，把这种状况称之为多层次（类似板块）的渗透结合。

四是"综合体系论"。与上述观点不同的是，谷书堂、常修泽（1990）提出计划与市场的结合是"综合体系论"。他们认为：一方面，计划与市场不是板块式的结合，而是多重双重覆盖式的重合；另一方面，无论是通过市场调节企业，还是国家直接控制企业，都已经不是纯粹的市场调节或纯粹的计划调节了。一定程度上，刘国光（2008）也是主张"综合体系论"的，认为：一方面，我们要坚持市场取向的改革，但不能迷信市场；另一方面，我们要坚持计划调控，但不迷信计划。他同时指出，关于国民经济的总量平衡、重大经济结构调整、生态环境、社会公平等涉及经济社会发展全局的重大问题，不能单独依靠市场，需要有效发挥国家的宏观调控。

1.2.1.4　关于社会主义市场经济的主要内容

从社会主义市场经济的基本内涵出发，柳欣、刘刚（2008）指出，中国市场经济理论已经成为包括社会主义本质论、初级阶段论、基本经济制度论、市场体制论、经济转型论等内容的比较完整的理论体系。吕立志等（2009）认为，中国社会主义市场经济的基本内容，表现为两个互为联系、不可或缺的方面：一是所有制结构和实现形式；二是分配制度促进共同富裕。近年来，国内学界围绕党的十八大对社会主义市场

---

① 北方十三所高校编.政治经济学（社会主义部分）［M］.西安：陕西人民出版社，1979：321.

② 孙尚清，陈吉元，张卓元.社会主义经济的计划性和市场性相结合的几个理论问题［M］.北京：中国社会科学出版社，1980：106.

③ 何建章，王积业，吴凯泰.关于计划调节和市场调节相结合的问题［J］.经济研究，1980（5）.

经济理论的创新进行深入研究，并取得丰富成果。比如，邵光学（2013）认为党的十八大报告在经济理论上有许多重大创新，主要包括科学发展观指导思想的确立、全面建成小康社会的新要求、转变经济发展方式是关系我国发展全局的战略抉择、将生态文明建设纳入中国特色社会主义建设总体布局、经济体制改革的核心是政府与市场的关系等。胡家勇（2013）认为，党的十八届三中全会提出的"使市场在资源配置中起决定性作用"，在党的文件中是首次提出，是一个重大理论创新。刘伟（2015）认为，发展混合所有制经济是建设社会主义市场经济的根本性制度创新。从学者们的研究可以看出，我国市场经济理论是随着经济体制改革实践而不断发展变化的，随着全面深化改革的推进，这一理论所蕴含的具体内容也必将更为丰富多样。

1.2.1.5 关于社会主义市场经济体制的主要特征

目前，国内学者普遍认为，中国市场经济除了具有市场经济的一般特征外，还体现了社会主义制度的特殊性，高校思想政治理论课教科书从所有制、分配制度以及宏观调控三个方面对其进行了经典总结。围绕这一经典总结，国内学者主要从以下方面展开深入探讨。

首先，由社会主义制度方面带来的特征。厉以宁（1992）认为，中国社会主义市场经济与西方国家市场化经济的区别在于：从经济上说，我国的市场经济处于以公有制为主的客观环境中，西方的市场经济处于私有制的客观环境中；从政治上说，我国是由无产阶级领导的政府进行宏观调节，西方国家则是由资产阶级政府进行宏观调节。张昆仑（1999）认为，社会主义初级阶段的市场经济特征还反映在消费品的分配制度上，即以按劳分配为主，多种分配形式并存。

其次，由社会主义原则或社会主义目标带来的特征。吴振坤（1996）认为，以满足人民需要作为社会生产目的是我国市场经济的一个基本特征。范恒山（1997）认为，社会主义市场经济具有如下特征：管理者与被管理者处于平等的地位；追求共同富裕；崇尚爱国主义、集体主义的价值观，重视家庭伦理道德建设。

最后，由于宏观调控力度的不同而带来的特征。对此，著名马克思主义政治经济学家卫兴华教授（1995）认为，在社会主义市场经济中由于公有制的主体地位和国有经济的主导作用，国家能够通过比资本主义国家更有效的宏观措施，达到国民经济持续快速健康发展，实现社会主义多方面多层次的利益关系的协调完善和发展。

总的来说，国内学界对我国市场经济的研究较为成熟，研究时间较长、成果较多，涵盖了我国市场经济的诸多方面，在一些问题上也有所深化，这对于丰富和发展社会主义市场经济理论与实践具有重要作用。但在研究过程中也还存在一些亟待加强的地方。一是部分研究有余而整体研究不足。目前学界对我国市场经济的每个方面都要相对深入的认识和研究，但这决不能代替对我国市场经济的整体性研究，尽管学界已认识到应当加强对我国市场经济的整体性研究，但现有成果明显不足。二是现有研究成果大多是从单一学科的角度去论述，研究视角相对狭窄，从多学科、多领域、多视角去论述的研究成果还相对匮乏，同时对完善我国市场经济过程中存在的问题及对策还应加大研究力度。三是部分学者在研究过程中缺乏足够鲜明的理论自觉。我国在进行市场经济建设的过程中，固然需要学习借鉴成熟市场经济国家的相关经验，但在学习借鉴过程中，部分学者有意无意地淡化了工具服务的对象是社会主义制度，片面强调把数学化论文作为经济学学术研究标准，在一定程度上把西方主流经济理论当作我国经济体制改革的理论基础。这些不足之处，希望本研究在深入探讨的基础上得以进一步完善。

1.2.2　国外学者对中国市场经济发展研究的基本现状述评

近年来，国外学者出版了一批关于当代中国经济发展的研究文献，这些文献主要包括：美国亨利·基辛格的《论中国》、约瑟夫·斯蒂格利茨的《中外经济体制转轨比较》、费正清的《伟大的中国革命 1900—1985》、傅高义的《邓小平时代》、洪朝辉的《中国特殊论：中国发展的困境和路径》、莫里斯·麦斯纳的《毛泽东的中国及后毛泽东的中国》等，俄罗斯 A. P. 布坚科的《从中、苏、俄的经验看市场经济和市场社会主义》、季塔连科的《中国改革与俄罗斯》、杰柳辛的《邓小平和中国社会主义改革》等，日本大木一训的《正确看待中国的经济发展》、折户洪太的《中国改革开放 20 年与经济理论》等，英国克里斯托弗·皮尔森的《新市场社会主义》、理查德·伊文思的《邓小平传》等，德国托马斯·海贝勒《关于中国模式若干问题的研究》，新加坡郑永年的《国际发展格局中的中国模式》等。国外学者从不同角度对中国市场经济展开探讨，其观点主要集中在以下方面。

1.2.2.1　关于中国社会主义市场经济性质的争议

随着我国经济实力的不断增强，国际社会对中国市场经济的性质展开了相关探讨，中国市场经济的相关论题正在被国外学界及有关国际学术会议所热议和提及。但由于受话语体系和研究范式的不同，其论点也莫衷一是。概括而言，主要有以下三种观点。

一是"资本主义性质说"。美国杜克大学社会学教授高柏（Bai Gao）直接认为，中国是以自由化、私有化和去国家干预为三大基石的新自由主义国家①。《澳大利亚人报》亚太版主编 R. 卡里克（Rowan Callick）直接将中国社会主义市场经济概括为"自由市场"加"威权主义"，即"威权资本主义"。他认为，中国市场经济模仿自由主义的经济政策，通过国家和私人融资来建立一流的基础设施，国家垄断具有战略意义的经济领域，是典型的国家资本主义②。美国左翼学者马丁·哈特和保罗·伯克特（2005）则认为，中国的市场改革并不通往社会主义的复兴，而是通往彻底的资本主义复辟，并且不可避免地导致了两极分化。这些左翼学者大都以马克思的经典著作来教条式地裁剪中国经济体制改革，因而认为中国正在走向"资本主义"。持类似观点的还有罗伯特·韦尔、爱德华·斯坦菲尔德以及麻省理工学院黄亚生等。

二是"社会主义性质说"。与上述观点完全相反，国外一些学者认为，中国实行改革开放的 40 多年，仍然坚持了社会主义的性质。美国学者大卫·施韦卡特（David Schweickart）认为："中国还不是资本主义国家，而且将来也不一定必然是……，中国并不是无选择地向西方资本开放，中国没有放弃对经济的控制，没有让经济受盲目的市场力量支配"③。日本学者大木一训（2008）认为，中国的"公有经济在国民经济中仍居主导地位，资本主义经济的部分要素被限定在有限范围内，公私结合的混合经济使中国社会主义充满活力"。

三是"第三条道路"说。美国教授洪朝辉认为中国与西方工业社会的发展轨迹和苏联社会的转变过渡都大为不同，有着它自身的内在特点，而这一特点就是中国独特的政党政治和孔孟文化④。英国教授彼得·诺兰（Peter Nolan，2005）也认为，中国自2000 年以来一直在走它自己的"第三条"道路。

1.2.2.2 关于中国社会主义市场经济特征的探讨

关于中国市场经济的基本特征，也成为国外学者争论的又一焦点，由于各自解读的视角不同，国外学者探讨的论点主要表现在以下三方面：

第一种观点认为出口导向的增长模式是中国市场经济的显著特征。经济学家 T. 帕利（Thomas Palley，2006）认为，中国在展开以市场为中心的经济活动的同时，实施了

① Bai Gao. The Rubik's Cube state: A reconceptualization of political change in contemporary China [C]. In Lisa A. Keister (ed.) Work and Organization China Afterthirty Years of Transition (Research in the Socioloy of Work, Volume 19), Emerald Group Publishing Limited, 2009: 409–438.

② Rowan Callick. The China Model [J]. The American, 2007 (11/12) Issue.

③ 卫华. 美国左右翼学者对中国社会主义市场经济的看法 [J]. 理论参考, 2002 (1).

④ Chaohui Hong. The China Uniqueness – Dilemmas and Di – rections of China's Developmen [M]. New York: Cozy House Pub – lisher, 2004.

明确的内部和出口外部的资本积累，外部资本积累依赖于外商直接投资和出口导向型增长。同样，美国国际经济研究所高级研究员 N. 拉迪（Nicholas Lardy，2006）也认为，扩张性投资在中国经济增长中所发挥的作用日益重要，成为中国经济的一个显著特征。

第二种观点认为中国市场经济是一种包容渐进的改革模式。俄罗斯著名经济学家皮沃瓦洛娃（2012）认为，"中国没有急剧地全盘放开，采取的主要方式是有序的，通过试点逐渐地市场化，……叫作'摸着石头过河'"。D. 科茨（David Kotz）也认为中国采取了渐进式转型，即国家指导下的转型战略，"是抓住而不是放手"①。持类似观点的还有美国学者巴瑞·诺顿，他也认为，中国独特的发展模式是"灵活性和试验性的方法同'渐进主义'结合起来，这通常通过援引一句中国的俗语——摸着石头过河——反映出来"②。

第三种观点认为中国社会主义市场经济具有自身独特的体制和文化特征。有的海外学者从中国的历史基因和文化传承来探寻其经济社会发展的不同特征。美国普渡大学教授洪朝辉认为，中国市场经济是权力和市场互相杂交后所产生的一种新的经济形态，并受到中国孔孟文化、政党文化和商品文化的三重影响③。英国的斯蒂芬·哈尔珀也认为："中国的发展和改革的成功主要归功于其独特的文化、人口学、地理学和统治哲学"④。

1.2.2.3　中国社会主义市场经济发展的原因分析

一种观点为"革命遗产说"，持该观点的学者主要是西方左翼作家。例如，莫里斯·迈斯纳在《毛泽东和后毛泽东时代的中国》一书中论述了中国市场经济发展的主要因素在于毛泽东时代所创造的"革命遗产"⑤。他认为，毛泽东作为一个经济现代化的推动者远比他作为一个社会主义的探索者要成功，正是毛泽东时代的这份"遗产"才有可能使改革开放后的中国沿着经济发展的路子一直走下去。俄罗斯经济学院教授

---

① David Kotz. The Role of the State in Economic Transformation：Comparing the Transition Experience of Russia and China，http：//www. umass. edu/economics/publications/2005 – 04. pdf.

② 巴瑞·诺顿. 中国发展经验的奇特性和可复制性［M］//王新颖. 奇迹的建构：海外学者论中国模式. 北京：中央编译出版社，2011：27，37.

③ Chaohui Hong. The China Uniqueness – Dilemmas and Di – rections of China'sDevelopmen［M］. New York：Cozy House Pub – lisher，2004.

④ 16 Stefan Halper. The Beijing Consensus：How China's Authoritarian Model Will Dominate The Twenty First Century［M］. Basic Books Publisher，2010：32.

⑤ 莫里斯·迈斯纳. 毛泽东的中国及后毛泽东的中国［M］. 杜蒲，等译. 成都：四川人民出版社，1989：537.

波波夫（2011）也认为，近年来中国的成功（1978 年以来）以毛泽东时代（1949 ~ 1976 年）的成就为基础，这一成就就是强大的国家制度和1949 年以后由中国共产党所创立、并且在几个世纪中不曾有过的有效政府、改进的基础设施和增加的人力资本的储备。

另一种观点可以称为"自由市场说"。该观点认为，中国市场经济的迅速发展主要是实行了自由市场化的改革。例如，美国的 T. 帕利（2006）认为，中国的发展模式是以减少中央计划经济的规模，并增加以市场为导向的私有部分的规模为目标的。澳大利亚莫纳什大学经济学系教授根纳季·卡扎克维奇与拉塞尔·史密斯（Gennadi Kaza-kevitch and Russell Smyth，2005）指出，中国进行的是一种以农业自由化为重点的迅速改革，可以称之为"隐性的"休克疗法。

1.2.2.4 中国社会主义市场经济发展的国际比较

国外学者研究中国市场经济的另一视角就是将中国与其他国家的经济发展进行相互比较。美国卫斯理大学教授彼得·拉特兰（Peter Rutland）通过比较俄罗斯与中国在过去20 年的经济体制的演变过程，发现两国的差距巨大，而相似的地方却很少，他从初始条件、决定转型结果的领导人的政策选择，以及外部环境等方面进行分析后认为，中国的转型从总体上来说是成功的，而俄罗斯则被认为是失败的[①]。印度学者阿什瓦尼·赛斯认为中国和印度经济改革的初始条件有广泛的相似点，但中国经过30 多年的改革发展，目前在很多方面尤其是经济实力已经超越了印度。关于产生差距的原因，他从体制因素、土地改革进程、集体劳动与农村公共工程、生产力与就业的权衡等多个方面进行了综合分析[②]。越南学者姜明武认为，中国与越南的经济改革都始于一种为变革提供了接纳能力、危机和机遇三个重要因素的环境；同时，在改革方式上，中越两个国家都选择了"渐进主义的"方式进行改革，并特别关注经济增长，加强经济发展的基础设施建设[③]。英国伯明翰大学教授马克·比森则把中国与日本进行了比较研究，认为，就中国发展计划来说，最常见的批评之一是工业化过程的质量和深度，将其比作东亚的"伪资本主义"并无不恰当之处[④]。

---

① 彼得·拉特兰. 后社会主义国家与新发展模式的变化：俄罗斯与中国的比较［M］//王新颖. 奇迹的建构：海外学者论中国模式. 北京：中央编译出版社，2011：240.

② 阿什瓦尼·赛斯. 中国与印度：不同绩效的制度根源［M］//王新颖. 奇迹的建构：海外学者论中国模式. 北京：中央编译出版社，2011：261—284.

③ 姜明武. 经济改革与绩效：中国与越南的比较研究［M］//王新颖. 奇迹的建构：海外学者论中国模式. 北京：中央编译出版社，2011：307—313.

④ 马克·比森. 东亚的发展型国家［M］//王新颖. 奇迹的建构：海外学者论中国模式. 北京：中央编译出版社，2011：341.

通过上述分析可以看出，国外学者主要围绕如何定位中国市场经济的性质，如何把握中国市场经济的特征、成就等方面，从不同角度进行了分析。在国外学者的研究成果中，部分研究成果具有较大局限性，主要表现在两方面。一方面，国外学者大都从西方中心主义和自由主义的研究范式出发研究中国社会主义市场经济，并没有从马克思主义发展史的维度来考察中国市场经济的成就和历史地位，这一维度的缺失导致他们对中国市场经济与马克思政治经济学的继承和发展关系缺乏科学的认知，影响到他们对中国市场经济性质的判别；加之西方媒体的影响所引起的意识形态的偏见，也容易遮蔽这些研究者的研究视域，从而引起认知上的各种偏差，因此，他们的不少观点具有较大的片面性和局限性。

另一方面，由于西方和其他国家的研究者是在不同学科背景下进行研究的，不可避免地对我国社会主义市场经济的分析产生一定的偏差。与此同时，他们未能真正从中国国情和中国问题出发、从整体上理解中国特色社会主义，更没有涉及其基本原理，而且他们并没有亲身参与到中国市场经济建设的实际过程中，仅仅只是在我国经济体制改革实践的外围游弋，这使得他们与中国的现实"对话"不足，对中国的基本国情、改革开放新实践缺乏全面、客观、深入的了解和研究，因而他们的研究还只是局限在理论探讨和推测的范围，致使他们在研究过程中对当代中国相关问题产生了许多误读、误解、曲解和偏见。例如，国外学者在研究我国建设社会主义市场经济的过程中，往往把目光局限于我国在经济改革过程中出现的国有资产流失、贪污腐化、贫富差距扩大等经济社会问题，完全忽视中国市场经济的巨大成功，否认中国市场经济的社会主义属性。对此我们应保持头脑清醒，在加强同国外学者"对话"交流的同时，始终坚持马克思的批判观点，积极构建中国市场经济研究的话语体系，牢牢掌控中国特色社会主义研究的话语权。

1.3　本书研究的主要方法

1.3.1　逻辑与历史一致的方法

恩格斯在谈到政治经济学研究方法时指出："历史从哪里开始，思想进程也应当从哪里开始"[①]。这一论述表明，人类的思维发展与实践展开（历史事实）有着非常复杂

---

① 马克思恩格斯选集（第 2 卷）[M]. 北京：人民出版社，1995：43.

的关系，从根本上来说是一致的，即"思想"与"历史"是同方向发展的；但在特定时空条件下，特别是受偶然性的干扰，又表现出不平衡性和非同步性。而割裂二者的关系，就会导致要么总结零碎的实践经验，要么唯心地创造体系，这两种方法都有失偏颇，正确的方法则是历史发展与理论逻辑相统一。中国市场经济的内容体系和逻辑建构与现实的社会主义生产方式和生产关系的产生、发展是密不可分的。

1.3.2 文献研读法

文献是理论的主要载体。目前，关于市场经济创新发展的思想分散在众多文献和诸多领域之中，这就必须在系统梳理相关文献的基础上，对以往研究成果进行收集、归纳、整理和分析，提炼出市场经济创新发展的一般规律，探寻出众多文献中所蕴含的不同创新观点的内在联系，为构建我国市场经济的创新体系奠定基础。同时，笔者在本书写作时对文献的阅读，更侧重于对马克思主义经典著作的相关文献研究，只有通过对以《资本论》为代表的马克思经典文献进行梳理研究，才能深刻认识和全面把握马克思关于市场经济论述的相关思想。

1.3.3 理论联系实际研究法

社会主义市场经济是理论和实践的统一体，因此，对中国市场经济的创新发展进行研究，不仅仅是一项文献梳理、逻辑推演工作，更是一项结合现实、不断推进我国市场经济理论发展的工作。本书对当代市场经济理论的发展进行跟踪研究，并运用马克思政治经济学的基本原理进行评价；同时，本书对当前中国社会主义市场经济发展状况以及所面临的问题进行研究，吸收现代西方经济学的合理成分，构建中国特色社会主义政治经济学，用以指导和回答当前我国经济发展进入新常态后正确处理好"政府与市场的关系"的现实问题，从而更好地推动我国新时代经济发展转向高质量发展阶段。这不仅是马克思政治经济学研究的价值定位，也是研究的具体路径选择和基本方法。

1.3.4 系统科学研究法

马克思在《资本论》中提出"社会有机体""社会生产机体"等范畴的基础上，对系统思想进行了精彩的理论阐述，并将其运用于唯物史观领域，剖析了人类社会的发展规律。在唯物辩证法看来，任何事物都是系统，即由各个要素构成的相互联系的有机统一体。社会主义市场经济是统一体，包含若干互相联系、互相制约的大系统与子系统，因此就不能孤立地进行研究，必须有系统的观点，需要在理论分析与政策分析相结合的基础上，综合运用经济学、政治学、社会学、统计学、哲学、史学等多学科知识，深化课题的系统性研究，否则有可能一叶障目、不见泰山。

1.4 本书的主要内容、创新探索和分析框架

1.4.1 本书的主要内容

本书从马克思主义经典著作的文本解读及其理论认识出发，以史为据地回溯我国市场经济创新发展的基本历程，并对我国市场经济创新发展的思想渊源、实践图像、理论集成、基本特征进行较为系统的分析研究，在此基础之上探讨如何完善我国社会主义市场经济体制的路径选择。具体而言，本书的内容主要包括五个部分。

第一部分（第1章），提出中国市场经济的创新发展这一研究命题。从理论角度来看，社会主义市场经济理论是马克思经济学中国化的重要成果，在中国特色社会主义理论体系中居于核心指导地位；从现实角度来看，阐明中国市场经济的创新发展是关乎我国经济建设发展和国计民生的重大课题；通过对一些学者研究资料的分析，总结国内外学者对于市场经济及其创新发展所进行的相关研究，以此引出本书的研究主体。

第二部分（第2章），从文本角度解读并架构中国市场经济创新发展的思想渊源。其内容主要包括：中国市场经济的创新发展始终坚持马克思主义政治经济学的指导地位，创造性地把马克思的社会经济三形态理论、世界市场理论同中国经济体制改革的具体实践相结合。在此基础上，我国市场经济的创新发展也是批判地吸收借鉴东欧国家、西方经济学家以及我国古代市场思想的有益研究成果。

第三部分（第3~6章），这是本书的主体部分，该部分分别从实践、理论、时代以及特征四个维度对我国市场经济的创新发展进行系统分析。其中，第3章从实践的角度，以史为据地分析梳理了中国社会主义市场经济创新发展的历史轨迹，认为我国以市场化为方向的经济改革，大致经历了历史前奏、起步试验、初步进展、持续推进、逐步完善以及全面深化等历史阶段，着重分析了党的十八大以来，随着我国经济发展进入新常态，我国市场经济的实践有了新的表现，主要包括发展混合所有制经济、推进供给侧结构性改革、"一带一路"建设等方面。在厘清历史脉络的基础上，第4章着重分析了我国社会主义市场经济发展的理论创新，认为我国市场经济创新发展的理论

成就主要表现在实现社会主义与市场经济的有机结合，形成了独具中国特色的市场决定论、宏观调控模式和"五大发展理念"，并从经济基础、分配制度、服务目的、社会矛盾、上层建筑等方面，形成了区别于资本主义市场经济的基本特征。在此基础上，第5章从时代的角度，分析了我国市场经济发展的时代成就，认为中国市场经济在新时代的创新发展，既是开启全面建设社会主义现代化国家新征程的必然要求，也是建设现代化经济体系的体制基础。可以断言，随着时代和实践的发展，我国市场经济的发展必将为解决人类问题贡献中国智慧和中国方案。随后，第6章从特征的维度出发，提炼总结出中国市场经济创新发展的基本特征。

第四部分（第7章），在前面分析的基础上，以习近平新时代中国特色社会主义思想为指引，对发展完善中国市场经济体制进行深入思考。

第五部分（第8章），对全书内容进行总结和展望。

1.4.2 本书的创新探索

本书力图在以下方面给予创新。第一，本书从马克思的经典著作出发，在吸收借鉴一些学者研究成果的基础上，对马克思的市场经济思想进行深入发掘，并指出，马克思经济学是从一定社会条件下生产能力的相对有限性和由社会分工决定的人们社会需要的多样性来提出资源配置问题，破除了传统理论认为马克思没有市场经济思想的认识误区，进而为本书的后续研究奠定坚实的理论基础。第二，本书以翔实的史料为依据，将研究视角延伸到中华人民共和国成立前后，从实践、理论、时代以及基本特征四个维度，并以史为据地回溯了我国市场经济创新发展的基本历程，进而对我国市场经济创新发展的理论成果进行较为全面系统的梳理研究，特别是结合党的十八大以来的一系列最新理论总结，概述我国社会主义市场经济创新发展的最新理论成果；并在此基础上，结合党的十九大的最新表述，对我国市场经济的时代内容进行阐述。第三，以我国市场经济体制的建立、发展、完善三大历史阶段为经，以党在各个历史阶段所提出的主要思想观点为纬，采用理论与实际相结合、历史与逻辑相统一的手法，将我国社会主义经济建设的历史一线贯通，使我国经济建设的不同发展阶段浑然一体；同时本书紧紧围绕"社会主义市场经济"这一主线，建构起研究的体系和框架，使本书既成为一部历史感很强的论著，又成为一部理论性很强的史著。第四，在研究过程中，本书紧扣"中国特色社会主义政治经济学"这一核心命题，旨在用新的话语体系和新的理论范式来解读中国社会主义市场经济的生动实践，这是在传统社会主义市场经济话语基础之上的深化和发展，也是中国化马克思主义经济学形态的新表达。

1.4.3 本书的分析框架

本书以"提出问题—认识问题—分析问题—解决问题"的逻辑思路为主线,将理论与现实紧密结合,对我国社会主义市场经济的创新发展进行系统梳理研究,其逻辑思路及理论框架如图 1.2 所示。

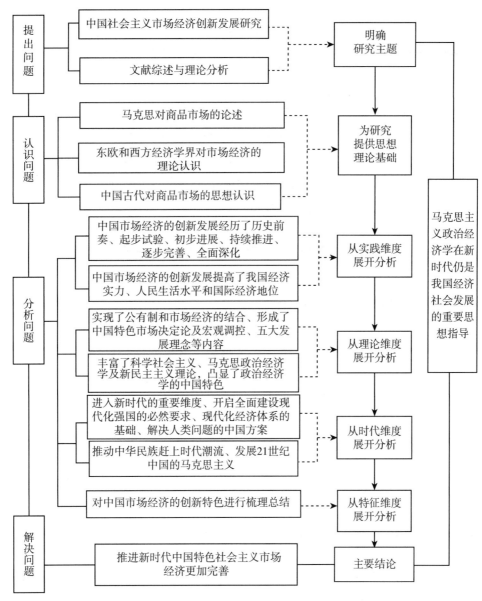

图 1.2 本书研究框架

第2章　中国社会主义市场经济
创新发展的理论来源

中国市场经济理论作为一个综合开放的科学体系，不是凭空产生的，必须借助于各种有益的思想材料作为自己的理论来源。在社会主义市场经济体制中，既有市场机制，也有计划手段。因此，中国市场经济理论的理论来源不是单一的，既有马克思主义的科学理论，也有西方经济学家的合理见解。可以说，中国社会主义市场经济是对社会主义国家的经济制度和西方国家的经济运行机制辩证综合的理论结晶。

2.1　马克思对市场经济的肯定性分析

2.1.1　社会经济三形态理论

马克思在他的作为《资本论》第一个手稿的《政治经济学批判（1857—1858 草稿)》中，基于一定的生产力发展水平基础，把经济形式、交换关系的不同与相应的人的主体发展程度的不同相结合，指出人类社会的演进将会相继经历以"人的依赖关系""物的依赖关系""自由个性"为特征的三大阶段。如果说五种社会形态是以所有制即生产过程中对生产资料的不同占有关系来划分的话，那么三大社会形态的划分则主要建立在一定的生产方式、生产力发展所决定的不同经济形式及人的主体发展状态基础之上的。

2.1.1.1　自然经济——"人的依赖关系"社会形态

在这种社会形态中，生产力的性质是手工劳动。由于生产力水平低下和社会分工不发达，经济结构是自给自足的，生产范围是封闭的，人与人之间的交往联系很少发生，因此人的生产能力只是在狭窄的范围内和孤立的地点上发展着。从不同的自然关系来看，主要表现为人对自然界的依赖，受自然界所支配，占主导地位的产业部门是农业。从人们的社会结合方式来看，由于生产者的社会交往极少，个体对共同体处于绝对依赖的关系之中，个人没有什么独立性，人与人的社会联系很少有非人格的中介，而采取直接的联系形式。

在原始社会，个人只有在集群中才能实际地从事生产，因此个人对氏族的依赖是绝对的，离开了氏族共同体就无法生存。在奴隶社会和封建社会，人们被分成不同的对立体，每个人都隶属于一定的等级，以及以姻亲或直接的行政统属关系隶属于一定的共同体。在这种关系中，人的性质并非来自他们的个体，也不为他们的个人所有，他们只不过是"一定的狭隘人群的附属物"[①]。所以自然经济形式是以"人的依赖关系"为特征的。因此，"无论个人还是社会，都不能想象会有自由而充分的发展"，[②]并且，把劳动主体与劳动客体的直接结合作为这一阶段公有制关系的特征。

2.1.1.2　商品经济——"物的依赖关系"社会形态

由于大工业机器体系的出现和社会分工协作的迅速发展，生产日益社会化。这种社会化是通过商品经济的广泛发展而实现的。商品生产的特点不是为生产者自身的需要而生产，而是为市场而生产，为商品交换价值而生产。当商品货币关系占统治地位时，就称之为商品经济。由于商品交换要通过市场，所以当市场在经济生活中发挥主导作用时就发展成为市场经济。从这个意义上看，市场经济是商品经济的不同概念表述。现代商品经济就是发达的市场经济。

随着市场的扩大，人们之间的交往形式日趋多样、交往范围不断扩大、交往频率更加频繁，进一步促进了社会的市场化程度不断提高，这就使每个生产者在社会分工日益拓宽的基础上，选择自己最擅长的物品进行生产经营，这种生产经营从个体形式上看是独立的，但从社会整体而言，它又必须依赖其他生产者提供的物品才能进行，由此形成人对物的全面依赖关系。即，社会中每个成员的生产必须依靠其他相关人员的生产才能进行。因为社会分工的存在，每个生产者生产的产品都是为了满足别人的生产生活需要，而他自己所需要的商品，又总是依靠别人生产出来的产品进行供给，他们之间总是相互联系、相互依赖的。

人们面向市场，就意味着要参与竞争，而竞争的优胜劣汰使得社会成员的生产能力不断被激发。因此，正是在商品市场经济条件下，才使个人获得自立，逐步成为主

---

① 马克思恩格斯全集（第 46 卷，上册）［M］. 北京：人民出版社，1978：18.
② 马克思恩格斯全集（第 46 卷，上册）［M］. 北京：人民出版社，1979：485.

宰自己的独立主体。商品市场经济在使人获得人格的独立性的同时，商品货币关系作为一种盲目起作用的力量，又使人的社会关系"物化"，形成"物的依赖关系"。因此马克思把人类在商品经济形式下个体与社会的联系十分恰当地概括为："以物的依赖性为基础的人的独立性"①。

2.1.1.3 产品经济——"自由个性"社会形态

这种社会形态对于今天的人类来说，尚属所预测的未来社会形态。这种社会形态建立在高智能和高度科学化的生产力基础上。在这种条件下，体脑分离的旧式分工已消灭，随着生产过程全面走向社会化，人力基本上退出了直接生产过程，生产成为人控制高智能机器系统作用于劳动对象的一种行为，从而使人的直接劳动不再是财富的资源，社会的基本经济资源也随之由自然资源转换为智力资源。由于知识、智力在这种社会形态中为人们所共创和共享，因此这种以智力为基础的社会内在地使人们结为一体，成为"类"的生活，成为"自由人联合体"社会组织的成员。在那种社会里，由于生产和分配可以在全社会范围内统一调节，不再依赖市场机制，个别劳动直接表现为社会劳动。因而个人既摆脱了"人的依赖关系"，又摆脱了"物的依赖关系"，从而使社会关系置于人的自觉支配之下。在那种社会里，劳动成为"个人的自我实现"，成为"真正自由的劳动"②，由于社会产品极大丰富，全体社会成员直接占有全部生产资料，社会成员都能按照自己的需要自由取用消费品，从而为人的"自由个性"发展创造条件。这种全面、丰富的"自由个性"，正如马克思所说，是"建立在个人全面发展和他们共同的社会生产能力成为他们的社会财富这一基础上的"③。

2.1.2 世界市场理论

从狭义上看，世界市场是指各民族国家之间以商品交换为主要内容，通过对外贸易和经济合作等方式建立起来的场所和领域。它是在各国国内市场发展的基础上形成的有机整体，是贸易关系突破国界扩延到世界范围的结果。可以说世界市场与国内市场是包含与被包含的关系，前者是后者的延伸，而后者则是前者的重要组成部分。狭义的世界市场的形成和发展，标志着各国的交换条件开始发生根本性的变化，即由原来的独立的国内生产转变为在世界市场上进行的生产，各国内部的消费转变成在世界

---

① 马克思恩格斯全集（第30卷）[M]. 北京：人民出版社，1995：107.
② 马克思恩格斯全集（第46卷，下册）[M]. 北京：人民出版社，1979：222，113.
③ 马克思恩格斯全集（第46卷，上册）[M]. 北京：人民出版社，1979：104.

市场上进行的消费，进而形成了资本主义生产关系在世界市场的横行泛滥。因而，随着资本的扩张及其社会形态的发展，世界市场既是发展为总体的资本关系"最发展的形式"，作为这一总体的前提和承担者，它又是马克思构筑的资本主义生产方式逻辑行程的终点范畴和总体范畴。同时，也顺理成章地成为未来新社会的过渡点、历史起点、历史前提和物质基础。

世界市场的出现就是由于资本的不断扩张而导致的。资本作为一种具体的形态，是具有不同国籍的，作为资本人格化的资本家都是这个或那个国家的公民，但资本从其出现起，从本质上说，它又是国际的，它所进行的榨取剩余价值的活动，不受国家或民族地段疆域的局限，它要开拓世界市场，把资本主义生产方式推向全球，即以资本为基础的生产不断扩张并逐渐走向世界市场。市场规模的大小，既是经济增长的结果，又是经济增长的条件。随着资本对剩余价值的无限攫取，当国内市场趋于饱和进而成为资本扩张的内在桎梏时，这时资本便转而需求国外市场，促使资本家到遥远的异国他乡搜集原料、寻求市场，也就是要冲破地理上的障碍，对外进行漫无边际的渗透，促使资本冲破封建社会地域和国家割据的罗网，打破一切狭隘闭塞的自然经济基础，进而使资本主义的生产、分配、交换和消费等环节开始走出国界，走向世界市场。具体表现为，正是商品资本国际化的要求，驱使资本家奔波于世界各地，去开拓世界市场，商品资本的国际化，推动了生产力的巨大发展，也因之推动了生产资本和货币资本的国际化。也就是说，当商品走向国际市场时，它也就使生产资本和货币资本具有国际化性质。因为，这时的国际贸易已与封建社会纯粹为了互通有无的国际贸易有了很大的不同。它开始朝着国际分工的方向迈进，建立在国际分工基础上的国际贸易已不仅仅是为了交换使用价值，而且更是为了追求剩余价值，这时的资本主义生产虽然仍在资本的母国进行，但它的原料和市场都已超出一国范围。随着与资本相适应的生产方式推广到全世界，资本主义的生产关系也开始在世界范围内呈现出来，并遍布到世界的每一个角落。

在资本主义社会中，商品经济开始占据统治地位。由于社会化大生产的快速发展，需要庞大的商品销售市场和广阔的原料产地，在世界范围内调剂各种物资余缺，有效地使国与国之间的生产和消费紧密结合起来，这就是土地和劳动力等要素的商品化过程，商品普遍化的顶峰就是资本主义的市场经济。资本主义的经济体制是市场经济体制，而现代的市场经济包含两个不可分割的内容：一是经济市场化，市场机制成为配置资源的重要手段；二是市场国际化，市场经济的快速发展客观要求突破狭隘的国家界限，使商品、技术、资金等生产要素可以在世界市场上自由流动，从而实现各种生产要素在世界范围内的优化组合，这与世界市场在本质上是一致的。可以说，世界市场不仅是商品、技术和资金等的流通国际化的过程，还是市场经济开始走向世界的过程，市场经济作为世界市场形成和发展的推动力之一，还为世界市场的发展扩大提供了体制保障。从某种意义上讲，世界市场的形成和发展过程就是市场经济全球扩张势力，并最终占据统治地位的过程。世界市场是市场经济体制的世界化和国际化，也只有市场经济得以充分发展，才能促进一个真正意义上的无所不包的世界市场体系的最终形成。

总之，在马克思看来，"各国人民日益被卷入世界市场网，从而资本主义制度日益具有国际的性质"①；因此，世界市场就成为资产阶级社会发展为国际资本主义总体、获得全球规模的整体存在形式。并且，跨国公司作为资本国际化运动的产物和载体，为资本主义在世界范围内的发展带来了巨大的推动力，促进了世界市场的迅猛发展，从而迎来了经济全球化时代。正如马克思所指出的那样，在商品生产者看来，"整个世界都融化在其中的那个崇高的观念，就是一个市场的观念，世界市场的观念"②。

2.1.3 东方社会理论

马克思和恩格斯对东方社会的研究，开始于 19 世纪 50 年代，其主要观点集中体现在《中国革命和欧洲革命》《英人在华的残暴行动》《波斯和中国》《鸦片贸易史》《1857—1858 年经济学手稿》等论著中。

马克思指出："如果亚洲的社会状态没有一个根本的革命，人类能不能实现自己的命运？如果不能，那么，英国不管干了多少罪行，它造成这个革命毕竟是充当了历史的不自觉的工具。"③ 1877 年，马克思批驳了米海洛夫斯基强加给他的一种观点，即把"……西欧资本主义起源的历史概述彻底变成一般发展道路的历史哲学理论，……但是我要请他原谅。他这样做，会给我过多的荣誉，同时也会给我过多的侮辱。"④ 马克思的这一论述表明，不能对唯物史观所揭示的社会发展规律进行教条式理解和生搬硬套。事实上，在人类社会的发展过程中，并不是只会有一种模式、一条道路，由于各个国家所处的具体环境和历史条件千差万别，它们在发展过程中也会表现出不同特点，是特殊性和多样性的有机统一。

1881 年，在给查苏利奇的复信草稿中，马克思指出："谁都知道，那里（印

---

① 马克思恩格斯全集（第 44 卷）[M]. 北京：人民出版社，2001：874.
② 马克思恩格斯全集（第 13 卷）[M]. 北京：人民出版社，1962：143.
③ 马克思恩格斯选集（第 1 卷）[M]. 北京：人民出版社，1995：766.
④ 马克思恩格斯选集（第 3 卷）[M]. 北京：人民出版社，1995：341 - 342.

度——笔者注）的土地公社所有制是由于英国的野蛮行为才消灭的，这种行为不是使当地人民前进，而是使他们后退。①"这就是说，摆在东方人民面前的任务不是用私有制代替公有制，不是破坏和扼制农村公社，而是保存和发展公有制。晚年马克思期望俄国公社获得新的生命，并认为"它能够不通过资本主义制度的卡夫丁峡谷，而占有资本主义制度所创造的一切积极的成果"。②

综观马克思关于落后国家"跨越卡夫丁峡谷"的阐述，就会清楚地发现，他们并没有脱离生产力水平、脱离现存的社会组织基础去设想一种处在较低形态的公有制向相隔几个历史阶段的高级形式的公有制过渡，而是要借助资本主义的现代生产力。在马克思看来，如果没有生产力的发展，"那就只会有贫穷、极端贫困的普遍化；而在极端贫困的情况下……全部陈腐污浊的东西又要死灰复燃。"③

2.1.4　对市场经济一般原理的具体论述

随着从抽象到具体的研究过程的展开，马克思直接对市场经济的一般原理问题发表了许多论述，具体表现在以下几方面。

2.1.4.1　关于市场经济条件下资源配置规律的研究

马克思指出，"价值规律，恰好正是商品生产的基本规律，从而也就是商品生产的最高形式即资本主义生产的基本规律"④。由于社会分工的存在，决定每个生产者必须互相交换自己的劳动产品，使自己的劳动成为社会总劳动的一部分。但是，在生产资料属于不同所有者的条件下，由社会分工决定的生产者之间的劳动或劳动产品的交换就不是无偿的，而必须是有偿的、等价的。而建立在这种经济关系基础之上并反映这种经济关系的基本经济规律就是价值规律。

价值规律之所以能够调节资源配置或社会劳动的分配，是因为价值规律的基本要求解决了商品经济条件下资源配置或社会劳动分配的基本问题。在资源流通方面，按照价值规律的基本要求，商品的价值量由生产该商品的社会必要劳动时间决定，这就为不同商品的交换找到了一个统一的尺度，使不同商品能够相互交换、自由流通。在资源配置效率方面，若某个商品生产者生产商品的个别劳动时间等于或少于社会必要

---

① 马克思恩格斯全集（第19卷）［M］. 北京：人民出版社，1963：448.
② 马克思恩格斯选集（第3卷）［M］. 北京：人民出版社，1995：770.
③ 马克思恩格斯选集（第1卷）［M］. 北京：人民出版社，1995：86.
④ 马克思恩格斯选集（第3卷）［M］. 北京：人民出版社，1995：663.

劳动时间，就会获得正常利润或超额利润，就能够在竞争中生存和发展；反之，就会在竞争中亏损或破产。这就会迫使商品生产者合理安排和组织生产，不断改进技术，提高效率，实现资源的优化配置。需要指出的是，在资本主义商品经济条件下，随着商品的价值转化为生产价格，社会劳动的分配或资源配置便是由生产价格规律所支配的。

2.1.4.2　关于供求关系及其实质的理论

马克思指出："既然社会要满足需要，并为此目的而生产某种物品，它就必须为这种物品进行支付。事实上，因为商品生产是以分工为前提的，所以，社会购买这些物品的方法，就是把它所能利用的劳动时间的一部分用来生产这些物品，也就是说，用该社会所能支配的劳动时间的一定量来购买这些物品。"① 关于供求关系的变动，马克思具体考察了三种情况，即供过于求、供不应求和供求平衡，这三种情况分别是生产某种商品耗费的社会必要劳动时间大于、小于或等于社会应该分配给该产品上的劳动时间。当供求平衡时，市场价格和市场价值相一致，市场处于均衡状态；当供求失衡时，市场价格和市场价值不一致，市场处于不稳定状态，受到供求和价格的相互作用，实质是价值规律的调节作用，市场会自发调节并趋向均衡。

2.1.4.3　关于竞争的实质和发生作用的机理

竞争是商品内在属性和规律的外在表现。竞争表现为商品生产者和购买者相互之间及其内部为争夺有利的生产条件和买卖条件而进行的斗争。生产者要以投入求产出并实现利润最大化，购买者要在有限的收入约束下购买商品并获得效用最大化，这样就必然展开为实现和捍卫自身利益的斗争。马克思从竞争同供求、价格的相互作用来说明竞争的形成、态势和作用，并指出，供给和需求把市场参与者划分为不同的利益竞争群体，个人在这里是作为社会的一部分来发挥作用的。据此，马克思把竞争划分为三个方面和两个范围。所谓三个方面，即买卖双方的竞争、买方内部的竞争和卖方内部的竞争；所谓两个范围，是指同一部门内部和不同部门之间的竞争。马克思认为："竞争使资本主义生产方式的内在规律作为外在的强制规律支配着每一个资本家。竞争迫使资本家不断扩大自己的资本来维持自己的资本，而他扩大资本只能靠累进的积累。②"

---

① 马克思. 资本论（第3卷）[M]. 北京：人民出版社，1975：208 - 209.
② 马克思. 资本论（第1卷）[M]. 北京：人民出版社，1975：649 - 650.

2.1.4.4　关于政府在市场经济条件下作用的说明

随着社会分工的发展，个人与社会之间出现了利益分化，在此基础上，政府发挥其自身作用成为必然，但国家发挥作用是一个动态推演的过程，即随着经济社会的不断发展，政府职能呈现出不断扩大的趋势，同时，政府职能的行使会对经济社会发展产生反作用，只有当政府职能和经济社会呈同方向发展，才会起到积极的推动作用，否则就会起阻碍作用。对此，马克思指出："国家权力对于经济发展的反作用可以有三种：它可以沿着同一方向起作用，在这种情况下就会发展得比较快；它可以沿着相反方向起作用，……；或者是它可以阻止经济发展沿着既定的方向走，……。但是很明显，在第二和第三种情况下，政治权力会给经济发展带来巨大的损害，并造成人力和物力的大量浪费。"① 同时，马克思还区分了政府的行为方式，认为它有好坏之分，指出："一切政府，甚至最专制的政府，归根到底都不过是本国状况的经济必然性的执行者。它们可以通过各种方式——好的、坏的或不好不坏的——来执行这一任务；它们可以加速或延缓经济发展及其政治和法律的结果，可是最终它们还是要遵循这种发展"。② 可见，良好的行政行为、优良的行政效率可以加速经济的发展，起到推进器的作用，反之则会阻碍经济发展。

2.2　东欧国家对市场经济理论的探索与反思

2.2.1　市场社会主义理论的最初探索——兰格模式

在社会主义经济中引进市场机制的模型，首推著名的"兰格模式"。兰格在他的理论中，首先设计了如下一种社会主义经济运行的框架：

（1）社会主义经济中客观存在着三个决策层次。最低层次是企业和家庭，中间层次是产业管理部门，最高层次是国家计划委员会。

（2）生产要素中除劳动力之外，都归国家所有，由国家计划支配。劳动力由市场调配。

（3）个人消费品通过消费市场进行分配，社会分配通过国家计划进行。

---

① 马克思恩格斯选集（第 4 卷）[M]. 北京：人民出版社，1995：701.
② 马克思恩格斯选集（第 4 卷）[M]. 北京：人民出版社，1995：715.

在以上框架体制中，国家计划委员会掌握着对整个经济发展的计划调控权，但是在资源配置的评价体系和手段上引进了市场价格机制，即由国家计划委员会首先制定生产资料和资金价格。这些价格将随计划一起下达给企业，要求企业按照市场经济中达到最经济的方法进行生产。即在经济运行过程中，生产者为使其利润最大化，其短期均衡条件必然是边际成本等于边际收益。这样，在竞争性市场上，如果供求不相等，买卖双方的竞争便会改变价格，重新获得一组均衡价格。

经过一段时期之后，由国家计划委员会来检查企业的供给（包括产品和劳务）和社会的需求状况是否达到平衡。如果供给和需求平衡，则进行下一轮的生产；如果供给与需求不平衡，则证明原先的价格已经"出错"，需要进行调整。如果某种产品的供给过剩，国家计划委员会就会降低该产品的价格，如果某种产品的需求过旺，国家计划委员会就提高该产品的价格。这样，通过一段时间的模拟市场的调整价格，计划价格就可以具备相当于市场价格的功能，可以给生产者和消费者指示相对短缺的程度，从而调整供给与需求，最终实现模拟市场，达到改善计划的目的。具体而言，兰格的社会主义市场理论如图2.1所示：

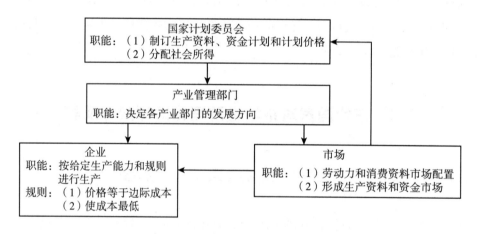

图2.1 兰格模型中的经济组织及市场关系

资料来源：陈甬军，胡德宝. 中国市场经济通论 [M]. 北京：中国人民大学出版社，2012：78。

兰格的思想是力图把市场在实现资源合理配置方面的功能吸收到社会主义计划经济的运行方式中来，从而在理论上形成模拟市场机制的计划经济模式。他认为，通过这样一种对市场功能的模仿，可以使社会主义经济达到像完全竞争的市场一样的均衡，从而保证其经济运行的质量与效率。兰格模式的提出，是适应社会主义经济发展的要求而进行的一次有益的尝试，它在冲破苏联模式的羁绊方面取得了巨大的成就，凸显了开展社会主义建设的方式可以多种多样。同时对社会主义与商品市场不能相容的理论进行了质疑与反思，从而对社会主义经济模式的探讨起了很大的推动作用。

但从实践角度来看，兰格模式也存在明显缺陷。首先，国家计划委员会要对成千上万种产品分别确定价格，并反复进行调整，这是根本不可能的。其次，市场机制中价格对供求关系的调整必须时时刻刻进行，同时，供求关系也必须灵敏地反映到价格变动中去。若由计划当局一段时间（通常为一年）后再进行价格调整，会带来价格的周期性震荡，从而突然对供求关系产生影响，影响经济的平衡运行。最后，计划当局在制定模拟价格时，会受计划者偏好等因素的影响，这就不能保证所指定的价格完全符合市场机制的要求。仅仅由于这个变量的引进，模拟价格就会失真，失去应有的意义，从而引起经济活动的混乱。

2.2.2　含有市场机制的计划经济——布鲁斯模式

布鲁斯继兰格之后，从经济运行原则的角度出发，提出了"计划市场分层协调理论"。布鲁斯首先论述了"经济模式"的理论内涵，他认为经济模式是"表示经济机制运行的图式，它撇开复杂的细节，而提供经济运行的主要原则的抽象图式"[①]。布鲁斯认为，社会主义经济作为计划经济，它的运行原则自然要涉及各种经济活动如何做出决策的问题。所以，他根据各种经济活动如何做出决策来划分社会主义经济的不同模式，认为各种经济活动的决策分为三个层次：宏观决策（a）、企业决策（b）、个人决策（c）。然后根据这三个层次，分别采取集中（n）或分散（m）决策，将社会主义经济模式分为四类，如表 2.1 所示。

表 2.1　布鲁斯经济决策分层

模式	决策层次		
	a	b	b
Ⅰ	n	n	n
Ⅱ	n	n	m
Ⅲ	n	m	m
Ⅳ	m	m	m

第一种模式是军事共产主义模式，全部经济活动都由国家集中决策，完全消除市场机制。第二种模式是集权模式，或称"斯大林模式"，宏观和企业决策是集中的，个

----

① 布鲁斯. 社会主义经济运行问题［M］. 北京：中国社会科学出版社，1984：2.

人决策是分散的。这是高度集中的计划经济模式,即所谓的传统经济模式。第三种模式是分权模式,布鲁斯把它叫作"含有市场机制的计划经济模式"。第四种模式是"市场社会主义"模式,或称"南斯拉夫模式",全部决策分散化。布鲁斯认为第一、第四种模式是不可取的,社会主义经济模式只能在第二、第三种之间进行选择。他对这两种模式进行对比分析,并总结东欧各国的经验,最后得出结论:社会主义经济采取集权模式是不适应的,必须代之以分权模式。他认为,分权模式是现阶段社会主义经济最理想最优越的模式。

布鲁斯的经济理论认为分权模式可以克服经济体制的弊端,意识到了市场体系的建立可以使计划经济更加完善;认为企业具有高度自主性,国家对企业的调节应主要集中在进行总量调整和中长期决策,从而不断增强计划的导向性;它丰富了国家的间接调控理论,这对原东欧国家的经济实践产生了重要影响。但这一模式也存有一些缺陷。例如,认为社会主义经济仍然是计划经济,主张国家通过参数调节等方式来影响企业的投资活动,强调国家应根据社会偏好参与价格确定,这种调节很难适应灵活多变的市场情况;同时,在投资决策过程中,布鲁斯认为投资决策集中就可以万事大吉,从而疏漏了企业改换生产方向的问题,没有考虑优胜劣汰和规模经济的问题,价值规律和市场的主体地位在一定程度上被抹掉了。总之,布鲁斯模式还带有浓厚的计划经济色彩。

2.2.3 宏观间接调控的自由市场协调——科尔内模式

科尔内思想的精华是短缺经济学。他所说的短缺,不是自然短缺,即资源短缺,而是体制短缺,即由一定社会经济体制造成的短缺。科尔内认为,社会主义经济运行最突出的特征是短缺,具体有四种类型:纵向短缺(资源分配者与需求者纵向关系之间出现的短缺)、横向短缺(卖者与买者之间的短缺)、内部短缺(企业由于受到资源约束而缺少为完成计划所必需的投入品)、社会生产能力短缺(社会生产能力已接近各种资源的"瓶颈")。上述四种"短缺"相互联系,相互作用,使短缺不断产生和扩张,加剧着短缺的状态。因而,不会因某个部门、某种产品在某个时候短缺有所缓解,而意味着短缺的抑制或者消除。因为其他部门,其他产品正在滋生和传递着短缺。科尔内分析了社会主义经济短缺的原因:直接原因是摩擦和吸纳使生产性滞存不能起到"适当缓冲器"的作用;根本原因是预算约束的软化使企业的生产具有"数量冲动"和囤积倾向;最终原因是国家对企业的保护和企业对国家的依赖关系,即"父爱主义"的存在。

科尔内对经济模式的分类是以经济协调机制为标准，他从经济协调的角度将经济体制分为行政协调（Ⅰ）和市场协调（Ⅱ）两大类。每一大类协调机制又各有两种具体形态：即直接行政协调（ⅠA）、间接行政协调（ⅠB）；无控制的市场协调（ⅡA）、宏观调控下的市场协调（ⅡB）。两种行政协调的共同点是：依赖上下级隶属关系，通过纵向的信息传递和行政手段来控制经济运行。两者的区别是调控手段不同：ⅠA 是通过下达指令性指标来控制的；ⅠB 中指令性计划已被取消，国家是通过行政权力迫使企业接受行政机关的意图。两种市场协调的共同点是：通过企业间横向信息流动和市场力量来协调经济运行。其区别点是：ⅡA 中没有宏观控制，经济运行完全靠市场机制的自发调节；ⅡB 中经济运行要靠统一的和规范的宏观约束手段来调节。ⅠA 是苏联传统模式，ⅠB 是匈牙利模式，ⅡA 是南斯拉夫模式，ⅡB 是改革的目标模式。匈牙利的改革就是从ⅠB 转向ⅡB。

总的来说，东欧国家从 20 世纪 50 年代初开始，伴随着经济体制改革，对市场社会主义理论进行了大量研究，也取得很大成就，代表了东欧国家经济学家们对传统计划体制及其高度集中的苏联模式的重大突破。但由于苏联的干涉及其东欧各国经济改革理论的内在缺陷，加之它们未能深刻认识到商品市场和价值规律是经济的活力所在，它们没有彻底摆脱计划经济的框架束缚，因而它的市场社会主义理论的发育也没有最后完成。

2.3　西方经济学家关于市场理论的研究

2.3.1　亚当·斯密的自由市场经济理论

亚当·斯密在其代表作《国民财富的性质和原因的研究》（简称《国富论》）中，以利己主义为哲学基础，把个人对经济物质利益的追求看作是人们经济行为和经济活动的动机，对分工和交换问题做了古典意义上的深刻阐述。事实上，早在《道德情操论》中，斯密就提出了"看不见的手"这个思想，这个用语被用来说明整个人类社会的和谐一致。在《国富论》中，斯密为了使个人利益与社会利益能够和谐一致，着重阐述了"看不见的手"的作用——市场竞争机制的作用。在斯密看来，要协调个人利益和社会利益的矛盾，唯一可行的办法，就是让市场机制充分发挥作用，让竞争调节一切。在市场竞争中，资本家通过竞争追寻自身利益的同时，也在一定程度上扩充了社会利益，进而使生产者和消费者的利益相协调，这是人类社会自身调整的一种机制。斯密指出："人间虽有疾病，有庸医，但人身上总似有一种莫名其妙的力量，可以突破一切难关恢复原来的健康"①。同人的身体一样，斯密也认为社会内部有一种内在的团聚力量，有一种莫名其妙的力量，这就是"看不见的手"，也就是市场机制的调节力量，它可以突破一切难关，保证、调节和恢复社会生产赖以生存的必要条件。

斯密认为，社会成员的一切活动都是为了追求个人的经济利益，这是"经济人"的本能和特性。在斯密看来，经济自由是满足人们的"利己心"的必经之路。为了实现个人以及社会的利益，必须创造一个完全自由的环境，让人们自由地从事经济活动。如果任凭每个人都追求自我利益，同时也就促进了社会利益。因为在自由放任政策下，每个社会成员"受一只'看不见的手'的指导，人们就会尽力去达到一个并非他本意想要达到的目的"②。所以政府不应该干预、阻碍个人追求个人利益。既然要让"看不见的手"充分发挥作用，那么，一切管制和束缚，不利于私人资本开展自由竞争的法规举措，都应该全部取缔。政府不要限制或干扰私人的生产经营活动，只有让资本、劳动力等要素放任自然，才能使国民财富不断增长。所以斯密反对国家的封建主义残余和重商主义政策对经济生活的干预，主张废除学徒法和居住法，以保证劳动和资本的自由转移，反对同业组合法规、垄断经营和垄断价格，主张实行自由经营和自由竞争价格，反对重商主义政策对国外贸易的干预，主张自由贸易。

需要特别指出的是，亚当·斯密在主张经济自由化的同时，对政府职能也进行了深入探讨。他认为，在自由放任条件下，政府有三项任务，一是保护国家主权尊严不受侵犯；二是尽可能保护每个社会成员及其权利的安全；三是提高并改善某些公共事业及公共设施。为此相应有三项支出：一是国防费，二是司法经费，三是公共工程和公共机关费用。支出的主要来源是国家征收的赋税。由此可见，斯密反对政府干预，并不是不加甄别地全盘反对，而只是反对无序、过度的政府干预。也就是说，政府干预要为"看不见的手"创造必要的社会环境和条件，这也是其重要职责所在。

总的来看，亚当·斯密的经济理论既有科学因素，又有庸俗成分。然而，他终究是一个伟大的资产阶级经济学家，他的经济理论中的科学成分后来为大卫·李嘉图继承和发展，并成为马克思政治经济学的思想来源之一。

---

① 亚当·斯密. 国民财富的性质和原因的研究（上卷）[M]. 北京：商务印书馆，1974：315.
② 亚当·斯密. 国民财富的性质和原因的研究（下卷）[M]. 北京：商务印书馆，1974：27.

2.3.2 马歇尔的新古典市场经济理论

1870 年以后，边际学派的兴起使古典经济学在新的形式中得到发展，并继续占据主流地位。这一时期到 20 世纪 30 年代末的主流经济学被称为新古典经济学。在这期间，随着资本主义生产力的迅速发展，资本主义开始从自由竞争向垄断阶段过渡。因此，这一时期的西方经济学家对市场的内在机制（供给、需求、价格等），进行了更为深入全面的分析考察。其中，英国经济学家 A. 马歇尔关于市场机制的论述，集中代表新古典经济学的市场经济理论。

19 世纪末，马歇尔在需求分析和供给分析的基础上，提出了均衡价格理论，用以解释市场价格的形成和变动。马歇尔指出，价格既不是由生产成本单独决定的，也不是由边际效用单独决定的，而是由对这些要素的需求与供给相互作用决定的。时间流逝使价格的解释复杂化，因为供给方面和需求方面的优势和相对重要性的力量可能会发生变化。对此，马歇尔指出："当供求均衡时，一个单位时间内所生产的商品量可以叫做均衡产量，它的售价可以叫做均衡价格"[①]。马歇尔认为，商品的市场价格由均衡价格所决定。如果市场价格与均衡价格发生偏离，通过供求关系的自发调适，会使市场价格还原到均衡点。因此，均衡价格既代表既定数量商品的边际效用，也代表它的边际生产费用（边际成本）。

马歇尔对于均衡价格的分析成为现代西方微观经济学的基础和逻辑出发点。现代微观经济学的基本内容，实际上就是对马歇尔均衡价格理论的深化。例如，对需求曲线的进一步解释（如需求曲线为什么向右下方倾斜），构成消费者行为理论的主要内容；对供给曲线的进一步解释（如供给曲线通常为什么向右上方倾斜），构成生产者行为理论和厂商理论的主要内容；对市场价格形成的进一步分析构成市场经济理论的主要内容。因此，新古典经济学的市场经济理论可以概括为：一种关于市场机制或者说价格机制在完全竞争条件下如何发挥其资源配置作用的理论[②]。

2.3.3 凯恩斯的全面干预市场经济理论

凯恩斯主义经济学产生于 20 世纪 30 年代，它是适应私人垄断资本主义向国家垄断

---

① 马歇尔. 经济学原理 [M]. 北京：商务印书馆，1991：37.
② 郭建青. 西方主要发达国家市场经济大观 [M]. 北京：中国经济出版社，1993：16.

资本主义时代过渡而产生的。1936 年，凯恩斯在《就业、利息和货币通论》一书中详细地论证了国家干预经济生活的必要性，并提出了一系列相应的对策建议。凯恩斯指出，一国的国民收入和就业量取决于有效需求的大小，在现代资本主义社会中，有效需求经常是不足的，因而使一部分产品卖不出，这种情况严重时就发生经济危机，失业增加，使得资本主义处于一种小于充分就业的状态。即资本主义社会之所以存在生产过剩和工人失业，其根源在于"有效需求"不足。根据凯恩斯的相关论述，所谓有效需求就是指商品的总供给和总需求达到均衡时的总需求。而总就业量决定于总需求，失业是由总需求不足引起的。有效需求不足表现为消费不足和投资不足。由于有效需求不足，资本主义经济中不可避免地会有危机和失业。而且利用私人的力量无法解决整个社会危机和失业问题，经济自由主义已经行不通了。要想消除危机和失业，必须发挥"看得见的手"的作用，即发挥政府的作用，对经济实行国家干预，以各种政策鼓励消费并刺激投资，拉升资本边际收益，维持经济增长。

因此，由凯恩斯的基本理论观点必然导出国家干预经济政策的结论，亦藉于此，凯恩斯主义时常被当作国家干预主义的代名词。凯恩斯主义国家干预经济的政策建议主要有两种——财政政策和货币政策。财政政策主要是通过变动政府支出和政府税收，影响总需求，进而达到调节国民收入和就业、控制宏观经济活动水平的目的。凯恩斯主义的财政政策工具主要包括斟酌使用的财政政策和财政的内在稳定器（或自动稳定器）两种。货币政策主要是通过一国的中央银行对货币数量的控制来调节利息率，进而调节消费和投资，以便使国民收入达到充分就业的水平。凯恩斯认为，由于种种原因，在经济小于充分就业时，货币政策的功效不大，因此，医治失业和危机的最有效的政策是财政政策。

这里需要指出的是，虽然凯恩斯极力主张国家干预经济，以拯救资本主义于危难之中，但是他并没有完全放弃自由放任的传统教义，实际上他仅仅是给这个教义加上一个限制条件。他认为："假设实行管理以后，总产量与充分就业下之产量相差不远，则从这点开始，经典学派（即以马歇尔为代表的新古典学派——笔者注）的理论还是对的。"①

2.3.4 萨缪尔森的混合调节市场经济理论

萨缪尔森作为新古典经济学和凯恩斯经济学综合的代表人物，其研究几乎涉及西

---

① 凯恩斯. 就业、利息和货币通论 [M]. 北京：商务印书馆，1983：326.

方经济学各主要领域，且在很多方面都有所创新，堪称经济学界的大家。尤其是现代西方经济学在经历了所谓的凯恩斯革命、垄断或不完全竞争理论革命后，萨缪尔森等又将数学广泛运用于经济学，掀起了经济学领域的所谓第三次革命。为清除经济分析中长期存在的由于含糊不清的文字论述而产生的谬误，萨缪尔森于 1947 年出版了《经济分析的基础》一书。该书通过一致的数学形式，对新古典经济学的主要成就进行了总结。它标志着西方核心经济理论的分析方式由过去以文字和图形为主，演变为以数学和推理为主的革命。萨缪尔森认为，光靠自由竞争的市场调节，不可能自动导致充分就业，而必须辅之以政府调节才能弥补市场调节的不足，解决市场失灵问题，达到充分就业。但政府又不能过度干预，因为过度干预会使资本主义市场经济丧失自由和效率。可见，资本主义经济发展为混合经济是一种必然趋势，"混合经济"也就成为新古典综合理论分析的制度前提。

从折中主义原则出发，萨缪尔森主张私营经济和公共控制混为一体的混合经济制度以及财政政策和货币政策相结合的宏观经济政策。他认为，在混合经济中，社会使用物质资源的决策过程应由市场和价格机制完成，但政府要制定科学的游戏规则，并在满足人民经常性需求方面发挥关键作用。他甚至还认为，通过运用科学的宏观经济政策，混合经济能够消除大规模失业和长期萧条。因为现代混合经济主要不是依靠习惯、本能或集权的中央法令来解决生产什么、生产多少和为谁生产这些基本问题，而是主要依靠市场和价格制度，主要依靠均衡价格体系。政府的作用只是补充市场的不足，出头露面管理那些每人都该管而没有管的事。萨缪尔森认为，现代混合经济国家的人民都要求他们的政府采取各种经济政策，来维持高额的就业数量，旺盛的经济增长和稳定的物价水平①。这表明，萨缪尔森的混合经济论从资本主义国家出现了公共经济部门和私人经济部门并列成长的现实出发，强调计划机制与市场机制相结合；但其实质仍是国家垄断资本主义，即在经济发展中，政府作用和市场作用的混合要服从于垄断资本增殖的需要。也就是说，萨缪尔森既强调市场机制在混合经济中的作用，认为竞争制度是一架精巧机构，它会通过价格与市场，发挥协调作用；同时又认为政府在混合经济中的作用同样是不能缺少的，否则就难以达到"百分之百地消除波动"、实现充分就业的目标。

总的来看，萨缪尔森以折中主义原则为出发点的混合市场经济论虽然脱离现实的生产关系而片面强调"物"的数量增长，具有为资本主义辩护的意识趋向，但他在强调国家干预经济生活的同时，注重市场调节和价格机制的作用，强调松紧搭配的财

---

① 萨缪尔森. 经济学（第 12 版）[M]. 上海：复旦大学出版社，1995：348.

政金融政策，以及"加速原理"所阐述的消费对生产的反作用。这些思想反映了现代市场经济发展的一般机理，从而为我国社会主义市场经济的创新发展提供了有益借鉴。

2.4　中国古代市场思想

2.4.1　高度重视市场对发展生产的重要作用

相传周文王时，"工匠役工，以攻其材；商贾趣市，以合其用。外商资贵而来，贵物益贱；资贱物出贵物，以通其器"[①]。实行有利于工商业的政策，不仅提高了本国工商业者的经营积极性，而且吸引了外商来周朝经商，他们运进价贵的商品，交换国内价贱的商品。这就做到了"关夷市平，财无郁废，商不乏资，百工不失其时，无愚不教，则无穷乏"[②]。意思是说，市场经济可以促进物资交流，物价平稳，有利于工商业者的经营，还可以做到"无穷乏"。

管子说："地者政之本也，朝者义之理也，市者货之准也，黄金者用之量也，诸侯之地千乘之国者器之制也。五者其理可知也，为之有道。[③]"管子把市场与土地、朝廷、黄金、千乘之诸侯国及其封地置于同等的地位，认为懂得了上述五方面的道理，就掌握了治国的原则。

对于市场的重要作用，西汉桑弘羊也作了重要论述，他说："古之立国家者，开本末之途，通有无之用。市朝以一其求，致士民，聚万货，农商工师各得所欲，交易而退。[④]"显然，在桑弘羊看来，要发展农工商业，满足各方面的需要，使社会经济活动正常运行，市场居于中心地位，起着统一或关键（"一其求"）的作用。

2.4.2　主张对市场采取自由放任的政策

在中国历史上，放任主义的主要思想根源来自道家。《老子》认为天道是无为的，治理国家必须"法自然"，实现无为而治，才能"无为而无不为"，把国家治理好。道家把"无为"作为天道、人事的一个普遍原则，其在经济生活方面的适用性，是不言

---

① ② 　《逸周书·大聚》。
③ 　《管子·乘马》。
④ 　《盐铁论·本义》。

自明的。与此同时，孔孟等儒家经济思想中也含有放任的因素。孔丘宣扬"因民之所利而利之"，其内在含义就是指老百姓能够从什么地方获得他们所需要的利益，就让老百姓到那个地方去寻求他们自己的利益，政府官员不要横加阻拦。

西汉时期，司马迁针对汉武帝时期实行的铁盐、酒榷、平准、均输等政策，提出了著名的"善因论"，即他认为对国民经济管理的政策主张是："善者因之，其次利道之，其次教诲之，其次整齐之，最下者与之争"①。"善者因之"的内在思想意蕴表明政府所能采取并实行的最优经济政策就是遵循经济社会发展的基本规律，对经济活动顺其自然，尤其是对老百姓日常的社会生产、商贩走卒的货物交换买卖等经济活动，政府官员不要妄加干预阻挠、肆意盘剥，否则将会使他们失去生产的积极性。可见，司马迁讲的"因"，同孔丘的"因民之所利而利之"的"因"，基本上同义，即都是听任百姓为自己求利。同时，在司马迁看来，从事营利性的生产贸易活动是老百姓和商贩走卒的私人之事，若朝廷政府及其官吏也从事与之相关或类似的具有营利性的经贸活动，就是在与老百姓争夺利益，最终将侵害国之根本，使朝廷利益受损，因而这是最坏的政策。至于为什么对社会经济活动最好的管理方法是"因之"？司马迁则认为，"各劝其业，乐其事，若水之趋下，日夜无休时，不召而自来，不求而民出之。岂非道之所符，而自然之验邪。②"即整个社会经济是自动有序地发展和运行的，这种自动运行符合于自然和人的本性。可以说，司马迁的"善者因之"，是其经济自由放任主义的集中表现，是他的全部经济学说的脊梁。

2.4.3　重视对国家的经济活动进行干预管理

在《周礼》中，主管商业和市场的官府机构称为"司市"。司市"掌市之治教、政刑、量度、禁令"。在司市之下，对市场、物价、契税、赊贷、稽查、禁罚等项工作，均设官分理，并分别制定了相应的管理措施和法令规章。随后，《管子·轻重》篇中提出了"执其通施，以御其司命""官山海""官天财""以重射轻，以贱泄平（贵）""见予之形，不见夺之理"等一系列轻重之术，强调通过国家在市场上的活动影响供求和价格，以达到"以轻重御天下"的目的。汉武帝时期，桑弘羊主持西汉王朝财政经济工作长达 30 余年，大规模地实践了轻重论，桑弘羊认为"贵贱有平而民不疑"③，主张通过政府对物价的干预，使物价稳定。政府通过自己经营的商业，"贱即

---

①② 《史记·货殖列传》。

③ 《盐铁论·禁耕》。

买，贵则卖"，以"平万物而便百姓"①。他认为只有政府干预物价，才能避免"豪民擅其用而专其利。决市闾巷，高下在口吻，贵贱无常"②。对于关系国民经济的盐铁二业，他也主张由政府直接控制经验，以防止"并兼之徒奸形成"③。同时，桑弘羊也赞成通过政府直接经营工商业，可以"蓄货长财"。这样就可以"佐助边费"，也可以"赈困乏而备水旱之灾"④。可见，政府采取措施，控制某些商品价格、对经济活动进行干预的主张，在中国历史上，很早就出现了。如前所述，《周礼》对司市的职权，已有这方面的设想。桑弘羊是要在更大的范围，更多的产品上控制物价，而且，它是政府大规模控制物价的第一次实践，从经济思想上看，是对轻重论的一个发展。

总的来看，我国古代思想家已清楚地感觉或意识到了商品经济和市场的重要性及其运行的某种客观性，且对市场及其管理进行了诸多论述，其中不乏较为深刻的见解。虽然这些论述只是经验总结，没有形成严格的科学体系，没有给出结论成立的范围和边界条件，但这些论述在反对抑商、肯定市场功能方面起到了积极作用，对于当前我国完善社会主义市场经济体制也具有重要借鉴意义。

---

① 《盐铁论·本议》。
②③ 《盐铁论·禁耕》。
④ 《盐铁论·力耕》。

第3章 中国社会主义市场经济创新发展的实践景象

在把马克思主义政治经济学与我国经济建设的具体实情进行第二次"结合"的过程中，中国共产党领导全国人民，大规模地开展了社会主义经济建设，在此基础上通过吸收、借鉴正反两方面的经验教训，创造性地建立了切合我国国情、具有中国特色的市场经济体制，由此开启了实现中华民族伟大复兴的新征程。回望历史可以看出，中华人民共和国成立以来的70年，我国以市场化为方向的经济改革，大致经历了历史前奏、起步试验、初步进展、持续推进、逐步完善以及全面深化等历史阶段。在各个阶段中对当时实行的经济体制所进行的改革，以及对政府与市场相互关系的认识与处理，清晰地勾勒出中国社会主义市场经济创新发展的实践景象。随着我国深化市场经济体制改革的步伐不断加快、力度不断加大，市场在资源配置中的决定性作用明显增强，人民生活水平显著改善，我国综合国力和国际经济地位不断提高，这也是我国发展和完善市场经济的实践价值所在。

3.1 中国社会主义市场经济发展的历史前奏（1949~1978年）

3.1.1 "第二次结合"的尝试：计划经济背景下市场因素的曲折成长

中华人民共和国成立后的最初30年里，我国对计划与市场关系的认识，历经了一个复杂曲折的过程，即从总体上看是排斥商品、货币和市场关系，要实行计划经济，但在个别领域和时期，进行了一点商品经济和市场调节，市场作用限于有限范围，这种理论演化轨迹当然是社会主义实践对市场认识程度不足的一种客观反映，但它毕竟从正反两方面为改革开放后我国正确处理计划与市场的关系提供了经验教训。

3.1.1.1 恢复时期"计划与市场"的并存（1949～1952 年）

一方面，中华人民共和国成立后，政府对经济实行的计划管理对象首先是国有企业，这有利于迅速控制国家经济命脉，奠定社会主义经济建设的基础，条件成熟后再稳步对合作社、公私合营企业实行计划管理。对于数目庞大、分散广泛的个体经济，则由市场机制对它们的经济活动进行调节管理。从现实情况来看，自 1950 年 3 月"统一财经"后，除铁路、金融系统继续由中央政府主管部门直接管理之外，为增强中央政府对国民经济的调控能力，国家将大中型企业和一些重要行业的经营管理权收归中央，实行"条""块"结合、以"条"为主的中央集中管理。据统计，1952 年国营工业企业共有 9517 家，其中归中央所有的为 2254 家，占国营工业企业总数的 23.68%，但其产值却占全部国营工业企业总产值的 71.61%[①]。

另一方面，在中华人民共和国成立初期，商业资本相当强大且建立了广泛的商业网络，同时还存在着数量庞大的个体商贩。这一时期，国家通过市场的方式利用私营商业的规定主要体现在：对于从事城乡埠际商品贩运的行商，通过市场管理的办法，限制其投机破坏的一面，鼓励、扶持其进行正当的商品流通活动，引导其向有利于工农业生产的方向发展，除国家规定的统购统销物资外，不限制经营范围和活动地区，取消一切妨碍贸易自由的限制性做法。这一举措的实行，使得市场的作用不断得到发挥，私营商业在不断的公私关系调整中维持经营，具体情况如表 3.1 所示。

表 3.1 　　　　　　　　　　1950～1952 年私营商业基本情况

项　　目	单位	1950 年	1951 年	1952 年
户数	户	4020000	4500000	4300000
其中：资本主义商业	户	132700	135700	129800
资本额	万元	199000	220000	202000
其中：资本主义商业	万元	145000	166000	148000
销售额	万元	1821000	2375700	1895800

资料来源：吴承明，董志凯. 中华人民共和国经济史（1949—1952）［M］. 北京：社会科学文献出版社，2010：494。

可以说，三年经济恢复时期内"计划与市场"的并存，是我们党试图把计划和市场结合起来的最初尝试，尽管这种结合是低水平的，认识也较为模糊，却由此埋下了

---

① 1949～1952 中华人民共和国经济档案资料选编·工商体制卷［M］. 北京：中国社会科学出版社，1993：280－285.

社会主义市场经济在我国萌生的基本因子，也为改革开放后我国打破传统计划经济体制，探求计划与市场的结合提供了最为直接的参照样式。

3.1.1.2　"一五"时期市场因素作用受到控制（1953～1957 年）

"一五"时期，在对私改造完成之前，多种经济成分并存，市场机制仍然在一定程度上发挥作用，国家也在一定程度上利用市场对经济进行调节。从市场的角度讲，多元化的市场主体共同在市场上活动，必然发生竞争。而竞争的结果，是加速了计划经济体制建立的步伐。具体而言，这个时期的市场主体，从商业部门来说，主要是国营企业、供销合作社商业、私营商业及个体摊贩，在农村还有农民贸易。而从利益分配来说，主要是三大阵营在竞争，即国营商业与供销合作社、私营商业（包括个体商业）以及农民贸易，归根结底是公私之间的竞争。其中，国营、合作社代表着国家利益，在国家计划指导下，为实现国家的计划目标服务。而对于私营和个体商业以及农民贸易来说，作为独立的利益群体，选择追求最大利益无疑是理性的市场行为，但它们追求私利的结果，必然会与国家的计划目标发生冲突，引起竞争。在物资供不应求的情况下，这种市场竞争就显得特别激烈。随着大规模经济建设的迅速展开，在国家财力物力有限且不足以支撑越来越激烈的市场竞争的情况下，我国政府对国民经济的控制日趋加强，最终使我国经济体制逐步从市场转向计划。

1956 年"三大改造"的基本完成，标志着我国经济体制已逐渐过渡到苏联模式。但由于我国经济发展水平总体落后且发展不平衡，因此这种单一公有制一经建立，就与我国生产力发展水平不符。另外，由于同年苏共二十大的召开，揭露了斯大林时期存在的种种弊端，暴露出单一公有制和计划经济体制的弊病，对于中国来说，这些弊病已初见端倪。对此，毛泽东深刻指出："特别值得注意的是，最近苏联方面暴露了他们在建设社会主义过程中的一些缺点和错误，它们走过的弯路，你还想走？[①]"因此在1956 年党的八大前后，党开始对过去奉若真理、坚决实施的苏联工业化模式进行认真的反思探索，试图对计划与市场、政府与企业的关系进行再认识。

3.1.1.3　"大跃进"和国民经济调整时期政府对市场作用的打压与容忍（1958～1965 年）

1958 年以后，由于"左"倾冒进思想的泛滥和人民公社化运动的推进，"政社合一"的体制开始在广大农村迅速建立起来。这种体制实行生产活动的半军事化管理，

---

① 毛泽东著作选读（下册）［M］. 北京：人民出版社，1990：720.

强调政府对农村经济的指令性计划，农民社员几乎没有任何生产经营自主权，农产品的交换流通也受到排斥和抑制，市场机制的调节作用进一步受到限制，整个经济发展呈现出一种群众运动和行政动员相结合的特殊样态，其结果是极大地挫伤了农民的生产积极性，严重地阻碍生产力的发展。

"大跃进"的决策失误，1959 年以后连续几年的严重困难时期，使我国 60 年代初的国民经济陷于严重危机。为摆脱这一困境，1960 年中央提出"调整、巩固、充实、提高"的八字方针，对国民经济进行第一次大调整。其中，对计划与市场关系进行的调整显得尤为重要。这突出表现在计划管理体制上，重新恢复曾在"一五"时期取得成功的直接计划与间接计划相结合的形式。1963 年制订的《计划工作条例》中明确规定，国家计划应按所有制不同，分为直接计划与间接计划。对全民所有制企事业单位实行直接计划，对集体所有制的农业和手工业实行间接计划。对农民个人生产的农副产品和其他小商品，在商业部门的统一领导下，运用价值规律来促进生产、活跃交流。这实际上是在该领域内一定程度上发挥市场调节的作用。随着国民经济的恢复和调整任务的逐步完成，在 1964 年以后，对计划体制又进行局部的带有探索性的调整。为了发挥地方的积极性，中央把一部分权力下放给地方和企业。1965 年，又将"五小"工业（小钢铁、小水泥、小化肥、小煤炭、小农机）的产品划归地方分配使用。这些措施在一定程度上扩大地方和企业的计划管理权，以及对财力和物力的支配权，市场调节又在一定程度上被恢复。

总的来看，这一时期对计划体制的改革取得了一定成效，但涉及计划体制的一些根本问题并没有解决，整个计划体制仍然在传统模式的框架里运转。特别是由于受阶级斗争理论的不断干扰，经济上在所有制结构和市场调节范围方面仍然没有实现突破，市场力量的运用还十分不够，市场机制的调节作用也显得非常微弱。

3.1.1.4 "文革"时期政府对市场作用的侵蚀（1966~1976 年）

"文化大革命"时期，政府试图要在中国建立一个与发展商品经济相对立的"理想"的社会主义社会，因而认为按劳分配、价值规律和商品经济是产生资本主义的土壤和条件，故将它们当作所谓的"资产阶级法权"而加以限制。在所有制上排斥多种经济成分，认为公有化程度越高、越"纯"越好，片面追求所有制的升级过渡，而不顾它是否符合生产力发展要求。截止到 1976 年，我国工业企业的单位数共计 29.4 万个，其中国有工业 7.83 万个，集体工业 21.53 万个[①]，城乡个体工业及其他经济类型

---

① 武力. 中华人民共和国经济史（1949—1999）［M］. 北京：中国经济出版社，1999：1527.

工业几乎不存在，特别是"割资本主义尾巴"的运动使农民少量的家庭经营被取缔，市场严重趋于萎缩。

"文革"期间对市场作用的消灭，以及片面强调"一大二公三纯"，使我国国民经济的主要比例关系严重失调，重工业由 1966 年的 32.7% 上升到 1976 年的 38.9%，而农业同期却由 35.9% 下降到 30.4%，轻工业同期由 31.4% 降到 30.7%[①]。然而，社会历史发展的连续性不能随意割断。对此，邓小平多次强调："为什么我们能在七十年代末和八十年代提出了现行的一系列政策，就是总结了'文化大革命'的经验和教训"[②]。他又说："……教训总结起来很有益处。现在的方针政策，就是对'文化大革命'进行总结的结果"[③]。这些论述揭示了"文革"与我国转向市场经济的历史关联，强调了"坏事"向"好事"的转化，而这种转化的结果就是从反面印证了商品生产和商品交换将会长期存在，商品经济的充分发展是社会主义经济发展不可逾越的阶段。

总之，中华人民共和国成立后的前 30 年，囿于当时的理论水平和认识深度，这一时期中国从总体上看是排斥商品、货币和市场关系，要实行计划经济，但在个别领域和时期，进行了商品经济和市场调节，从而形成了中国社会主义经济管理体制不同于苏联集中的计划经济体制的若干特色。可以说，这一时期以商品交换和价值规律为基础的市场化因子，时隐时现，始终以其顽强的生命力伴随着新中国的经济建设步伐走过了一条曲折的自我发展之路，这些重要的市场化因子也成为引燃日后中国市场经济体制改革的宝贵"火种"。

3.1.2　全面整顿的展开：中国改革开放的先声

经过几个月整顿，全国经济形势日益好转。1975 年全国工农业总产值比上年增长 11.9%。其中，工业增长 15.5%，农业增长 31.1%[④]。这些重要成就的取得，为 4 年后推进中国经济体制改革奠定了坚实的物质基础。

1975 年 6 月，国务院召开计划工作务虚会，全面分析研究当时国民经济中计划、物资、财政管理中存在的"散""乱"问题。在这次会议期间形成的阐述经济体制改革问题的《体制问题汇报提纲（草稿）》，对加快发展国民经济问题的研究更加深入具体，对计划管理体制、企业管理体制、物资管理体制、财政金融管理体制、劳动工资

① 席宣，金春明．"文化大革命"简史（第二版）[M]．北京：中共党史出版社，2005：307．
② 邓小平文选（第三卷）[M]．北京：人民出版社，1993：172．
③ 邓小平文选（第三卷）[M]．北京：人民出版社，1993：223．
④ 中共中央党史研究室．中国共产党的九十年 [M]．北京：中共党史出版社，党建读物出版社，2016：618．

管理体制等有关国民经济全局的整顿和改革提出具体意见，为制定"发展国民经济十年规划"做了准备。因此，邓小平后来回顾这段历史曾说："说到改革，其实在一九七四年到一九七五年我们已经试验过一段。""那时的改革，用的名称是整顿，强调把经济搞上去，首先是恢复生产秩序"[①]。

在全面整顿的过程中，为促进国内市场和对外贸易的发展，邓小平指出："现在有一个大局，全党要多讲。大局是什么?[②]""大局"就是要"把国民经济搞上去"，把我国建设成为实现四个现代化的社会主义强国，这实际上成为改革开放后"以经济建设为中心的最初表述"。同时，邓小平还明确提出并具体阐述了"一个大政策"——对外开放的政策，他强调要扩大进出口，引进新技术、新设备，不断提高劳动生产率，并采取了相应的措施，即"要大力开采石油，尽可能出口一些"，"煤炭也要考虑出口，还可以考虑同外国签订长期合同，引进他们的技术装备开采煤矿，用煤炭偿付"[③]。

3.2 中国社会主义市场经济发展的起步试验（1978～1984年）

3.2.1 农村改革的突破：家庭联产承包责任制的推行

党的十一届三中全会前后，随着国内政治环境宽松，农民强烈感受到政策风向的变动。农民并不像城市职工那样被政府"包"下来，他们生活贫困，因而也就对旧体制没有留恋，敢于冲击政策底线。1978年春夏之交，安徽凤阳县的小岗生产队背着公社和大队秘密地搞"包产到户"，诱发了农民大包干的浪潮。1980年9月，中央出台承认包产到户合法性的"75号文件"，促使包产到户在全国逐步兴起。

家庭联产承包责任制的实行，破除了人民公社体制和计划经济体制对农业、农村、农民的体制束缚，开始赋予农民生产经营自主权，农户开始有权力按照自己的意愿进行生产，并将生产成果和经济效益与自身的劳动投入直接挂钩，破除了原来平均主义的种种弊端，有效激发了农民生产的积极性和创造力，为农村生产力的发展奠定了新的制度基础，激发了我国农村经济发展的内在活力，使我国农村经济发展取得重大成就。根据我国历年的统计数据表明，1978～1984年，我国的农业总产值增长55.4%，粮食产量增长33.6%，如图3.1所示。

---

① 邓小平文选（第三卷）[M]. 北京：人民出版社，1993：255.
② 邓小平文选（第二卷）[M]. 北京：人民出版社，1994：4.
③ 程中原，夏杏珍. 历史转折的前奏：邓小平在1975 [M]. 北京：中国青年出版社，2004：258.

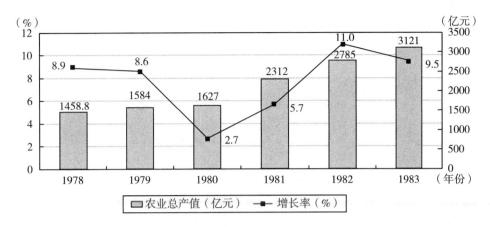

图 3.1　1978～1983 年中国农业总产值及增长率

资料来源：根据《中国统计年鉴》历年相关数据整理而得。

　　更重要的是，家庭联产承包责任制的推行，以最有说服力的现实变化，冲击和动摇了传统计划经济体制的合理性，这主要表现在两方面。一是通过农民生活水平的改善、农业生产总值的提高，间接否定了传统计划经济体制和人民公社利用行政命令组织生产的低效率，使农民摆脱了传统体制的束缚，开始成为具有自主经营权力的微观市场主体，为农村的"体制外"经济发展提供了可能。二是随着农村生产力水平的提高，农户家庭的剩余产品也开始增多，农民的温饱问题得以有效解决，这就使计划体制控制农民的重要渠道——粮食统购统销制度失去了存在的合理性，合同订购制度和其他农产品派购制度的放开，进一步确立了农民对其剩余产品的支配权和市场主体地位。至此，农民基本完成了脱离旧体制向新的市场体制迈进的转变，成为重要的"体制外"力量，揭开了农村市场化、工业化的序幕。

3.2.2　企业改革的尝试：向国营工业企业"放权让利"

　　党的十一届三中全会后，在农村改革取得突破的同时，城市企业体制改革也提上议事日程。1979 年国务院发布扩大企业自主权、实行利润留成等文件，在首都钢铁公司等 8 家企业进行全额利润留成试点，1980 年又进行了基数利润留成加增长利润留成的试点，1981 年以后的改革重点是实行责任制，1983 年国有企业的改革重点是实行"利改税"。实践表明，以放权让利为开端的国营工业企业改革取得了积极效果，它在一定程度上改善了当时高度集中的僵化管理模式，提高了工业生产总值（见图 3.2）。

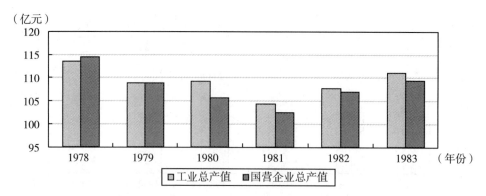

图3.2　1978～1983年工业企业和国营企业总产值

资料来源：根据《中国统计年鉴》历年相关数据整理而得。

同时，随着放权让利改革的推进，企业作为经济运行过程中的微观主体，其独立的经济利益开始得到承认。赋予企业以市场活动主体地位的意义就在于，能够使企业一定程度地摆脱行政干预，不受行政束缚，按照价值规律的要求初步地适应市场活动，在企业自身利益最大化的框架下进行自主的生产经营活动，促使企业按市场要求来降低成本、提高效率；有了提高经营管理能力和进行技术改造的内在动力，对于变革高度集中的传统计划经济体制具有突破性的意义。

3.2.3　城乡商品市场的恢复：农村集贸市场和城镇个体经济的发展

20世纪70年代末80年代初我国农业改革的成功，促进了农村居民生产方式和生活方式的转变，农民对剩余产品支配权的确立使农民的市场交换意识不断增强，农村商品生产关系越来越浓厚。尤其是国家逐步放宽了农副产品的购销政策，允许社员进城销售自己的农副产品，农户之间、城乡之间的商品交换日益频繁，传统的集市贸易又恢复和发展起来。随着个体运销户、经销商、合作社等农民自己组建或参与的市场流通组织的不断增多，我国农村逐步形成了多形式、多渠道的商品市场流通体系。

1980年8月，中共中央在《进一步做好城镇劳动就业工作》的文件中提出，要积极鼓励和扶植城镇个体经济的发展。随后在1981年7月，国务院为适应城乡个体经济蓬勃发展的客观要求，进一步强调指出："个体经营户，……可以请一至两个帮手；技术性较强或者有特殊技艺的，可以带两个最多不超过五个学徒"①。该文件首次以法规的形式肯定了个体经济存在的必要性和合理性，消除了"左"的思想束缚，并允许个

———————————

① 中国社会科学院法学研究所．中华人民共和国经济法规选编（1979年10月—1981年12月）（下）[M]．北京：中国财政经济出版社，1983：11-12．

体经济可以雇用工人,这无疑进一步打开了计划经济体制的缺口,内在地蕴含着劳动力市场的萌发,使个体经济获得了更为广阔的发展空间。

总之,1981～1984 年的这段时间,无论是我国的农村个体经济,还是城镇个体经济,都取得了飞速发展(见表 3.2)。个体经济的主体——个体工商户,具有典型的自主经营、自负盈亏的特征,他们是在预算硬约束的前提下追求经济效益最大化,从这个角度看,我国个体经济的发展,锻炼了微观经济主体的市场意识,有利于加快我国经济体制转型和市场化取向改革的进程,为我国市场经济体制的建立做出了巨大贡献。

表 3.2　　　　　　　　　　　　1981～1984 年我国城乡个体经济发展情况

年份	全国城乡个体户		城镇个体户				农村个体户			
	户数 (万户)	人数 (万人)	户数 (万户)	比重 (%)	人数 (万人)	比重 (%)	户数 (万户)	比重 (%)	人数 (万人)	比重 (%)
1981	182.9	227.4	86.8	47.5	105.6	46.4	96.1	52.5	121.8	53.6
1982	263.6	319.8	113.2	42.9	135.8	42.5	150.4	57.1	184.0	57.5
1983	590.1	746.5	170.6	28.9	208.6	27.9	419.5	71.1	537.8	72.1
1984	930.4	1303.1	222.2	23.9	291.1	22.3	708.2	76.1	1012.0	77.7

资料来源:王克忠. 非公有制经济论 [M]. 上海:上海人民出版社,2003:13。

3.2.4　尝试市场新体制:经济特区的设立

早在 1978 年 12 月国务院就提出了把广东省宝安县(深圳市的前身)建成农工业结合的商品生产基地,成为吸引香港、澳门游客观光的新型城市。1980 年 5 月,"经济特区"首次正式写入国务院文件,同年 8 月 26 日,在五届全国人大常委会第十五次会议上,正式决定在广东的深圳、珠海、汕头三市设置经济特区。

经济特区的创立,不仅开创了社会主义国家参与世界经济发展、利用世界资源市场的先例,更重要的是它还担负着中国对外开放的"窗口"功能,并由此产生示范效应。1984 年邓小平视察广东、福建后明确提出,特区"是技术的窗口,管理的窗口,知识的窗口,也是对外政策的窗口"[①]。这表明,随着经济特区的成功发展,其综合性功能已日益明显,为沿海对外开放提供了最有力的实践依据。以国民生产总值为例,

---

① 邓小平文选(第三卷)[M]. 北京:人民出版社,1993:51-52.

到 1984 年，四大经济特区的地区生产总值已经达到了 59.89 亿元，占全国 GDP 的 0.84%（见表 3.3）。

表 3.3　　　　　1980～1984 年中国经济特区生产总值与全国生产总值比较

年份	深圳（亿元）	珠海（亿元）	汕头（亿元）	厦门（亿元）	特区合计（亿元）	全国（亿元）	特区占全国比重（%）
1980	1.96	2.61	10.79	6.40	21.76	4517.8	0.48
1982	8.26	3.53	14.16	8.67	34.62	5294.7	0.65
1984	23.42	6.79	17.39	12.29	59.89	7171.0	0.84

资料来源：根据历年各特区所在省的统计年鉴和《中国统计年鉴》相关数据整理而得。

总之，经济特区的成功创立，成为继农村改革后"体制外"经济的又一支重要力量。经济特区以引入境外私人投资作为特殊利用外资形式，形成以合资、合作、外商独资企业为主体的多元所有制结构。经济特区不必像农村改革那样通过"宣布"家庭经营责任制属于公有制经济来实现突破，而是直接"造就"了"多种经济成分"。因此，特区的成功必然会对传统的社会主义理念构成冲击，向更加务实和促进发展的理念转变。特区在发展外向型经济的过程中，率先进行了培育和发展土地市场、劳动力市场、资本市场的尝试。

3.3　中国社会主义市场经济发展的初步进展（1984～1992 年）

3.3.1　农村改革的深化：乡镇企业的异军突起

党的十一届三中全会后，随着农村改革的深入推进，农业劳动生产率得到极大提高，农村经济向着专业化、社会化迅速发展，大批农民从土地上解放出来，成为非农劳动力，这为乡镇企业的发展创造了有利条件。

特别是 1984 年 3 月，中央四号文件的颁发与执行，将社队企业改称乡镇企业，意味着企业的所有权不再是一家，这是中央首次专门为乡镇企业颁发的一个文件。此后，中央陆续出台了一些支持乡镇企业发展的政策文件（见表 3.4），对乡镇企业在资金、技术、管理、人才等方面提供了大力支持，从而促进了乡镇企业的迅猛发展。

表 3.4　　　　　　**1984 ~ 1991 年中央支持乡镇企业发展的重要政策文件**

出台时间	文件名称	主要内容
1984 年	《中共中央、国务院转发农牧渔业部〈关于开创社队企业新局面的报告〉的通知》（即 1984 年的四号文件）	乡镇企业是多种经营的重要组成部分，是农业生产的重要支柱，是广大农民群众走向共同富裕的重要途径，是国家财政收入新的重要来源
1985 年	《中共中央、国务院关于进一步活跃农村经济的十项政策》（即 1985 年的一号文件）	文件提出，要大力帮助农村调整产业结构，鼓励农民发展采矿和其他开发性事业，对乡镇企业实行信贷、税收优惠，鼓励技术转移和人才流动，提倡发展股份合作制
1986 年	《中共中央、国务院关于一九八六年农村工作的部署》	文件提出农村工业与农业要协调发展，要实行"以工补农"的办法，国家实行科技"星火计划"来支持乡镇企业
1989 年 11 月	《中共中央关于进一步治理整顿和深化改革的决定》	按照调整、整顿、改造、提高的方针，积极引导乡镇企业健康发展

资料来源：王仲明. 乡镇企业运行论［M］. 成都：四川大学出版社，1997。

随着乡镇企业的发展壮大，其结构也在不断发生转换。从乡镇企业的产权结构来看，非集体经济（私营和个体）比重不断提高，具体情况如表 3.5 所示。

表 3.5　　　　　　**1978 ~ 1992 年我国乡镇企业结构情况**　　　　　单位：亿元

年份	乡镇企业营业收入	按产权结构划分		
		集体企业	私营企业	个体企业
1978	431.5	431.5	—	—
1980	596.1	596.1	—	—
1985	2565.6	1827.4	150.6	587.6
1989	7762.7	4821.6	617.2	2323.9
1990	8613.5	5340.4	654.6	2618.5
1991	10582.8	6556	689.9	3336.9
1992	16389.6	10320	1187.5	4882.1

资料来源：《中国统计年鉴》（2003）。

从上述分析可以看出，乡镇企业作为传统计划经济的对立物，作为市场经济最初的微观基础，促进了我国市场经济的培育和发展，是我国社会主义市场经济的先遣军和开创者。尤其是 1984 年中央四号文件的出台，促进了个体企业、私营企业的发展，进一步丰富了我国市场活动的微观主体，创造了市场机制的基本软件，不仅使原有的生活资料市场变得繁荣起来，而且使生产资料市场、技术市场、劳动市场等都逐步建立和发展起来，市场机制的力量开始崛起，为我国经济体制的变革注入了新的生机和活力。

3.3.2 企业改革的推进：进一步扩大企业自主权

1987 年 4 月，国务院批转《大型工业联营企业在国家计划中实行单列的暂行规定》，这是对计划经济体制的重大改革，给予大型联营企业更大的自主权。1988 年 4 月，七届人大一次会议通过《全民所有制工业企业法》，以法律形式明确国家将全民所有制企业的财产授予企业经营管理，企业对财产享有占有、使用和依法处分的权利。1991 年 5 月，国务院发出《关于进一步增强国营大中型企业活力的通知》，决定采取增加企业技改投入、减少部分企业的指令性计划、提高折旧率、增加新产品开发基金、补充流动资金、减低贷款率、给予外贸权、实行"双保"、清理三角债、企业集团试点和企业减负 11 项政策措施。1992 年 7 月，国务院在发布的相关文件中，明确要求企业要按照市场经济的内在属性来不断推进经营机制的转换与变革，使企业摆脱对政府的隶属关系，成为权利与义务相匹配的独立企业法人，成为在硬预算约束条件下独立自主地开展生产经营活动，进而夯实我国市场经济活动的微观主体。同时国务院还对企业的经济自主权进行了详细阐述，主要包括 14 个方面。

从上述内容可以看出，扩大企业自主权就是国家围绕生产资料所有权和经营权相分离（即"两权分离"），以提高经济效益为目标，以责任制为核心，以利益刺激为动力而进行的一种改革方式，以利于促进国有企业利益激励机制和约束机制的形成。随着企业自主生产经营权的扩大，冲击和动摇了国家对企业的行政管控体制，实际上从微观上否定了计划经济为主的观念，国有企业作为政府附属物的地位得到初步改变，高度集中的传统计划经济体制开始出现松动。

3.3.3 流通领域改革的力度加大：从"双轨制"到"价格闯关"

双轨制的最大特点是，存在着两个相互对立的市场，它们通行着不同的调节规则，有着不同的信息传递方式与平衡机制，由此造成市场的不公。这是因为我国的"双轨制"是在"计划经济为主，市场调节为辅"的改革思路下形成的，传统的计划经济体制并没有发生根本性改变。而市场力量的成长本质上是一个社会"自组织"过程，市场机制自身具有覆盖全部经济运行的要求，它会千方百计寻找体制"缝隙"突破并发挥作用。当传统计划经济体制变革滞后于市场力量发展时，市场的作用就会以扭曲的方式表现出来。因而，"双轨制"的实行，虽然在一定时期内有利于生产的增长，但由于计划内生产资料价格严重偏低，计划外生产资料价格不断上涨，不但易于滋生腐败，还带动了物价大幅度上涨，如表 3.6 所示。

表 3.6　　　　　　　　　　1984 ~ 1988 年经济增长及通货膨胀状况

年份	GDP 增长率（%）	商品零售价格指数（上年 = 100）
1984	15.2	102.8
1985	13.5	108.8
1986	8.8	106.0
1987	11.6	107.3
1988	11.3	118.5

资料来源：《中国统计年鉴》（1996）。

面对改革开放以来最严重的通货膨胀，中央政府决定实施强行"闯关"，希望用较短的时间实现双轨价格的并轨。结果，1988 年下半年全国零售物价指数同比攀升26%，城市普遍出现商品抢购风潮。"倒买""倒卖"计划分配的调拨物资及腐败的蔓延，更加剧了群众的不满，最终使这次价格闯关遭受重大挫折。

可见，1988 年的价格改革"闯关"虽然有通过加快市场化进程来化解新旧体制冲突的意向，但在整个计划体制没有根本变化、独立市场主体力量不够强大的条件下，价格改革的单项突进不仅难以成功，反而加剧了混乱。同时，价格改革"闯关"的受挫，也表明了价格市场化是一个基于市场供求关系变化的"自然过程"，没有供求关系由全面短缺向相对过剩的变化，没有市场主体之间竞争关系的形成和发展，就不可能有真正的价格市场化。

3.4　中国社会主义市场经济发展的持续推进（1992 ~ 2002 年）

3.4.1　国有企业改革的深化：股份制的推行与"抓大放小"改革

1992 年春，邓小平在南方谈话中指出："证券、股市，这些东西究竟好不好，……

社会主义能不能用？允许看，但要坚决地试。[①]"在邓小平南方谈话之后，党的十四大明确提出要推进股份制的试点改革[②]。在此基础上，党的十四届三中全会对推进国企改革提出了全新思路，开始把国有企业推向市场，即通过改革国有资产管理体制和企业制度创新来寻求国有经济与市场体制相融合，同时认为建立现代企业制度既是发展市场经济的内在要求，也是我国推进国企改革的目标指向。

1997 年，党的十五大报告指出，股份制是现代企业的一种资本组织形式，资本主义可以用，社会主义也可以用[③]。同时，为进一步加快建立现代企业制度的步伐，党的十五大还明确提出要着眼于搞好整个国有经济，抓好大的，放活小的，对国有企业实施战略性改组[④]。"抓大放小""从战略上调整国有经济布局和结构"的重大改革举措在实践中得到全面贯彻，促进了企业经营机制的转换和经济效益的提高。1978～2001年国有企业盈亏状况如表 3.7 所示。

表 3.7　　　　　　　1978～2001 年独立核算的国有企业盈亏状况　　　　　单位：亿元

年份	亏损企业亏损总额	盈利企业盈利总额	净盈利额
1978	42.06	550.86	508.80
1980	34.30	619.70	585.40
1985	32.44	770.64	738.20
1990	348.76	736.87	388.11
1995	540.41	1206.01	665.60
1998	1023.30	1513.70	490.40
1999	851.40	967.00	115.60
2000	615.77	2391.93	1776.16
2001	688.60	2330.30	1641.70

资料来源：根据历年《中国统计年鉴》相关数据整理而得。

从表 3.7 中可以看出，随着企业治理结构的完善和激励约束机制的普遍建立，国有企业的效益不断提高。更重要的是，通过"抓大放小""从战略上调整国有经济布局和结构"的重大改革举措，国有企业开始从普通商品生产行业大量退出，逐渐转向加强公共服务领域，而把众多竞争性行业"留"给了非国有经济，这对于强化市场经济

① 邓小平文选（第三卷）[M]. 北京：人民出版社，1993：373.
② 中共中央文献研究室. 十四大以来重要文献选编（上）[M]. 北京：中央文献出版社，2011：18.
③ 中共中央文献研究室. 十五大以来重要文献选编（上）[M]. 北京：中央文献出版社，2011：18－19.
④ 中共中央文献研究室. 十五大以来重要文献选编（上）[M]. 北京：中央文献出版社，2011：19－20.

的微观基础和提高政府调控经济的能力起到了重要作用。

3.4.2　民营经济的发展：从"补充地位"到"重要组成部分"

党的十四大指出，我国的所有制结构以公有制包括全民所有制和集体所有制为主体，个体经济、私营经济、外资经济为补充，多种经济成分共同发展，不同经济成分还可以自愿实行多种形式联合①。其突出意义表现在两个方面：一是外资经济增加为一种独立的经济成分；二是凸显经营方式的多样化，有利于形成产权多元化的市场主体，从而加快中国市场经济微观基础的塑造进程。党的十四届三中全会通过的《中共中央关于建立社会主义市场经济体制若干问题的决定》提出，在积极促进国有经济和集体经济发展的同时，鼓励个体、私营、外资经济发展②。这是党第一次提出要"鼓励个体、私营、外资经济发展"。虽然党的十一届三中全会以来党并未否认和排斥各种类型的非公经济，但也没有明确提出要鼓励非公经济的发展，非公经济始终游离于政策边缘，处于国民经济幕后的尴尬地位；相反，我们党却始终在凸显和重视公有制经济的主体地位，并把国企改革置于显要地位，并在政策和待遇上给予诸多支持，而并没有主动向非公有制经济倾斜，非公有制经济作为"补充"，始终处于次要地位。"鼓励"政策的提出，体现了党对非公有制经济地位和作用认识上的飞跃③。从此，民营经济迎来了迅猛发展的黄金时期，中国在走向市场经济体制的过程中获得了重要支撑。

随后，党的十五大报告确立了我国的基本经济制度，并强调指出："非公有制经济是中国社会主义市场经济的重要组成部分"④。这标志着非公经济不再游离于政策边缘，开始从"制度外"进入"制度内"，开始从"幕后"走向"台前"，破除了非公经济在市场准入、经济规模等方面的限制，使其作为市场经济中平等的产权主体地位最终确立。非公经济从"有益补充"到"重要组成部分"，打破了原来"一大二公"的单一公有制局面，有利于形成多种所有制经济共同发展。同时，把非公经济纳入"制度内"，塑造了数量众多的微观经济主体，各经济主体通过市场竞争不断优化社会资源配置，进而使经济效益不断提高，社会活力不断增强。可见，非公经济的发展，为我国市场经济创造了一个多元市场主体相互竞争、市场体系不断发展、市场规则不断健全的有利环境。

---

① 中共中央文献研究室．十四大以来重要文献选编（上）［M］．北京：中央文献出版社，2011：17.
② 中共中央文献研究室．十四大以来重要文献选编（上）［M］．北京：中央文献出版社，2011：458.
③ 于洋，吕炜，肖兴志．中国经济改革与发展：政策与绩效［M］．大连：东北财经大学出版社，2005：109.
④ 中共中央文献研究室．十五大以来重要文献选编（上）［M］．北京：中央文献出版社，2011：19.

总之，改革开放以来，我国非公经济在党的政策指引下不断发展壮大起来（见表3.8）。可以说，民营经济已经成为我国先进生产力的重要承担者，与国营经济一起构筑成社会发展的"双动力源"结构。

表3.8　　　　　　　　　　　　1992～2001年中国民营经济发展概况

年份	民营企业户数		从业人数		注册资本总额	
	绝对数（万户）	比上年增长（%）	绝对数（万人）	比上年增长（%）	绝对数（亿元）	比上年增长（%）
1992	13.90	28.80	231.90	26.00	221.20	79.80
1993	23.80	70.40	372.60	60.70	680.50	207.80
1994	43.20	81.70	648.40	74.00	1447.80	112.80
1995	65.50	51.40	956.00	47.50	2622.00	81.00
1996	81.90	25.20	1171.10	22.50	3752.40	43.10
1997	96.10	17.30	1349.30	15.20	5140.10	37.00
1998	120.10	25.01	1709.00	26.70	7198.00	40.04
1999	150.90	25.65	2021.59	18.29	10287.33	42.92
2000	176.18	16.76	2406.50	19.04	13307.69	29.36
2001	202.85	15.14	2713.86	12.80	18212.24	36.86

资料来源：张厚义，明立志. 中国私营企业发展报告（1978—1998）［M］. 北京：社会科学文献出版社，1999。

3.4.3　政府管理职能的重要转变：宏观调控体系的初步建立

随着我国大规模市场化和市场主体的快速成长，传统的政府管理职能已不能适应经济的快速发展，一些深层次矛盾逐渐凸显，尤其是党的十四大之后随着我国市场经济体制改革目标的确立，改革传统的宏观调控管理模式，建立与我国经济社会发展相适应的现代宏观调控体系必然提上日程。

1994年，以"分税制"为主要特征的财税改革，初步构建起适应我国市场经济要求的新的财政体制，成为政府进行宏观调控的一个有力工具。分税制改革的主要架构是，适应我国经济发展的客观要求，以保证政府提供均等化社会公共服务为目标，在合理划分政府事权的基础上确定各级政府的财政支出范围；以保证中央适当多收为原则，按税种划分各级政府的收入范围；以财权与事权相统一为原则，确定中央对地方的转移支付。做到政府间分配关系合理，中央宏观调控有力。分税制的实行，把我国从以往的"行政性分权"转向到"经济性分权",改变了政府和企业的隶属关系,有利于在推进政企分开的过程中,维护全国统一市场和企业平等竞争。

货币金融体制是我国政府进行宏观调控的另一重要工具。1994 年以后,按照我国经济体制改革的基本目标,从现代市场经济的基本要求出发,我国金融改革开始建立以中央银行为领导、政策性金融和商业性金融相分离,以国有独资商业央行为主体、多种金融机构并存的现代金融体系。在具体改革实践中,主要是围绕"分业经营、分业管理"原则推进的,尤其是《中华人民共和国中国人民银行法》颁发后,中国人民银行不再对非金融部门发放贷款,促进了货币政策走向间接调控,也使中央政府有效地综合运用市场经济条件下的各种政策工具成为可能。

总之,通过财税、金融体制的改革,我国政府调控经济的方式方法有了很大改进,适应现代市场经济发展要求的宏观调控体系得以初步建立,为当时过热的经济实现"软着陆"提供了重要的体制机制保证,这对于发展完善我国的宏观调控体系,更好地发挥政府作用,实现"两只手"作用的优化组合,具有划时代的意义。

3.5　中国社会主义市场经济发展的逐步完善（2003～2012 年）

3.5.1　所有制结构不断完善：国有资产管理体制改革和"非公经济 36 条"的出台

在党的十六大精神的指引下,2003 年 3 月,我国正式成立了国有资产监督管理委员会,随后在各级地方政府也组建了相应的监管机构,使我国的国有资产管理新体制逐步得以确立,也使得我国国有企业的治理模式得到了进一步的完善。与传统体制下的权力安排框架相比,2003 年后的新体制下的权力安排发生重大变化。国家创建国资委,由其统一行使国企出资人的职责,使得政治性政府与经济性政府实现分离,"资""政"实现了初步分离。同时,政府放松对国有企业外部市场的控制,这有利于竞争性市场的形成,从而进一步转变政府职能,促进政企分开,使企业彻底摆脱政府行政机构附属物的地位,真正进入市场,重塑我国市场经济体制的微观基础,以进一步解放和发展生产力。

在深化国企改革的同时,我国对促进非公经济发展的法律法规也不断进行修订完善。2005 年 2 月,"非公经济 36 条"① 正式发布施行,从此,中国民营经济的发展进

---

① "非公经济 36 条"的文件名全称为《国务院关于鼓励支持和引导个体私营等非公有制经济发展的若干意见》,因文件内容共 36 条,故有此称。

入一个新阶段。就其内容而言，"非公经济36条"从市场准入、财税金融支持、社会服务、企业与职工合法权益、提高企业自身素质、改进政府监管方式、加强指导7个方面，第一次比较全面、系统地构建了民营经济发展的政策体系，对非公经济的发展进行了高度定位。尤其是允许非公资本进入垄断行业和金融领域，以及在财税政策方面对非公企业的一视同仁，为民营企业的发展注入了新的活力。可以说，"非公经济36条"为非国有经济提供了更广阔的发展空间，增强了我国市场经济微观基础的多元性，使市场竞争主体更加丰富多样，有利于进一步完善市场经济运行机制、广泛化解经济快速增长所面临的各种不平衡问题。

3.5.2 生产要素进一步市场化：现代市场体系的培育与完善

进入21世纪以来，我国市场体系得到不断完善。党的十六届三中全会通过的《中共中央关于完善社会主义市场经济体制若干问题的决定》明确提出要"完善市场体系，规范市场秩序"①。随后在党的十七大报告中，再次重申"加快形成统一开放、竞争有序的现代市场体系，……完善反映市场供求关系、资源稀缺程度、环境损害成本的生产要素和资源价格形成机制"②。从上述内容可以看出，党的十七大报告将环境损害成本和资源价格纳入现代市场体系的框架之中，有利于把经济社会效益和环境生态效益结合起来，促进我国市场经济朝着科学发展的轨道不断向前，使市场体系不断发展完善。在我国市场体系建设已有成就的基础上，党的十八大报告强调指出："加快发展多层次资本市场，稳步推进利率和汇率市场化改革"③，这一论断的提出，有利于激发金融市场的活力，并为实体经济转型和发展提供强有力的金融支持，从而为中国经济续接出新的发展能力，最终形成完善的现代市场体系。

总之，经过30多年的市场化改革，中国的市场规模明显扩大，市场结构趋向合理，市场主体日益成熟，统一开放、竞争有序的市场体系已经初步形成（见图3.3）。

3.5.3 政府与市场准确定位：积极转变政府职能以完善宏观调控体系

党的十六届三中全会通过的决定强调，要"继续改善宏观调控，加快转变政府职能"。按照科学发展观的要求，在完善社会主义市场经济体制的过程中，我国不断深化

---

① 中共中央文献研究室. 十六大以来重要文献选编（上）[M]. 北京：中央文献出版社，2005：470.
② 胡锦涛文选（第二卷）[M]. 北京：人民出版社，2016：633.
③ 胡锦涛文选（第三卷）[M]. 北京：人民出版社，2016：629.

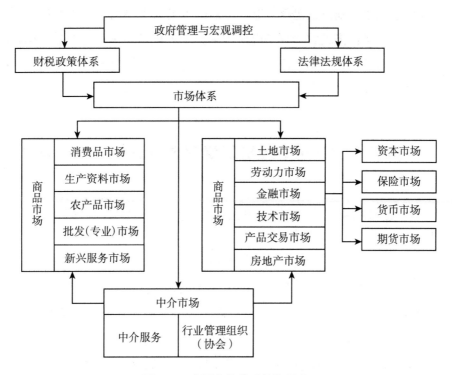

图 3.3　中国市场体系结构示意

资料来源：任兴洲．建立市场体系：30 年市场化改革进程［M］．北京：中国发展出版社，2008：4。

行政审批制度改革、大力推进服务型政府建设，使政府职能转变到提供公共服务、维护社会公平正义上来。通过政府职能的转变，形成了有利于加快经济发展方式转变的制度安排和政策引导，建立起有效的宏观调控体系，调控手段更加灵活多样。主要表现在：

（1）与以往的调控方式比较起来，2003～2004 年的宏观调控更多带有结构性调控色彩，而不是简单的总量调控，在运用调控手段的过程中更好地贯彻了以人为本、全面协调可持续发展的科学发展观。在 2003～2007 年，为了预防进而消除经济中出现的局部过热势头，调控部门采取"点刹车"的微调措施，体现了调控手段的灵活性；同时收紧信贷投放和土地供给两个"闸门"，并提高钢铁、电解铝、水泥等行业的市场准入，以此遏制固定资产投资的过快增长、缓解瓶颈制约，避免了以往调控中的"一刀切""硬着陆"等问题。

（2）随着宏观经济形式的变化，尤其是 2008 年国际金融危机的爆发，我国宏观调控政策也相应地由"双防"（防止经济过热、防止价格上涨演变为通胀）转变为"一保一控"（保持经济平稳增长、控制物价上涨过快），同年底，国务院出台了以增加投资、扩大内需、加强基础设施建设、稳定房地产市场为主要内容的十大政策举措，使经济社会发展取得了经济成效。为了应对国际金融危机的冲击而实施的积极财政政策和适度宽松的货币政策，宏观调控更加注重调控的短期、长期效应的协调，"保增长、扩内需、调结构"是主线。

3.6 中国社会主义市场经济发展的全面深化（2012 年以后）

3.6.1 经济新常态：完善社会主义市场经济的现实境遇

2014 年 5 月，习近平总书记在河南考察时，首次提及"新常态"，同年 11 月 9 日，在北京召开的 2014 年亚太经合组织（APEC）工商领导人峰会上，习近平总书记在主旨演讲中指出"中国经济呈现出新常态"。随后在同年底召开的中央经济工作会议上，习近平总书记从经济增速、发展方式、结构调整、发展动力等方面，郑重指出我国"经济发展进入新常态"[①]，以此为标志，新常态正式发展成为刻画我国经济发展新阶段特征的分析框架和理论武器，也彰显了我国今后一个时期经济发展的大逻辑。

3.6.1.1 市场经济增长速度由超高速到中高速的换挡

党的十一届三中全会以来，我国坚定不移地推进社会主义市场经济体制改革，并积极参与国际市场与国际分工合作，从而使我国经历了长达 30 多年的以工业化赶超和出口导向为主要特征的"结构性加速"过程，创造了全球任何一个经济体都望尘莫及的增长奇迹——年均近 10% 的 GDP 增长速度（具体增速如图 3.4 所示），但近年来，经济增长轨迹出现变化。自 2010 年开始，我国经济增长速度开始持续下行，由 2010 年的 10.4% 回落至 2014 年的 7.4%，跌幅达到 3 个百分点，为 20 世纪 90 年代以来的最低点，已经低于亚洲金融危机冲击后的最低点。

经济新常态背景下，增速换挡是我国经济增长向理性要求的回归，代表了我国市场经济发展思路的重大调整。新常态作为一种趋势线、不可逆转的发展状态，迫切要求我国现阶段市场经济的发展要破除"速度情结"，实现提质增效。统计数据表明，自2010 年第二季度算起，至 2016 年上半年，我国经济增长速度连续放缓 23 个季度[②]。从

---

① 中央经济工作会议在北京举行 [N]. 人民日报, 2014 - 12 - 12 (01).
② 顾海良，王天义. 读懂中国发展的政治经济学 [M]. 北京：中国人民大学出版社, 2017：207.

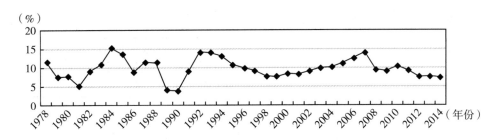

图 3.4 改革开放以来中国 GDP 增速示意

资料来源：根据历年《中国统计年鉴》相关数据整理而得。

国际经验来看，高增长之后换挡也是必然趋势，经济增长速度适度回落是经济达到中等收入国家水平之后的普遍规律。根据世界银行统计，二战后全球只有 13 个经济体保持经济增速在 7% 以上且连续增长 25 年以上，但到 20 世纪 80 年代后，大多数经济体的经济增速开始放缓，到 90 年代后，大多数经济体的经济增速降到 4% 以下。到 2019 年，中国已经保持了长达 40 年的经济高速增长，要使中国经济在未来 10 年内持续发展，作为一个中等收入国家，我们必须在经济发展转型升级与保持合理增长区间找到一个"黄金均衡点"。在此情形下，我国市场经济的发展更应强调"实实在在和没有水分的增长"，加快经济结构调整和转变经济发展方式。但也应该看到，2014 年，美国经济增速为 2.4%，欧元区为 0.9%，日本则为零。可见，虽然我国经济增速有所放缓，但 6.5% 左右的增速在全球而言仍然是比较高的，不仅高于发达国家，也明显高于主要发展中国家。因此我们要保持战略定力，坚定信心，不断推进我国市场经济发展的转型升级。可以说，"经济新常态"更加明确地把我国经济发展速度、资源配置方式、经济增长内生动力等内容结合起来，表明它们在我国市场经济发展转变过程中的内在关系，全面揭示了我国市场经济的中长期发展趋势，科学反映了经济增长速度因结构变化而稍降、结构变化同时蕴含着走向更高效率的经济增长路径——这就是新常态的辩证法，由此反映了新时代中国特色社会主义经济发展的重心正由关注速度转为关注质量。

3.6.1.2 市场经济结构调整由低端型到中高端的迈进

当前，随着我国市场经济发展阶段和内生条件的变化，转入中高速增长阶段不仅仅是增长速度的改变，更重要的是反映经济结构的变动，尤其是作为其主要载体的产业结构的变动。按照"微笑曲线"（如图 3.5 所示）来分析，在价值链两端，包括研究开发、采购、产品设计、品牌经营、物流管理、金融等，附加值和利润率较高，而处于中段的加工、组装、制造等传统的制造业企业，附加值和利润率较低。

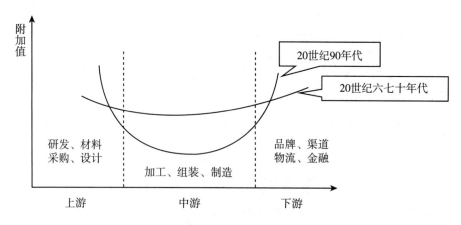

图 3.5 微笑曲线

资料来源：吴敬琏．当代中国经济改革教程［M］．上海：上海远东出版社，2015：431。

从图 3.5 可以看出，我国多数制造业企业处于产业价值链低端，研发、设计、品牌、供应链管理和营销等高附加值环节薄弱。所以严格意义上讲，我国是生产加工大国，并非制造业大国。尤其是作为制造业主体的中小民营企业，它们不仅先天不足、起点低，而且后天"营养不良"，大多是劳动密集型、附加值较低的代工企业。可以说，我国消耗了大量不可再生资源，承受着环境污染，背负着"倾销"的恶名，但利润的大头却在别人手里。唯有强化创新驱动才能改变这种状况，实现以自主创新为基础的产业升级，把科技创新与经济发展紧密结合起来，为我国经济社会发展提供持续动力源泉。因而，当前我国市场经济结构的转型升级正处在重要历史拐点：一方面，经济下行压力增大，经济矛盾与风险因素明显增多；另一方面，经济转型升级的大趋势初步形成，经济发展方式的转变已到关键时期。面对国际发展环境和条件的深刻变化，转型与改革的时空约束全面增强，我国市场经济结构调整势在必行。

从国内经济发展情况来看，三次产业对 GDP 的贡献正在发生历史性变化。如图 3.6 所示，第一产业对 GDP 的贡献逐年下降，到 2015 年仅为 9%；第二产业对 GDP 的贡献呈现出稳中有降的趋势，到 2015 年为 40.5%，同上年相比下降 2.1 个百分点；第三产业对 GDP 的贡献逐年呈上升趋势，2015 年对 GDP 的贡献上升到 50.5%，第三产业的良好发展势头，为我国化解当前产能过剩提供了内在动力。

3.6.1.3 市场经济转型升级由要素驱动到创新驱动的过渡

改革开放的 40 多年，我国通过体制改革和对外开放积累要素数量、吸引要素参与，并通过引导要素从传统部门转向现代部门提高要素使用率，经济保持了 30 多年年均 9.8% 的高速增长，创造了享誉世界的"中国奇迹"。但随着传统人口、资源等红利

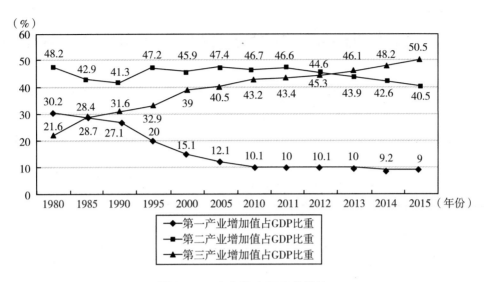

图 3.6　三次产业对 GDP 的贡献

资料来源：根据历年《中国统计年鉴》相关数据整理而得。

消失，我国以要素、投资驱动为主的发展道路已难以为继。新常态下，要促进我国市场经济的"新"增长，需要及时转换经济增长动力，实现从依靠要素投入的粗放型增长向依靠创新驱动的集约型增长转变，从而避免陷入经济增速无序下滑、产业结构无法升级的困境。

内生增长理论表明，研发活动带来的技术进步、人力资本提升会促进经济增长。尤其是随着信息经济时代的到来，技术创新对促进我国市场经济的发展显得尤为重要。因为技术创新有助于推进我国经济结构嬗变升级，这主要表现在两方面。一是创新有助于提升产业附加值，实现产业结构高级化。例如，培育壮大科技服务业，不仅能提升服务业比重，拉动经济增长，还能消除技术转化和服务中的"梗阻"，对制造业形成有力支撑。二是创新有助于软化投资结构，加快投资方式市场化。通过实施创新驱动发展战略，研发和人力资本投资将成为资本形成中的重要部分，使投资结构趋软、投资方式偏向市场。另外，技术创新还能促进技术跨界融合进而提升传统产业。例如"互联网＋"就强调通过实现其他领域的深度信息化，从而引发生产方式、销售模式和产品增加值的革命性变化。可见，以大数据、智能制造、物联网、云计算为支撑的信息技术在实物商品、商业模式中的嵌入改善了生产生活的各方面。这些影响将使技术进步、人力资本和知识资本等要素对经济增长的贡献显著提升，使经济从依靠要素投入向依靠效率提升转变。

3.6.2　混合所有制经济：完善社会主义市场经济制度的重要实现形式

所谓混合所有制，泛指财产权属于两个及以上不同性质的所有者构成的所有制，包括多元化的所有制结构和多种所有制融合的经济形式。从宏观上看，是不同所有制经济的混合，包括各种各样的所有制形式的经济，各种经济成分都是平等的，各种经济资源的主体都是公平参与市场竞争和合作；从微观基础（企业）上看，就是多元投资主体投资的混合，其典型组织形式就是股份公司；从经济运行、资源配置角度看，多元投资主体的混合，形成的资产是一体的，是由市场统一配置资源的。

3.6.2.1　混合所有制经济的提出及其探索进程

在中华人民共和国成立之初的过渡时期，中国就有国营、合作社、个体、私人资本主义和国家资本主义五种经济成分，从而形成了具有中国特色的"混合所有制经济"，但它只是作为一种暂时性的过渡手段，并没有长期坚持发展下来。随着中国社会主义改造的完成，这种"混合所有制经济"由于完成了特定历史任务而最终退出历史舞台。现在我们所分析的混合所有制经济，则是党的十一届三中全会以来作为制度创新的历史性再创造，是对传统的僵化的所有制结构及实现形式结合国情进行的创新。

党的十一届三中全会以来，我国在深刻把握"生产力发展总体水平不高且发展不平衡"的基础上，对生产关系不断进行调整改革，其中一个重要方面就是改革生产资料所有制，通过探索公有制的有效实现形式丰富市场微观主体，激发市场竞争活力，在促进生产力迅速发展的同时也推动了中国经济社会制度的发展和变迁。从理论上说，以党的代表大会相关决议和相应的法律制度修正作为理论共识和正规制度的认可。早在1986年9月的党的十二届六中全会决议里就首次明确提出在公有制为主体下发展多种经济成分，事实上首次承认了混合所有制结构，随后党的十五大首次提出"混合所有制经济"的概念，党的十六大、十七大、十八大都强调要积极发展混合所有制经济，尤其是党的十九大明确提出要深化国有企业改革，发展混合所有制经济，培育具有全球竞争力的世界一流企业。

从上述内容可以看出，一方面，随着我国所有制结构改革不断推进，目前基本形成以公有制为主体、多种所有制经济共同发展的格局，这为混合所有制经济的生产提供了现实"土壤"；另一方面，公有制实现形式的多样化，特别是通过建立现代企业制度来推进国有大中型企业的调整重组，突破了单一所有制筹集资金渠道的局限，使得不同所有制经济主体开始进行产权和资本相互渗透、相互融合，催化了微观混合所有制经济的生成和发展。

3.6.2.2　混合所有制是市场经济体制的基础

市场经济作为交换经济，在本质上是财产权利之间的交换。一切市场主体，在经济活动中的自主性和相互的平等关系都是以他们独立拥有并相互承认的所有权为前提的。市场经济要求市场主体在财产关系方面必须是独立化的、社会化的、自主决策的，否则市场主体就不可能自主经营、自负盈亏。换句话说，作为市场经济存在和运行的基础，所有制必须满足市场经济对它的一般要求，才能保证市场经济的有效运行。

传统"一大二公"的公有制经济由于所有制结构单一，不可能产生真正的交换以形成市场经济的交换关系，这是不符合市场经济发展要求的。而交换必须要有不同的、独立的经济主体，必须是独立的经济主体对其财产有支配权。进一步讲，即使是多元的所有制结构，如果搞自我封闭也同样搞不成市场经济。因为各种所有制经济之间相互隔绝，没有强劲的外在竞争压力激发其内在动力，将导致各种所有制经济的效率低下，其相对优越性也得不到充分发挥；同时，由于各种所有制经济之间相互隔绝，处于主体地位的所有制无法形成"普照之光"以支配和影响其他所有制经济。这种自我封闭的多元所有制结构所具有的缺陷，在微观上表现为：企业内资主体的单一化，市场要素不能在企业间自由流动和转移，限制了企业的扩张与转移，也使企业无法在市场竞争规律作用下优胜劣汰，难以实现生产要素的优化组合。可见，符合市场经济体制一般要求的所有制结构，应该不仅是多元的，而且还必须是开放的系统，能够适应生产社会化的要求，实现资源的优化配置和充分利用。唯有如此，各种所有制经济才能在追求自身利益最大化目标的引导下，相互渗透、相互融合，实现生产要素在企业间的合理流动和优化组合。

因此，不同所有制经济走向混合，是生产社会化的客观要求，也是各种所有制经济追求自利的必然结果，反过来，不同的所有制经济又通过经济的混合确立竞争与协作关系，实现各自优越性的发挥和所有制结构整体功能的优化。

3.6.2.3　混合所有制经济是"社会主义基本经济制度的重要实现形式"

党的十八届三中全会通过的《中共中央关于全面深化改革若干重大问题的决定》全面概括了"社会主义基本经济制度"的基本框架："公有制为主体、多种所有制经济共同发展的基本经济制度，是中国特色社会主义制度的重要支柱，也是社会主义市场经济体制的根基。①"不仅如此，该决定还首次提出了"国有资本、集体资本、非公有资本等交叉持股、相互融合的混合所有制经济，是基本经济制度的重要实现形式"②；并且"鼓励非公有制企业参与国有企业改革，鼓励发展非公有资本控股的混合所有制企业"③。这一重要论述对完善我国市场经济体制意义重大。自改革开放以来，在关于市场主体的构成即公有制与非公有制的认识上，经历了从"主体—补充论"到"主体—重要组成部分论"再到"统———共同发展论"，说明我国在发展市场经济的过程中，对待非公经济逐步由不平等转向平等，由外在并存发展转向内在融合发展，标志着在基本经济制度层面对非公有制经济的否定之否定④，这有利于促进不同性质的所有制经济的相互联合，使其共同发展为一个完整的所有制结构整体，进而不断丰富完善社会主义基本经济制度的表现形式，最终不断扩大生产力的数量和规模，提高生产力的发展质量和社会化程度。其中，该决定所强调的"社会主义基本经济制度"的理论价值在于：凸显这一制度既是相对于 20 世纪整个计划经济的制度创新，也是相对于资本主义市场经济的制度创新。

从宏观意义上看，发展混合所有制经济有利于坚持和完善社会主义基本经济制度，破除传统公有制那种单一国家主体对国民经济活动的任意干预，推进经济活动主体的多元化、市场化，形成多元产权主体的规范化的所有权约束机制，能够更好适应现代市场经济和社会化大生产的需要，使不同经济成分有效"组合"，为公私资本竞争合作提供有效途径，有利于实现国民共进，使社会主义的发展有着更为坚实牢固的经济基础。从微观意义上看，发展混合所有制经济有利于实现企业优劣互补，完善企业治理机制。公有制具备的资本雄厚、资源充足、技术先进等优势，恰是私有经济的短板；公有制具有包袱重、体制僵化、责任淡化等缺陷，而私有制在这些方面处理得很好。公私所有制优缺点正好互补，但国有与民营不应是"零和博弈"，而应立足于"合作博弈"，取长补短，促进产业转型升级。同时，混合所有制形成的多样化产权主体避免了传统公有制那种单一国家主体对企业的任意干预，有利于调动各方面的积极性，促进各个主体都关心企业的经营发展；并且，多样化的产权主体所形成的分散的不同所有者，使真正意义上的产权转让成为可能，有助于形成竞争性的产权市场，使市场的决定性作用得以充分发挥，实现资源的优化配置，这与完善社会主义市场经济体制有着内在的目标契合性。

① 中共中央文献研究室．十八大以来重要文献选编（上）［M］．北京：中央文献出版社，2014：514－515.
② 中共中央文献研究室．十八大以来重要文献选编（上）［M］．北京：中央文献出版社，2014：515.
③ 中共中央文献研究室．十八大以来重要文献选编（上）［M］．北京：中央文献出版社，2014：517.
④ 钱路波：论习近平系列重要讲话对社会主义市场经济理论的发展和创新［J］．长春师范大学学报，2016（11）：43.

3.6.3　供给侧结构性改革：完善社会主义市场经济的深刻革命

2015 年 11 月，习近平总书记曾先后四次提及"供给侧改革"，同年 12 月中央经济工作会议提出推进供给侧改革和推动经济持续健康发展的思路。2016 年 1 月，习近平总书记再次强调，供给侧结构性改革的根本目的是提高社会生产力水平，落实好以人民为中心的发展思想。随后，"权威人士"按照"供给侧 + 结构性 + 改革"的框架，形成了比较完善的供给侧结构性改革理论思路①。

3.6.3.1　供给侧结构性改革的理论再认识

事实上，供给侧结构性改革是完善我国社会主义市场经济体制的现实反映。从马克思主义政治经济学的视角出发，供给侧结构性改革的理论内涵主要包括"供给侧 + 结构性 + 改革"三个维度。第一，"供给侧"是指直接决定产出的因素和供应商品的生产性活动，主要着眼于资源要素、劳动力以及人力资本、生产过程及其技术水平、产品质量及档次、产业体系及其效率状况等方面进行统筹管理、协调安排。第二，"结构性"强调的是结构的优化调整，即通过发挥市场在资源配置中的决定性作用以及企业作为市场主体的作用，促进产业、要素投入、排放、经济增长动力等系列结构性问题得以有效化解。第三，"改革"强调的是对原有体制机制的发展和完善，对原来束缚资源要素供给以及结构优化调整的体制机制进行改革创新，通过创新形成新的经济增长点。上述三方面相辅相成、有机统一，贯穿于生产、分配、交换和消费等环节之中。这既是对我国社会主义生产关系的调整与完善，也是对我国在新时代下保护生产力和发展生产力的生动体现。

在准确把握供给侧结构性改革内涵的同时，还必须消除以下误解。

一种误解是简单地套用西方供给学派的观点来理解中国的供给侧改革。在西方国家的政策话语中，以"供给学派"为标志的供给侧对策的核心观点有二：一是强调并恢复对"萨伊定律"的信仰，极力宣扬供给会自动创造需求的信条；二是对"凯恩斯主义"的调控理论进行批判，过分迷信和依赖市场，反对政府干预经济的行为，主张经济活动的彻底市场化和自由化。与此不同的是，我国推进的供给侧结构性改革，并不是一般地否定需求方面的调控，而是强调在保持总需求适度的同时，侧重供给方面进行调整和改革，把市场配置资源的决定性作用和政府的宏观调控作用有机结合起来，

---

① 七问供给侧结构性改革——权威人士谈当前经济怎么看怎么干［J］. 人民日报，2016 – 01 – 04（02）.

更好地推进"三去一降一补"的五大任务。另外，二者所面临和需要解决的问题也迥然不同。供给学派是针对当时西方世界出现的"滞涨"难题且凯恩斯主义的需求管理政策失效而产生，主张通过减税来刺激供给，实现经济总量均衡；而我国供给侧结构性改革面临的特有问题是产能过剩和有效供给不足同时存在，尤其是有效供给不足，满足不了市场需求和人民对美好生活的需要。在这种情况下，我国推行的供给侧结构性改革，坚持以人民为中心的发展思想不动摇，"重点是解放和发展社会生产力，用改革的办法推进结构调整，减少无效和低端供给，扩大有效和中高端供给，增强供给结构对需求变化的适应性和灵活性"[1]，从而更好地实现社会主义的生产目的。

另一种误解是将供给侧结构性改革等同于传统意义上的调结构。显然，这种看法滞后于实践，是对供给侧结构性改革的简单化片面认识，它没有领会到我国供给侧改革在新时代背景下的新要求，而非传统意义上的结构调整，二者的本质区别主要表现在：

一方面，传统意义上的调结构大多是在一定生产关系不变的前提下进行的，从理论上来说，它并不涉及在保持一定生产关系根本性质不变的前提下，生产关系的部分质变问题。从以往调结构的实践来看，这种调结构更多的是就需求结构、供给结构本身而言，主要通过需求管理政策来调节总供给与总需求的平衡，从而达到调整经济结构的目的，重点是对产业结构的调整，更多是强调产量导向思维，追求增量意义上的补充。尽管供给侧结构性改革同样强调结构调整，但却与传统意义的调结构有本质区别。它更多的是强调存量意义上改革，是以质量为导向的思维下的结构调整，目标是去产能、去库存、去杠杆，目的是改革供给模式，提升供给质量，提高全要素生产率。更重要的是，它涉及在保持一定生产关系根本性质不变的前提下，生产关系部分质变的问题。通过改革部分不适应新时代条件下生产力发展要求的生产关系以达到结构调整的目的。因此，它才被定义为"结构性改革"。

另一方面，传统意义上的调结构注重的是结构调整本身，主要是政府借助行政手段直接推动企业，企业按照政府制定的行业发展规划进行投资的扩张或收缩，从而达到产业结构调整的目的，其方式手段带有计划经济痕迹。而供给侧结构性改革强调的是改革，关注的是市场机制在结构调整中的作用。通过改革建立高效合理的体制机制，以市场力量倒逼企业进行结构调整，充分发挥市场在资源配置中的决定性作用。政府在这个过程中更多的是制定市场规则，加强监管，完善服务，通过简政放权激发市场活力，促进经济健康发展。

---

① 习近平. 习近平谈治国理政（第二卷）［M］. 北京：外文出版社，2017：252.

由此可见，供给侧结构性改革与传统意义上的调结构有着本质的区别，它并非一般意义上的结构调整，而是在新时代的生产力发展要求下，通过生产关系的改革，以存量调整，以及调节思维、调节方式的转变，来达到解决经济中结构性问题的目的。

3.6.3.2　供给侧结构性改革有利于政府与市场关系的重构

马克思主义政治经济学认为，在经济发展过程中，需求与供给是"直接的同一性：生产是消费；消费是生产"[1]。但二者也存在差别，需求调节强调的是发挥政府的作用，通过政府扩大内需、增加投资来促进经济增长；而供给调节主要是发挥市场的作用，通过企业和产业的转型升级来培育新的经济增长动力。我国推进供给侧结构性改革，是为在新的发展水平上实现总供给和总需求的动态平衡。这就要求协调好政府与市场关系，实现二者在经济发展过程中的辩证统一。

"供给侧结构性改革实际上是一种'创造性破坏'。这种创造性破坏的目的，在于淘汰落后产能、发展中高端产业，实现产业结构的新陈代谢"[2]。因此，"去产能"是供给侧结构性改革的首要任务。在去产能的存量改革中，主导权要交给市场。产能过剩是一种市场结果，是指市场不能自由将资源转移到新兴领域。界定产能过剩，需要由市场来决定，不能简单由政府来判断。在创造新供给中，政府干预会使得问题更为严重。因为政府并不能比市场更好地判断什么是新供给。通过政府刺激方式发展新供给只会产生新的产能过剩。事实上，在以往的经济发展过程中，由于政府干预过多，市场对资源的配置作用受到很大抑制，导致市场未能及时出清，从而造成供需失衡，结构性矛盾频发。例如，某些地方政府出于片面追求地方生产总值的考量，经常对一些"僵尸企业""三高企业"进行贷款补贴，导致产能严重过剩。因此，供给侧结构性改革所强调的"去产能"，就是要发挥市场的决定性作用，彻底消除政府直接配置资源所引起的要素配置扭曲。故而，一方面，要深化制度改革以还原各种政策的本来面貌，通过市场机制的竞争作用实现优胜劣汰，以价值规律的牵引功能使各类落后产能和"僵尸企业"淘汰出局，进一步激发市场主体活力，通过资源的优化配置创造新的供给，更好满足人民对美好生活的需要；另一方面，按照党的十八届五中全会的要求，推进供给侧结构性改革必须加快产业转型升级，推动制造业由粗放经营转向精致生产，大力发展战略新兴产业，不断提升全要素生产率。需要强调的是，在这一过程中，国家的产业政策只是指明方向，投资项目要由企业家和各类投资主体在市场摸索、把握

---

① 马克思.《政治经济学批判》序言、导言 [M]. 北京：人民出版社，1971：18.

② 冯志峰. 供给侧结构性改革研究的逻辑进路 [J]. 天津行政学院学报，2016（6）：32.

和选择，政府主要是创造条件，鼓励竞争，支持企业和产业重组，重视对小微企业支持等，在尊重市场规律的基础上培育创新精神，绝不能取代市场。

从制度供给的角度来看，政府是法律法规的制定者和供给者，参与市场活动的微观经济主体则是法律法规的接受者和需求者。因此，政府的定位是要做市场机制的建设者、市场秩序的监管者以及公共物品的提供者，通过制定科学的产业政策和监督法规并正确引导市场预期，使市场机制得以修复完善，真正让市场竞争机制在经济结构转型升级中起到核心调节作用，避免计划之手或政府补贴奖励形式过多直接干预微观经济主体的活动，消除过剩产能赖以产生的体制性土壤，最终达到"去产能"标本兼治的目的。

3.6.3.3 供给侧结构性改革是新时代完善社会主义市场经济体制的新动力

我国在建立市场经济体制之初，就已经开始供给侧的土地、劳动力等生产要素领域改革的探索。其中，土地要素的相关改革主要表现为以家庭联产承包责任制为主的农村土地改革；劳动力要素的相关改革主要是放松计划经济时期对劳动力的控制，通过劳动合同制、促进再就业等举措成分发挥劳动力要素在资源配置中的作用；技术要素的改革则强调"科学技术是第一生产力"，通过实施"科教兴国"战略以提升自主创新能力。我国在推进生产资源要素相关改革的同时，也加快推进国有企业领域的相关改革。通过上述生产要素领域的改革，传统计划经济体制得以打破并逐渐解体，市场机制作用的范围和程度不断扩大，从而为我国市场经济体制的建立发展提供有利条件。

时至今日，我国市场经济体制建立和发展了20多年，生产力水平较之以前获得了很大跃升，生产能力在很多方面居于世界领先地位，"我国社会主要矛盾已经转化为人民日益增长的美好生活需要和不平衡不充分的发展之间的矛盾"[①]。这表明，在我国目前的经济领域中，供需失衡的结构性矛盾越来越突出，一定程度上制约了市场活力。事实上，人们消费需求的个性化、多样化客观上要求社会产品越来越丰富，即需求侧的转变意味着生产的供给侧也要发生相应转化。如果企业的生产只是片面追求数量的扩张而不注重质量的提升，这就很难满足人民群众对美好生活的需要。因此，"从政治经济学的角度看，供给侧结构性改革的根本，是使我国供给能力更好满足广大人民日益增长、不断升级和个性化的物质文化和生态环境需要，从而实现社会主义生产目的。[②]"为实现这一目的，更好地满足人民对美好生活的需要，就要求通过强化全要素

---

① 习近平．决胜全面建成小康社会夺取新时代中国特色社会主义伟大胜利——在中国共产党第十九次全国代表大会上的报告 ［N］. 2017 – 10 – 28（02）.

② 习近平．习近平谈治国理政（第二卷）［M］. 北京：外文出版社，2017：252.

生产率，通过发挥市场配置资源的决定性作用，使劳动力、资本、技术等生产要素自由流向适应人民对美好生活向往的生产领域，提升能够满足人民对美好生活需求的产出效率，同时还要推进技术创新和产业升级，充分挖掘资源利用效率，提高资源配置率，使供给侧的转化与需求侧的变化相协调适应。

如果说要素新供给是完善社会主义市场经济体制的内在动力的话，那么制度、结构及政策新供给则是其外在动力。其中，制度新供给是打破原有体制机制对市场主体的束缚，通过相关配套制度的改革激发市场主体活力；结构新供给是通过调整完善产业结构、城乡结构、分配结构等，不断提升全要素生产率和释放经济增长潜力；政策新供给则是通过进一步丰富政策工具，完善"负面清单"，更好实现经济和社会政策目标。

总之，供给侧结构性改革，就是要用改革的办法矫正供需结构错配和要素配置扭曲，解决有效供给不适应市场需求变化问题，使供需在更高水平实现新的平衡。在这一过程中，劳动力、资本、土地等生产要素的新供给是经济增长的持续动力，其机制是寻求要素资源效率最大化；而制度、结构及政策新供给则是其外在动力，其机制是寻求经济运行效率最大化。这两种动力的运行实质上就是要发挥市场在资源配置中的决定作用和更好发挥政府作用，进而不断促进社会主义市场经济体制的发展完善，如图 3.7 所示。

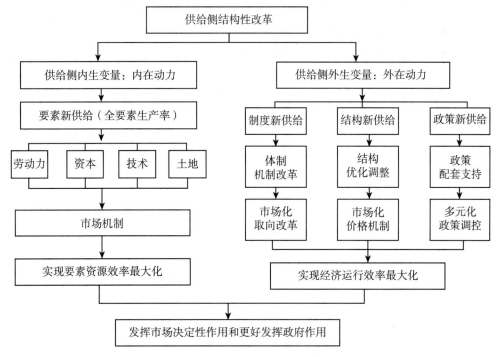

图 3.7　供给侧结构性改革路径示意

3.6.4 "一带一路"倡议：完善社会主义市场经济的空间张力

2013年9月和10月，习近平主席在访问中亚和东南亚国家期间，希望通过加强"政策沟通""道路联通""贸易畅通""货币流通"和"民心相通"[①] 来给亚太地区注入更多新动能、新活力，在此基础上先后提出共建"丝绸之路经济带"和"21世纪海上丝绸之路"的重大倡议，得到有关国家的积极响应。回溯历史可以发现，"一带一路"倡议为古老的"丝绸之路"符号嵌入新的时代内涵，是实现"中国梦""亚洲梦"乃至"世界梦"的伟大畅想，彰显了中华民族的天下观和义利观；"一带一路"倡议是宏伟的发展蓝图，展示了中华民族的博大胸怀与豪迈气魄。从经济学的视域来看，"一带一路"倡议的提出，把亚太经济圈与欧洲经济圈联系起来，使中国与中亚、西亚、南亚的经贸合作不断加强，实现区域内国家产业合理布局、互相补充、共同繁荣。

3.6.4.1 "一带一路"倡议有利于打开国际市场通道

2100多年前，西汉张骞率领使团出使西域，促进中国与西域的文化交流，加速了丝绸之路的开拓。可以说，古"丝绸之路"就是我国同中亚、东南亚、南亚、西亚、东非、欧洲经贸和文化交流的大通道。"一带一路"倡议建设陆海并进，陆上通道横贯亚欧大陆，涉及周边重要邻国，共建六大经济走廊（如表3.9所示）；海上通道依托重点优良港口和主要城市节点，以远洋运输为载体共建国际市场大通道。

表3.9　　　　　　　　"一带一路"涉及的主要国际合作走廊

国际经济带	涉及国家	主要路线	作用
中巴经济走廊	中国、巴基斯坦	中国新疆乌鲁木齐—喀什—红其拉甫—巴基斯坦苏斯特—洪扎—古尔吉特—白沙瓦—伊斯兰堡—卡拉奇—瓜达尔港，全长4625千米的交通大动脉	保障边疆区域安全，有效增加中国能源进口路径，发展经济，改善民生
孟中印缅经济走廊	孟加拉国、中国、印度、缅甸	中国西南、印度东部、缅甸、孟加拉国	发展中国西南区域、促进中国"西下南进"策略进行

---

① 习近平. 习近平谈治国理政 [M]. 北京：外文出版社，2014：289－290.

续表

国际经济带	涉及国家	主要路线	作用
新亚欧大陆桥	中国、俄罗斯、哈萨克斯坦、吉尔吉斯斯坦、土库曼斯坦、乌兹别克斯坦、伊朗、土耳其、乌克兰、波兰、德国、荷兰	起于连云港，经西安、兰州、吐鲁番、乌鲁木齐、从阿拉山口进入俄罗斯、途径阿克斗亚、切利诺格勒、古比雪夫、斯莫棱斯克、布列斯特、华沙、柏林达荷兰的鹿特丹港，全长10900千米	拉近中国与世界市场的距离，更好地吸收资本、技术和管理经验，加快经济振兴
中蒙俄经济走廊	中国、俄罗斯、蒙古国	把丝绸之路经济带同俄罗斯跨欧亚大铁路、蒙古国草原之路倡议进行对接	促进东北区域发展，维护地区安全
中国—中亚—西亚经济走廊	中国、哈萨克斯坦、吉尔吉斯斯坦、土库曼斯坦、乌兹别克斯坦、塔吉克斯坦、伊朗、土耳其	由新疆出发，抵达波斯湾、地中海沿岸和阿拉伯半岛	我国与中亚的能源资源通道，带动沿线国家经济发展
中国—中南半岛经济走廊	中国、越南、老挝、柬埔寨、泰国、缅甸、马来西亚等国家	以中国广西南宁和云南昆明为起点，以新加坡为终点，纵贯中南半岛相关国家，是中国连接中南半岛的大陆桥，也是中国与东盟合作的跨国经济走廊	中国连接印度洋的"能源新通路"，优化西南边境地区经济布局

资料来源：根据中国一带一路网（https：//www.yidaiyilu.gov.cn/）相关资料整理而得。

　　从表3.9的内容可以看出，六大经济走廊的地理位置优越、地缘位置显要，能够把东亚、南亚、东南亚以及中亚等重要洲际大市场有效连接在一起。事实上，中国东临太平洋，西面欧亚大陆中心，南出可联通印度洋，北接俄蒙广阔腹地，可享大陆经济和海洋经济之双向优势。在新的全球经济贸易投资自由化、一体化的大背景下，海陆通道的建设有利于打破海洋与陆地的地理限制、弥合东部与西部的交通阻隔，使海陆地缘布局更加均衡合理，东西两翼发展更加综合协调，进而推动形成海陆并进、内外联通、全盘互动的战略格局。而且，"一带一路"建设通过依托陆路交通干线和海路港口枢纽，推动陆上丝绸之路和海上丝绸之路国际市场大通道和国际经济合作走廊建设，加强与周边国家和区域基础设施的互联互通，一方面进一步巩固我国的海外市场，扩大与沿线国家的双边贸易额，在更高层次上为扩大内陆沿海开放创造良好体制条件，有利于为东部地区要素和产业转移提供更大空间；另一方面有利于充分发挥各国比较优势，扩大利益沟通交汇点，为在全球范围内配置和利用资源创造良好条件，进一步推动贸易投资便利化，促进各种生产要素和商品服务在世界范围内自由流通，不断增强世界经济增长活力。

3.6.4.2 "一带一路"倡议有利于促进国际国内市场一体化

一方面，从全球经济发展空间格局来看，"一带一路"倡议横跨我国东、中、西大部分地区，连接亚、欧、非三大洲，它所带来的互联互通项目将促进沿线国家发展战略的对接和耦合，更大范围、更深层次挖掘区域市场发展潜力，促进区域内的投资消费。首先，"一带一路"倡议秉承"开放、包容、共享"的发展理念，在寻求"五通"的基础上反对贸易保护主义、消除贸易壁垒、降低贸易投资成本，这将不断加大我国与沿线国家的经贸合作交流，"2014～2016年，中国同'一带一路'沿线国家贸易总额超过3万亿美元。中国对'一带一路'沿线国家投资累计超过500亿美元。中国企业已经在20多个国家建设56个经贸合作区，为有关国家创造近11亿美元税收和18万个就业岗位"①。其次，"一带一路"建设通过亚投行和丝路基金等开放性金融机构的设立，有利于加快推进公路、铁路、机场、港口等交通基础设施建设，不断增加国际公共产品的供给，促进我国与"一带一路"沿线国家的人力、资本、技术等经济要素有序自由流动。再其次，"一带一路"倡议与我国两大能源进口通道基本重合，即陆上从俄罗斯、中亚进入中国；海上从中东、非洲通过印度洋、马六甲海峡、南海进入中国。从陆上丝绸之路经济带来看，随着中国经济持续发展，对能源的需求迅速增长，将推动中国与俄罗斯、中亚西亚地区经济、能源、社会融合发展，为世界开辟一个新的经济增长极。从海上丝绸之路来看，东南亚地区与中国华南及西南地区紧密相连，随着中国与东盟关系的日渐改善，将有利于推动区域能源共同市场的形成。最后，"一带一路"建设注重加强人文相通，在科教、文化、卫生、民间交往等领域广泛开展合作，积极促进亚欧大陆的多元文明交融，这有利于为政治经济和安全合作提供坚实的人文社会基础，消除对各类商品要素市场的人为分割与限制，充分发挥世界市场配置资源的决定性作用，促进世界市场朝着一体化的方向良性发展。

另一方面，从国内市场发展格局来看，"一带一路"倡议涵盖了"两个核心、两个

---

① 习近平. 携手推进"一带一路"建设——在"一带一路"国际合作高峰论坛开幕式上的演讲［N］. 人民日报，2017－05－15（03）.

枢纽、7 个高地、15 个港口和 18 个省份"①，能够形成沿海、内陆、沿边全方位对外开放格局，实现优势互补。从东部开放前沿地区来看，"一带一路"倡议通过六大经济走廊的建设，有利于发挥我国高铁、核能等装备产业的比较优势，将一部分已经发展很成熟但国内产能相对饱和的制造业转移到发展刚起步的国家，在推进东部地区产业转型升级的同时，更深层次地与全球市场融合互动。从西部地区来看，我国西部与 14 个国家和地区接壤，"一带一路"建设使西部成为我国对外开放的桥头堡，如新疆的霍尔果斯、喀什经济开发区、广西东兴、云南瑞丽等。随着"一带一路"建设的推进，必将促进我国西部地区的市场分割程度大大降低，统一开放、竞争有序的市场体系更加健全，这将有利于生产要素流动和聚集，为西部地区承接东部产业的转移提供难得的历史机遇，进而促进我国区域经济协调均衡发展。

3.6.4.3 "一带一路"倡议有利于完善国际市场规则

跨太平洋伙伴关系协定（TPP）和跨大西洋贸易与投资伙伴协议（TTIP）谈判差不多包含当今世界大多数经济贸易体，同时对我国参与国际贸易、融入世界市场制定了诸多不切实际的条款，致使我国发展外向型经济、利用"两个市场、两种资源"十分不利。中国作为当今世界最大的发展中国家，自加入 WTO 后，认真履行世贸组织的各种规定条款，主动参与国际竞争，积极发展外向型经济，在这一过程中，一方面中国所面临的现行贸易条件与其他发展中国家十分接近，另一方面中国通过改革开放所发展的外向型经济在促进本国经济迅速发展的同时，也为促进我国贸易伙伴的发展创造了有利条件，提供了发展机遇。亦藉于此，随着中国外向型经济的深入发展，目前已基本具备通过新的区域合作模式来有效应对贸易条件的变化和潜在的外部挑战，并在寻求发展的过程中书写新的规则，进而完善国际市场规则。

"一带一路"倡议横贯亚欧大陆、连接海陆通道，既涉及西欧等发达国家，也涉及东欧等转型国家，还涉及西亚、非洲等广大发展中国家。"一带一路"倡议在平等协商、合作共赢的基础上，积极加快与沿线国家签署"一带一路"合作谅解备忘录或编制双边合作计划的进程，加强多边合作，进行多层次、全方位的协商和沟通，改善多边合作机制，积极推动双边和多边关系全方位发展。2015 年 6 月 1 日，中韩自贸协定正式签订；同年 6 月 17 日，中国与澳大利亚签署自由贸易协定。目前，中国已签署自贸协定 14 个，涉及 22 个国家和地区。与此同时，中国还充分发挥中国—东盟"10 +

---

① 李光辉. "一带一路"对中国经济的重要意义［J］. 紫光阁，2016（6）：19.

1"、亚欧会议（ASEM）、上海合作组织（SCO）、亚洲合作对话（ACD）、亚太经合组织（APEC）、中阿合作论坛、亚信（CSCA）、中亚区域经济合作（CAREC）、大湄公河次区域（GMS）经济合作等现有的多边合作机制的带动作用，让更多地区和国家参与"一带一路"的建设。

"一带一路"的相关议题表明，中国通过发挥自身优势，主动融入世界市场，积极参与全球经济治理，充分利用现有的国际条例和市场规则，将大半个地球上的国家紧密联系在一起，形成商品劳务的"大物流圈"、人员和资本的"大循环圈"，共同促进全球经济持续稳定发展。可以说，"一带一路"倡议着眼于构建新的全球价值链合作机制，不断推进多边投资框架建设，进而不断推进贸易规则体制和制度的重大创新，这势必推动新一轮全球贸易的繁荣型增长，不断提升和完善全球层面的贸易标准、规则和制度。

3.7 中国社会主义市场经济创新发展的实践价值

3.7.1 推进了中国市场化进程步伐

以 1978 年 12 月召开的党的十一届三中全会为标志，中国从传统计划经济体制转向现代市场经济的改革历程已走过 40 多年。虽然我国目前仍在不断完善市场经济，但回溯 40 多年的改革历程可以发现，市场在我国经济发展中所扮演的角色越来越重要，市场配置资源的规模越来越大、范围越来越广，经济发展的市场化程度越来越高。根据李晓西编著的《中国市场经济发展报告 2010》显示，中国经济市场化程度已稳定地处在 70% 以上。该发展报告表明，1978 年以来，随着中国经济改革进程的推进，中国经济发展的市场化程度也在不断加深。在 2000 年以前，我国的市场化指数均在 60% 以下，说明政府对经济的干预比较大，市场配置资源的作用容易受到政府干预的影响。随着全面建设小康社会的推进和科学发展观的提出，在 2008 年，我国的市场化指数已经达到 76.40%，超过同时期的俄罗斯等转型国家，尤其是在 2005～2008 年，我国的市场化指数已稳定地处于 70% 以上，这深刻地反映了市场配置资源的程度在加深、范围在扩大，社会主义市场经济体制在我国已基本确立。

2008 年以后，中国市场化总指数呈现出稳中有升的态势，在 2008～2016 年，中国市场化总指数由 5.45 分上升到 6.72 分，市场化总指数提高了 1.27 分，具体如图 3.8 所示。

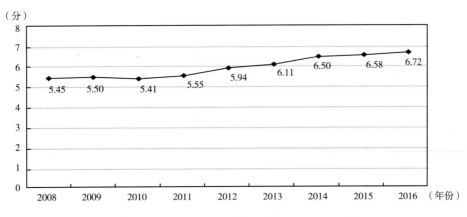

图 3.8 我国市场化总指数变化趋势（2008～2016 年）

资料来源：王小鲁，樊纲，胡李鹏 . 中国分省份市场化指数报告（2018）［M］. 北京：社会科学文献出版社，2019：2。

从图 3.8 可以看出，党的十八大以来，中国市场化出现了一些新的进展，尤其是党的十八届三中全会提出的"使市场在资源配置中起决定性作用①"这一重要论述，极大地推动了中国要素市场的发育、市场中介组织的发育以及法制环境的改善，使中国市场化总指数逐年递升，最终在 2016 年达到了 6.72 分的新高度，反映了中国的市场取向改革和开放不断取得新进展，正在逐步向成熟的市场经济国家迈进。当然，市场化程度也不是越高越好，不存在百分之百的市场经济。任何一个经济体中既有应市场化而没有实现的部分，也有不应市场化的部分。

3.7.2 创造了中国经济增长的奇迹

改革开放 40 多年，市场经济的建立迅速解放和发展了我国的社会生产力，创造了令世人所瞩目的中国经济增长奇迹，即中国经济保持了长达 30 多年的高速增长，经济总量不断扩大，经济实力不断增强。如表 3.10 所示，1978～2016 年，我国 GDP 总量和人均 GDP 的迅速而稳步增长，充分展现了社会主义市场经济发展生产力的魅力所在。

---

① 习近平 . 习近平谈治国理政［M］. 北京：外文出版社，2014：77.

表 3.10 　　　　　　　　　　1978～2016 年中国经济总量的增长情况

年份	GDP（亿元）	人均 GDP（元）	经济增长率（%）
1978	3645.2	381.2	11.7
1980	4545.6	463.2	7.8
1985	9016.0	857.8	13.5
1990	18667.8	1644.5	3.8
1995	60795.7	5045.7	10.9
2000	99214.6	7857.7	8.4
2001	109655.2	8621.7	8.3
2002	120332.7	9398.0	9.1
2003	135822.8	10542.0	10.0
2004	159878.3	12335.6	10.1
2005	183084.8	14040.0	10.4
2006	209407.0	16084.0	10.7
2007	246619.0	18665.0	11.4
2008	300670.0	23129.0	9.0
2009	335353.0	25796.0	9.0
2010	397983.0	30614.0	10.3
2011	471564.0	36274.0	9.3
2012	519470.0	38364.4	7.9
2013	568845.0	42010.95	7.8
2014	643974.0	47203.0	7.3
2015	689052.1	50251.0	6.9
2016	744127.0	53980.0	6.7

资料来源：根据历年《中国统计年鉴》相关数据整理而得。

从表 3.10 中可以看出，1978～2016 年，从 GDP 总量和人均 GDP 来看，这两个指标表现为持续增长态势，尤其是在 2010 年我国 GDP 总量达到 397983 亿元，超过日本，跃居世界第二，体现了中国综合国力的不断增强，经济实力稳步提升。从人均 GDP 来看，我国人均 GDP 从 1978 年的 381.2 元增长到 2016 年的 53980 元，人均 GDP 的年均增长都在 20% 以上，反映在经济总量显著增加的过程中，经济发展成果惠及社会每一个成员。

3.7.3　改善了中国人民的生活水准

改革开放 40 多年，随着我国生产力的迅速发展，人民生活水平也得到了极大改善。从图 3.9 中可以看出，1978 年城镇居民人均可支配收入仅为 343 元，到 2016 年则为 33616 元，增长了 98 倍之多；农村居民人均纯收入也从 1978 年的 133 元增加到 2016 年的 12363 元，增长了将近 93 倍。在中国城乡居民人均收入逐年递增的同时，衡量人民生活水平状况的恩格尔系数则呈逐年下降趋势，1978 年，城镇居民和农村居民的恩格尔系数分别为 57.5% 和 67.7%，说明食物支出占了很大比重，生活较为贫困；到 2000 年，城镇居民和农村居民的恩格尔系数分别为 39.4% 和 49.1%，各自比改革之初的恩格尔系数下降了 18.1% 和 18.6%，恩格尔系数的下降说明人民生活水平不断提高，总体上达到了小康水平。2016 年，城镇居民和农村居民的恩格尔系数进一步下降为 29.3% 和 32.2%，说明我国人民生活水平变得比以前更为富裕，正朝着全面小康的水平稳步迈进。

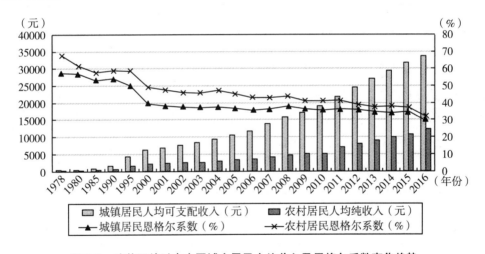

图 3.9　改革开放以来中国城乡居民人均收入及恩格尔系数变化趋势

资料来源：历年《中国统计年鉴》。

3.7.4　提高了中国的国际经济地位

随着中国市场经济的发展完善，中国 GDP、货物进出口贸易总额、外商直接投资等各项经济指标所占世界比重持续上升，在世界的排名逐渐居于前列（见表 3.11、表 3.12），中国对世界经济发展的影响持续扩大。

表 3.11 　　　　　　　　中国主要经济指标所占世界比重 　　　　　　单位:%

指标	1978 年	1980 年	1990 年	2000 年	2010 年	2014 年	2015 年
国内生产总值	1.7	1.7	1.6	3.6	9.2	13.3	14.8
货物进出口贸易总额	0.8	0.9	1.6	3.6	9.7	11.3	11.9
外商直接投资	—	0.1	1.7	3.0	8.6	10.5	7.7

资料来源:中华人民共和国国家统计局.2016 国际统计年鉴〔M〕.北京:中国统计出版社,2016:3。

表 3.12 　　　　　　　　中国主要经济指标居于世界的位次

指标	1978 年	1980 年	1990 年	2000 年	2010 年	2014 年	2015 年
国内生产总值	11	12	11	6	2	2	2
货物进出口贸易总额	29	26	26	8	2	1	1
出口额	31	30	15	7	1	1	1
进口额	29	22	18	8	2	2	2
外商直接投资	—	55	13	9	2	1	3

资料来源:中华人民共和国国家统计局.2016 国际统计年鉴〔M〕.北京:中国统计出版社,2016:3。

　　从表 3.11 和表 3.12 可以看出,中国 GDP 占世界 GDP 的比重从 1978 年的 1.7% 上升到 2015 年的 14.8%,上升了 13 个多百分点,并在 2010 年超过日本,居于世界第二位。随着中国 GDP 所占世界份额的不断增大,中国对世界经济发展的贡献也越来越大。根据世界银行测算,2013 ~ 2016 年,中国对世界经济的贡献率平均为 31.6% (见表 3.13),成为拉动世界经济增长的重要引擎。正如欧洲国际政策经济研究中心研究员戴维·克莱曼所说,在世界经济复苏动能不足的背景下,中国经济的稳步增长显得尤为珍贵[①]。

表 3.13 　　　　2013 ~ 2016 年主要国家 (地区) 对世界经济增长的贡献率 　　单位:%

国家 (地区)	2013 年	2014 年	2015 年	2016 年	2013 ~ 2016 年均贡献率
中国	32.5	29.7	30.0	34.7	31.6
美国	15.2	19.6	21.9	15.4	18.2
欧元区	-1.9	7.6	13.6	12.6	8.0
日本	6.7	1.0	3.8	3.5	3.7
韩国	2.0	2.1	1.7		1.5*

---

① 徐惠喜.贡献度:发展的中国惠及世界〔J〕.经济日报,2017 – 09 – 25 (01).

续表

国家（地区）	2013 年	2014 年	2015 年	2016 年	2013～2016 年均贡献率
墨西哥	0.9	1.4	1.5	1.4	1.3
巴西	4.1	0.1	−4.8	−4.6	−1.4
俄罗斯	1.2	0.6	−3.3	−0.6	−0.5
印度	7.2	7.5	8.4	9.3	8.1
南非	0.5	0.3	0.3	0.1	0.3

注：＊为 2013～2015 年均贡献率。

资料来源：国家统计局官方网站：http：//www.stats.gov.cn/tjsj/sjjd/201706/t20170621_1505616.html。

第4章 中国社会主义市场经济创新发展的理论集成

在中国市场经济的创新发展过程中，党和政府对推行市场经济体制必要性的认识，经历了一个由浅入深，实践—认识—再实践—再认识，不断往返逐步深化的过程，这也是一个艰苦的较长的理论和实践探索过程。在这一探索过程中，我国实现了社会主义与市场经济的有机结合，这不仅是马克思主义经济学说的新篇章，而且也成为我国经济体制改革的重要理论基础。在此基础上，我国市场经济创新发展的理论成就还表现在形成了独具中国特色的市场决定论、宏观调控模式和"五大发展理念"，并从经济基础、分配制度、上层建筑等方面，形成了与英美模式市场经济相区别的内在特征。这些理论成就，既是对马克思政治经济学的丰富完善，也是对新民主主义经济论的精辟思想与科学方法的继承发展。

4.1 社会主义市场经济理论的发展深化

4.1.1 对传统计划经济理论的反思

中华人民共和国成立后，执政的中国共产党所面临的一个重大问题就是建立一个什么样的经济体制，才能尽快地促进我国经济社会迅速发展，使中国以崭新面貌屹立于世界的东方。随着国民经济的恢复，在实施第一个五年计划和对生产资料社会主义改造全面展开的同时，我国逐步形成并确立了高度集中统一的计划经济体制。

传统计划经济体制是封闭僵化的，国家是国民经济高度集中的管理中心，企业缺乏生产经营自主权，企业与国家是一种行政隶属关系，国家依靠行政命令和指令性计划指挥经济活动。因而，我国传统计划经济体制本质上是对社会经济资源进行直接政治配置的一种制度，体现了政治对经济的内在束缚。

毋庸置疑，任何经济体制都有优势，也有其劣势，计划经济也不例外。20 世纪 50 年代，我国集中人力、财力和物力，提前完成了第一个五年计划，迅速地建立起国家社会主义工业化的初步基础，并初步建立了独立的比较完备的工业体系和国民经济体系，这些成就的取得是与计划经济体制所发挥的作用分不开的。但是，高度集中的计划经济体制在运行过程中存在着政企职责不分，忽视商品生产、价值规律和市场的作用，分配中平均主义严重等问题。这些弊端严重压抑广大群众的积极性和创造性，使计划经济缺乏持续的动力机制来促进经济发展。同时，从发展阶段上看，任何一个国家和民族在工业化初始阶段，资本的原始积累都是不可避免的，在这种积累中采用计划体制压抑社会成员生活资料的手段也是正常的，其效果往往也是显著的；但无论如何，这仅是权宜之计，是不能长期使用的。任何一个国家和民族的经济现代化进程只有走向以提高整个社会消费基数和全体人民消费水平为主要目标和主要路径的发展轨道，才能进入真正的良性循环。对于中国来说，从计划经济到市场经济的转变既不是历史的返回，也不是历史的中断，而是因时因势进行的发展战略的改变。其中的逻辑在于：计划经济功成身退，市场经济继往开来。

4.1.2 以"计划经济为主、市场调节为辅"的原则

随着农村家庭联产承包责任制的实行和城市企业放权让利改革的推进，为突破传统计划经济理论的束缚提供了直接的实践来源。在此情形下，党的十二大报告提出，我国在公有制基础上实行计划经济，贯彻计划经济为主、市场调节为辅的原则[①]。报告进一步把"计划经济"分为"指令性计划"和"指导性计划"两部分，强调指出：我们要正确划分指令性计划、指导性计划和市场调节各自的范围和界限[②]。

显然，报告中"计划经济"的"计划"是指政府直接下达的"指令性计划"。而且，"指令性计划"和"指导性计划"都属于"有计划的生产和流通"，"市场调节"则属于"不作计划的生产和流通"。尽管党的十二大报告把"指令性计划"当作经济调节的主体手段，但是，这并不是说，"指令性计划"等同于行政命令。对此，党的十二大报告强调国家的计划要符合客观实际、要遵循商品生产的价值规律，要善于利用价格、税收等各种经济杠杆来调整企业的生产经营活动，在此基础上使企业实现国家所下达的计划。

党的十二大报告所确立的"主辅论"的原则，为我们转换计划经济观念提供了概念前提；它把注意力集中在对几种不同类型企业的计划与市场关系的分类安排上，着

---

①② 中共中央文献研究室. 十二大以来重要文献选编 [M]. 北京：人民出版社，1986：23.

眼的范围较窄，但它明确强调了要加强对国有经济的调节，并认为这是市场发挥调节作用的现实体现，由此肯定了市场调节的必要性。总之，党的十二大确立"主辅论"的改革原则，已经突破了原来那种从苏联学来的高度集中的计划经济体制，开始重视市场调节在经济发展中的重要作用，中国要沿着这条路继续探索，而这一探索的逻辑起点则直接催生了"建设有中国特色的社会主义"这一重要命题的提出，开启了我国社会主义建设的新篇章。

4.1.3 "社会主义有计划商品经济"论的形成

随着农村改革的深入推进，城市国有企业改革的起步，对社会主义经济理论的发展提出了新的要求，再束缚于传统的经济理论显然是不能适应实践发展的需要。而理论发展的焦点，集中在如何认识社会主义与商品经济的关系。对此，党的十二届三中全会通过的《关于经济体制改革的决定》，在这一问题上实现了第一次理论创新。

该决定指出：改革计划体制，首先要突破计划经济同商品经济对立起来的传统观念，明确认识社会主义计划经济必须自觉依据和运用价值规律，是在公有制基础上的有计划的商品经济[①]。该决定的精辟论述，标志着我们党在社会主义经济理论和经济体制改革的指导思想上实现了一次重大飞跃。其最大意义在于突破了传统苏联模式的束缚，冲破了长期以来禁锢人们头脑的传统理论，不再把社会主义与商品经济截然割裂开来，认为商品经济既是社会经济发展不可逾越的阶段，也是社会主义生产关系内在的固有属性，明确了公有制与商品经济是有机统一的，并把发展社会主义商品经济作为我国经济改革的必然要求和目标指向。对此，邓小平给予了高度评价："……我的印象是写出了一个政治经济学的初稿，是马克思主义基本原理和中国社会主义实践相结合的政治经济学"[②]。

该决定的通过和社会主义商品经济理论的确立，内在地蕴涵着"既然社会主义经济是商品经济，那就必然是整个社会主义历史阶段的经济都是商品经济；不仅社会主义初级阶段的经济是商品经济，社会主义高级阶段的经济也是商品经济。[③]"同时，社会主义商品经济理论的确立，使人们开始抛弃斯大林的把两种公有制并存当作社会主义存在商品生产的唯一原因的传统观点，并且也不是把两种公有制的并存当作主要原因，而是根据社会主义的物质利益原则和利益关系，主要从经济利益的差别性来说明，从而不仅仅是承认社会主义条件下存在着商品生产和商品交换，而且在事实上已经把

① 中共中央文献研究室. 十二大以来重要文献选编（中）[M]. 北京：中央文献出版社，2011：56.

② 邓小平文选（第三卷）[M]. 北京：人民出版社，1993：83.

③ 王珏. 必要价值论（第1卷）[M]. 北京：人民出版社，1988：356.

社会主义经济从总体上确认为商品经济，从而解决了马克思主义发展史特别是科学社会主义发展史上长期一直未能解决的一个重大理论问题——社会主义与商品经济的关系问题，明确指出商品经济在社会主义条件下不仅长期存在，而且还要大力发展，二者是内在统一的。于是，社会劳动的按比例分配除了通过计划机制来实现外，还要通过市场机制来实现。由此可见，确立了社会主义经济是公有制基础上的有计划的商品经济，那么同公有制社会化大生产相联系的国民经济有计划发展规律和同商品经济相联系的价值规律，就同时在社会主义经济中发生作用，从而在思想认识上将计划经济与市场调节统一起来。

4.1.4　建立"计划与市场内在统一"的经济体制

1987 年 10 月，党的十三大报告关于经济体制改革的论述，最大的突破就是避免在计划和市场"主"或"辅"问题上的纠缠，而是直截了当地提出了"社会主义有计划商品经济的体制，应该是计划与市场内在统一的体制"的论断。报告明确指出：社会主义商品经济同资本主义商品经济的本质区别，在于所有制基础不同；社会主义商品经济的发展离不开市场的发育和完善，利用市场调节决不等于搞资本主义[①]。这就澄清了当时人们认为发展商品经济就是搞资本主义的迷雾，进一步强调了市场的作用。计划与市场内在统一论的提出，结束了长期以来在理论上将国民经济割裂为计划与市场两部分并确定为主、为辅的体制模式，以及在实践中的"计划一块""市场一块"的二元格局，成为党在经济体制改革目标上的又一次突破。

更重要的是，党的十三大报告中的相关论述已十分接近于确认基于市场的社会经济资源配置机制。这里其实已经指出：除了"所有制基础不同"，商品经济本身在社会主义和资本主义中的经济运行机制是共同的；计划调节和市场调节只是"两种形式和手段"，不是区别两种不同社会基本制度的范畴；计划调节和国家对企业的间接管理都要以市场运行为基础，而且市场调节和计划调节同样覆盖全社会，企业要受市场的引导。可以说，党的十三大报告关于经济体制改革的论述和设想，是站在社会主义初级阶段的现实基础上，突破了马克思主义原有观念，一下子达到了所能达到的历史新高度，在事实上已经提出了社会主义市场经济理论的基本要素，反映了中国共产党在思想理论上正在从社会主义商品经济论向社会主义市场经济论发展，为我国市场经济理论的形成进一步扫清了各种障碍。

---

① 中共中央文献研究室.改革开放三十年重要文献选编［M］.北京：中央文献出版社，2008：484.

4.1.5　社会主义市场经济体制改革目标的确立

党的十四大报告指出：我国经济体制改革的目标是建立社会主义市场经济体制，以利于进一步解放和发展生产力①。至此，社会主义市场经济在我国得以正式确立和发展起来，标志着马克思经济学中国化的新飞跃。

党的十四大报告还认为：我们要建立的社会主义市场经济体制，就是要使市场在社会主义国家宏观调控下对资源配置起基础性作用，同时也要看到市场有其自身的弱点和消极方面，必须加强和改善国家对经济的宏观调控②。这一重要论述既强调市场对资源配置的基础性作用，又明确我们要建设的市场经济是在国家宏观调控的指导下进行的。要改革传统计划经济体制，就必须充分发挥市场促进生产力发展的积极作用，否则便没有市场经济；但市场也存在固有的内在缺陷，需要发挥国家的宏观调控来加以弥补，否则便无法体现社会主义的优越性。因而把二者的优势结合起来就成为我国市场经济体制的本质要求，它们融为一体，相辅相成，相互促进。要改革传统的计划经济体制，就必须充分发挥市场在资源配置中的基础性作用，否则便没有社会主义市场经济。但同时也要看到市场存在自发性、盲目性、滞后性等消极方面，要弥补和修正这些缺陷必须充分发挥政府这只"看得见的手"的作用，通过国家的宏观调控，引导市场经济活动朝着正确方向前行，凸显社会主义的制度优势。

总之，随着我国市场经济建设步伐的加快、力度的加强，当代中国改革开放和现代化建设事业跃上了一个新的台阶，进入了一个新的历史阶段，由此深化了人们对社会主义的认识；同时，我国市场经济理论的发展完善，实现了马克思经济学的又一次理论创新，形成了中国改革史上的一个分水岭，书写了符合中国经济建设实践的新版政治经济学。

4.2　社会主义与市场经济的兼容结合

4.2.1　结合的理论前提：商品经济二重性

一般意义上而言，商品经济是以商品生产、商品交换为基础的，组织社会商品生

---

① 江泽民文选（第一卷）［M］. 北京：人民出版社，2006：226.
② 江泽民文选（第一卷）［M］. 北京：人民出版社，2006：226－227.

产、交换、分配、消费以及其他有关经济活动的方式方法和相应的组织体制的总称。因此，商品经济既有生产力属性，又有生产关系属性，这也是商品经济的"二重性"所在。

从生产力属性来看，在人类社会的早期氏族时代，人们以血缘为纽带形成集团，各自生活在部落氏族的共同体之中，一个部落就是一个封闭式的独立小社会，彼此之间不仅在经济上互不往来，而且在地域上界线分明。在生产力水平极低的条件下，人们不能不实行劳动分工和简单协作，把个人劳动力结合成为集体劳动力来使用。在这里，分工是按生理条件自然形成的，不同的劳动通过协作进行交换，构成为有机的、整体的社会总劳动，这种直接劳动交换或协作，就是社会生产本身的实际内容。"在生产本身中发生的各种活动和各种能力的交换，直接属于生产，并且从本质上组成生产"①。因此，个人劳动具有直接的社会性，它是社会劳动有机整体不可缺少和不可分离的组成部分。人们通过集体劳动、自然分工和简单协作把产品共同生产出来，然后再把它共同消费掉，劳动产品不离开他们的手，他们既是劳动产品的生产者，同时又是它的消费者。因而在部落氏族的共同体内部，没有社会分工，也绝对不可能有交换关系和交换过程。随着生产力水平的不断提高，剩余产品的增多，交换逐渐发展起来，由此使得劳动产品取得了社会属性，转化成了具有社会性质的物，由劳动产品到商品的转化过程完成了。

事实上，社会分工正是商品经济的基础，只要有社会分工，劳动产品就要转化为商品，商品经济就要产生和存在。社会分工一方面使产品的生产者和消费者由结合分离为两个互相对立而又必须互相联系的当事人；另一方面又使进入交换的产品产生差别。而劳动分工的发展，取决于社会生产力水平的不断提高，社会生产力水平提高了，劳动分工就会越细，生产门类就会越多，劳动产品的品种和数量就会越庞杂。这样，在生产力发展基础上所形成的社会化生产就包括两方面：一个是"分"，即愈来愈精细的社会分工，专业化程度不断提高；一个是"联"，即愈来愈密切的社会联系，互相依赖性日益强化。二者互为条件，共同统一于生产力发展的整体过程中。不同主体的专业化社会分工越发达、越深入，劳动产品的生产者和消费者之间的联系形式就越多样，联系程度也就越深入紧密；而社会联系程度的加强又成为人们改进生产方式的纽带，使得社会分工朝着专业化、精细化方向发展。这种以生产力发展和技术进步为支撑的社会分工和社会联系互动机制，构成了商品生产社会化的内在规律，即"分联结合规律"，如图 4.1 所示。

---

① 马克思恩格斯选集（第 2 卷）[M]. 北京：人民出版社，1972：101.

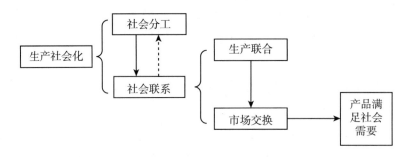

图 4.1 商品生产社会化的分联结合

商品经济的生产关系属性就是交换中形成的利益关系，这种利益关系也是商品经济存在和发展的直接原因。在社会分工的基础上，人们必须相互交换产品，以满足各自的需要。但是人们在进行交换的时候，既要对商品的使用价值进行选择，又要对商品的价值进行比较，按照等价交换的原则进行，其原因在于每个生产者都有着自己的特殊经济利益，即相互之间存在着经济利益的差别。由于生产者之间存在着不同的经济利益，他们必然要把自己生产出来的产品看作是"自己的"，互相以"私有者"来对待，并在相互让渡产品时要求得到相等的补偿。为此，他们在生产时，既要为别人生产使用价值，以便能够同别人进行交换，又要为自己生产价值，以便在交换中实现自己的利益；在交换时，既要做产品使用价值的选择，以满足自己消费的需要，又要做产品价值的比较，以维护自己的经济利益。可见，生产者之所以把产品当作商品来进行生产和交换，是由他们的特殊经济利益决定的。长期以来，人们把私有制或者不同所有制当作商品经济存在的直接原因，因而认为商品经济关系只存在于私有制之间或不同所有制之间，在全民所有制内部则不存在商品经济关系，只存在产品经济关系。这种认识是浅显而片面的。其实，在私有制或不同所有制的背后，还有更为深层的原因，这就是人们存在着各种不同的特殊经济利益。这种特殊的经济利益，可以通过所有制形式表现出来，也可以不通过所有制形式而通过经营方式表现出来。所以，只要人们之间还存在着经济利益差别，那么，不仅不同所有者之间，而且同一所有者的不同经营者之间，他们都会以商品生产者和经营者来相互对待。

4.2.2 结合的现实前提：中国正处于社会主义初级阶段

社会主义是在对资本主义进行批判和继承的基础上产生的，而资本主义作为人类社会"长期发展过程的产物"①，有两个鲜明特点，即一方面，它是大工业和人类现代生产力的产物；另一方面，它也是冲破地区和民族界限、人类社会走向世界历史和全球化的产物。

中国社会主义脱胎于半殖民地半封建社会，新中国成立之初，既无先进的生产力，也无先进的生产方式，它还没有能够完全消除旧社会的痕迹。对此，邓小平指出："现在虽说我们也在搞社会主义，但事实上不够格"②。这里的"不够格"也就是我国社会主义与马克思经典作家所说的社会主义还有较大差距，社会主义所固有的各方面的本质特征，还没有得到充分的发展，存在着不成熟、不完善、不发达的特点。从经济层面来看，这种不成熟、不完善主要表现在社会分工较为单一，生产的社会化较为落后，自然经济还有较大比重，工业化的历史任务还没有完成。也就是说，中国现在正处于并将长期处于"社会主义的初级阶段"。该范畴从中国现实出发，指出这一阶段的特质性和客观必然性。所谓特质性，是指中国的社会主义制度，不是建立在工业化、生产高度社会化和经济现代化基础上的，而是试图通过利用这一制度的优越性来推进工业化和现代化建设，以此为自己的发展奠定物质基础。

马克思认为，"无论哪一个社会形态，在它所能容纳的全部生产力发挥出来以前，是决不会灭亡的；而新的更高的生产关系，在它的物质存在条件在旧社会的胎胞里成熟以前，是决不会出现的。"③ 这清楚地表明人类社会发展的共同规律是：有什么样的社会生产力和经济基础，就会产生什么样的社会生产关系和社会制度。尽管这种内在要求不会像自然科学那样准确地直接对应，带有一定的偶然性，但偶然性中孕育着必然性。在社会发展的特殊时期，某种偶然性的活动可能会加速必然性结果的产生。但要把这种提前到来的必然性结果维护好、发展好，却是一个较为艰难的过程。它首先需要找到一种能维护和强化这种制度的经济体制，保证经济快速发展，为这种制度不断地奠定物质基础。但经济体制的选择同样不能违背社会经济发展规律，因为由生产力与生产关系、经济基础与上层建筑的对应性所决定的并能动地反映这种对应性关系的经济运行机制和经济体制，说到底是经济社会发展的生产力条件所决定的，因此，一定的经济体制要与一定的生产力发展水平相对接，这同样是不可逆的。

中华人民共和国成立以后，中国共产党领导全国人民利用政权的力量迅速地恢复国民经济，并使我国经济建设获得快速发展。但从根本上说，我国仍处于社会主义初级阶段，主要表现在我国生产力发展的总体水平偏低，发展不平衡且多层次。社会主

---

① 马克思恩格斯文集（第 2 卷）［M］. 北京：人民出版社，2009：33.
② 邓小平文选（第三卷）［M］. 北京：人民出版社，1993：225.
③ 马克思恩格斯选集（第 2 卷）［M］. 北京：人民出版社，1995：33.

义初级阶段生产力发展的特点，决定了我国不具有建立单一公有制的物质基础。由这种多层次的生产力水平所决定，只能建立以公有制为主体的多种所有制经济并存的所有制结构。所有制结构的多元化，决定了经济利益主体的多元化。在社会生产中，由于人们占有生产资料的数量不同，生产条件也存在差异，决定了他们获得的物质产品的多少也各不相同，从而产生不同经济利益主体之间经济利益的差别性。为维护各自的经济利益，不同所有者之间需要通过等价交换的原则相互有偿地交换劳动产品，这样，产品便必然表现为商品，产生了商品交换。即，不同所有制和不同的利益主体的存在，是商品经济得以存在的重要条件。也就是说，我国现阶段的生产状况决定我国不具备取消商品经济的条件。在社会存在多元化利益主体的情况下，社会资源的分配只有通过市场才有效率，其他形式的分配如计划分配、行政分配都会导致效率的下降，因此，市场经济的存在也就成为我国经济发展的必然。

4.2.3 结合的逻辑前提：市场经济中性论与社会主义本质论的提出

传统理论认为，社会主义具有三大特征：公有制、计划经济和按劳分配。与之相对应，资本主义的特征则是私有制、市场经济和按资分配。因此，按照传统理论，社会主义绝不可能跟作为资本主义特征的市场经济相联系。很显然，我国所发展的市场经济，所依据的绝对不是传统的理论，这一命题的成立有着其自身的逻辑前提。

4.2.3.1 市场经济"中性论"的理论解析

传统观念认为，市场经济的所有制基础只有私有制。事实上，历史上首先出现的商品经济，是以原始共产主义的生产资料公有制为基础的，因为交换的当事人或商品的生产者是部落氏族，以后是大家族。在这个时代，个体家庭还依附在共同体内，是它的非独立的成员。部落氏族、大家族共同体实行的是共产主义原则，生产资料是公有的，商品是全体成员集体劳动的产物，为全体成员共同所有。只不过由氏族首领、大家族长出面担任代表，和其他部落氏族、大家族进行交换。建立在原始公社基础上的商品经济，前后延续了数千年之久。直到氏族制度解体，个体家庭完全独立，私有制最终形成，个人才取代共同体成为商品生产和交换的直接当事人，从此，商品经济就逐渐转移到私有制的基础上来了。直至资本主义社会，商品生产、商品交换有了极大的发展，资本主义企业取代个体家庭成为社会生产基本单位，并成了社会经济活动的主体，从而商品经济成为社会经济运行的主要方式与根本组织体制，才真正进入了商品经济时代。因此，从表面现象看，似乎商品经济是资本主义社会的产物。由此，人们产生了错觉，以为商品经济就是资本主义经济，并将二者等同起来，"商品经济"这个范畴成了资本主义社会的专利。这是极大的误解，误解在于混淆了两个不同层次、不同类型的经济范畴：资本主义经济是从社会生产关系这个层次考察的经济范畴，它是与奴隶主义经济、封建主义经济、社会主义经济同属一个层次的不同类型的经济范畴。商品（市场）经济是从社会组织生产、交换的方式方法这个层次考察的经济范畴，它与自然经济、产品经济，同属一个层次的不同类型的经济范畴，它与生产力的发展水平和社会分工有直接的关系，与生产关系中的生产资料所有权的隶属关系并无直接的相关关系。

也就是说，随着生产力的发展，人们所拥有的剩余产品不断增多，商品交换日益频繁，交易范围持续扩大，社会分工不断精细化，人们的经济关系和经济过程日益复杂多样。生产力的发展使其本身表现出复杂性，这就使得生产关系也必须随之变化，不能再采取单一的经济联系形式，而必须有更为发达、更为复杂多样的经济形式来联结、强化、调节人们之间的相互经济关系，这种经济形式就是商品经济，第三次社会分工所产生的商人也证明了此点。于是，人们的社会经济便形成以社会化生产力、商品经济、生产关系三个层次相结合的有机统一体，以高度社会化的商品经济——市场经济为例，可用图4.2表示。

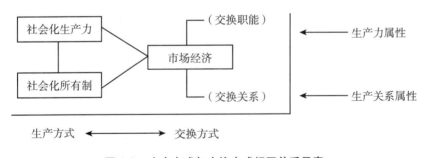

图4.2　生产方式与交换方式相互关系示意

总之，商品经济既不是发生于私有制社会，也不是为私有制社会所专有，它在私有制社会和公有制社会都存在过，也就是说，它可以存在于不同的经济制度之下，既能与私有制结合，也能与公有制结合。这就表明，商品经济与公有制的结合，是经济形式与经济制度的叠合与交错关系的一种表现。

4.2.3.2 "市场经济中性论"剥离了计划和市场的意识形态属性

众所周知，马克思主义再生产理论已经阐明了任何社会形态的再生产都具有二重性：社会再生产过程既是生产力的再生产与扩大再生产的过程，又是生产关系的再生产与扩大再生产的过程，这就是社会再生产二重论。社会再生产二重性决定了市场经济的资源配置二重性：一重指生产要素的资源配置，另一重指生产关系的资源配置。因此，对市场经济应该从二重定义上理解。一方面，作为一种经济运行形式，它是客观存在的，所有制是对它无能为力的，是一个中性的范畴，"计划多一点还是市场多一点，不是社会主义与资本主义的本质区别。计划经济不等于社会主义，资本主义也有计划；市场经济不等于资本主义，社会主义也有市场。[①]"另一方面，市场经济一旦与某种社会制度相联系、相融合，就自然而然地表现出某种社会性质，融有制度的因素在内，要考虑所有制关系。

　　一般地说，任何经济形态都包含制度和体制两方面，现代复杂经济形态，无论资本主义经济还是社会主义经济，尤为如此。事实上，经济制度作为社会经济生活方面的规则体系，是指在人类社会发展一定阶段上生产关系的总和，即关于社会生产的不同当事人之间的各个方面的生产关系，构成经济制度的整体。而且这些关系表现在社会生产的各个环节上，形成一个社会的具体经济制度。在生产、交换、分配等不同的经济环节上，由于生产关系的规定各不相同，因此产生不同的具体经济制度，如生产资料所有制、商品货币制度和分配制度等。我们把发生在直接生产领域中的生产关系体系，称为基本经济制度。而经济体制是指组织和管理经济的一整套具体制度和形式，是前者的表现形式。在我国，经济体制包括在我国所有制结构基础上形成的整个国民经济的组织管理制度和经济运行机制。市场经济作为组织和管理经济运行的具体实现形式，它是商品经济取代自然经济或产品经济在社会经济生活中居于主导地位的标志，而不是一种社会经济制度和另一种社会经济制度相互区别的标志。在传统理论视域中，将计划经济等同社会主义、市场经济等同资本主义，其理论失误在于混淆了经济制度与经济体制的本质区别，把二者一视同仁、等量齐观，把任何已经确定的经济运行机制、管理方式及经济政策，要么贴上社会主义的标签，要么当成资本主义的固有属性。这是一种"双向附加"现象。一方面，把有些经济体制的内容，如商品竞争、市场经济、股份制、租赁制等经济运行机制和所有制实现形式附加给资本主义；另一方面，把另一些经济体制的内容，如计划经济、"铁饭碗"又附加给社会主义。这种"双向附加"，似乎维护了所谓"社会主义的纯洁性"，但结果却是导致了经济体制僵化保守，经济运行低效凝滞，严重抑制和阻碍了经济社会发展的生机与活力。社会主义市场经济理论的提出，从根本上和主要内容方面是对这种"双向附加"的剔除，解除了认为市场经济是社会经济制度的传统理论禁锢，从而为二者的结合奠定了理论基础。

---

①　邓小平文选（第三卷）［M］. 北京：人民出版社，1993：373.

事实上，市场经济和商品经济的根源同是社会分工，哪里有发达的社会分工，哪里就必然存在市场经济。人们之所以产生市场经济与私有制有血缘联系的密不可分的观念，是由于资本主义首先发现市场经济，重视并充分利用市场机制为资本主义制度服务。市场经济作为一种资源配置方式的具体经济体制，反映了社会化大生产的基本要求，体现着现代商品经济的内在规定和本质属性，可以和不同的社会经济制度相结合，本身并无姓"社"姓"资"之分。但任何市场经济的活动，都是在特定的生产关系下进行的，由于市场机制作为社会经济运行的一种技术手段和运作方式，它贯彻自己的形式却离不开一定社会基本制度决定的根本利益关系，客观上必然要同某种现实的社会制度结合起来。因而在现实生活中，一定社会经济制度在决定着其经济体制的根本性质和主要特点的同时，一定社会经济制度都是按一定的资源配置方式所决定的经济体制来运行和发展的。即经济体制不能脱离社会经济制度而孤立存在，它要与相应的社会经济制度相结合才能发挥作用。因此，市场经济作为一种体制，它也必须和一定的社会经济制度相结合才能实现配置资源的积极作用。一旦市场经济与资本主义制度相联系、相融合，为资本主义经济服务，剩余价值和利润便成为生产的直接目的，就成为资本主义市场经济。反之，它和社会主义制度相联系、相融合，为社会主义经济发展服务，它就成为社会主义市场经济。

4.2.3.3 "社会主义本质论"廓清了人们对"什么是社会主义、怎样建设社会主义"这一根本问题的认识

恩格斯指出："所谓'社会主义社会'不是一种一成不变的东西，而应当和任何其他社会制度一样，把它看成是经常变化和改革的社会"①。因为"社会生活在本质上是实践的"，社会主义在本质上也是实践的。因此，关于社会主义本质的看法不是一成不变的，它要随社会实践的发展而不断发展。那么，社会主义及其本质究竟是什么？不同时代的马克思主义者都力求根据当时的历史条件，做出历史性的回答。对这些历史的看法不能简单地否定，而应当把它们放到历史的辩证过程中，把社会主义本质学说看作是具体真理，而种种关于社会主义的认知都是这个具体真理认识历史过程中的一个环节。有鉴于此，邓小平指出："社会主义的本质，是解放生产力，发展生产力，消灭剥削，消灭两极分化，最终达到共同富裕②。"

---

① 马克思恩格斯选集（第 4 卷）[M]. 北京：人民出版社，1995：693.
② 邓小平文选（第三卷）[M]. 北京：人民出版社，1993：373.

4.2.4 结合的关键节点：公有制与市场经济的有机结合

要实现公有制与市场经济的有效结合，必须首先确定二者之间是否存在兼容性，这也是社会主义与市场经济结合的制度基础。事实上，如果不是从既定的公有制模式出发，而是从公有制的本质意义考察，我们就会发现公有制与市场经济既有兼容性又有矛盾性。

从兼容性来看，公有制与市场经济的兼容性主要体现在以下两个方面：

首先，公有制与市场经济在演进动力上的兼容性，这一动力的关键就是生产力发展所引起的生产社会化过程。生产的社会化使得经济运行朝着"自然经济—商品经济—市场经济—产品经济"这样的顺序由低向高不断演进发展，与之相应，生产资料所有制也朝着"原始公有制—私有制—现代初级公有制—现代高级公有制"的形式而渐次过渡。由于人们改造自然的能力不断提高，社会分工和交换不断深入，自然经济渐次过渡到商品经济，与之相应的是生产资料所有制也由原始低下的单一公有制逐渐过渡到小私有制；随着人们改造自然能力的提高、社会分工的发展以及交往的扩大，简单商品经济逐渐过渡到发达商品经济，即现代市场经济。市场经济的发展使人对物的依赖程度不断加深，人与人之间的异化关系不断加剧，进而促使私有制的发展逐渐走向其顶峰即资本主义私有制。在资本主义的市场经济条件下，马克思深刻指出："生产资料的集中和劳动的社会化，达到了同它们的资本主义外壳不能相容的地步。这个外壳就要炸毁了。资本主义私有制的丧钟就要敲响了"。[①] 这就是说，生产社会化的不断发展将促使资本主义的基本矛盾更加尖锐，资本主义生产关系将不再促进生产力反而会阻碍生产力的发展，这样一来将造成资本主义私有制对自身的否定和扬弃，并在此基础上渐次转变为公有制，催生新的适合生产力的生产关系的产生，这就是否定之否定。

其次，公有制与市场经济在价值目标上具有兼容性。二者在价值目标上都努力追寻"效率与公平"的有机统一。从效率方面看，市场经济的优点在于通过完全竞争、以优胜劣汰的功能刺激经济效率的提高，同时以市场信号为调节器，按照市场需求调节资源流量与流向，进而实现各种社会生产资源的优化配置。但在现实经济活动中，完全竞争状态得以成立的前提是存在一系列理想化的假设条件：市场上存在诸多厂商和消费者；竞争能够充分展开；各种要素能够自由流通；市场上的商品没有异质化的差别；市场主体对各种经济信息的反映及时而灵敏。这些条件大多受到各种因素的制

---

① 马克思恩格斯文集（第5卷）[M]. 北京：人民出版社，2009：873－874.

约，使完全竞争状态的实现不具有现实性。而公有制的优点之一就在于有利于在全社会范围内促进劳动者和生产资料的有机结合，克服信息不完全和外部性影响的不利因素，保持总供给和总需求的动态平衡，从整体上不断提高社会生产效率。从公平方面看，市场经济作为"一个天生的平等派"，在经济活动中始终强调等价交换和机会公平，让各类市场主体平等地参与经济活动，通过生产平等、交换平等、分配平等、消费平等的方式实现社会公平。但在私有制的市场经济中，由于个人的家庭环境、教育程度、智力体力、运气机遇等因素的差异及影响，必然导致结果上的严重不公平。而公有制在公平目标的关键作用在于，由于生产资料被全体社会成员共同占有，能够确保在社会剩余产品占有关系上实行按劳分配，有利于消除由于生产要素占有的不同而导致的"结果公平"的散失；同时，公有制的存在也为国家实行再分配领域的公平政策提供了制度保障，有利于使结果公平在全社会逐步得到实现。

当然，公有制本质也同市场经济存在矛盾。公有制的本质反对剥削，反对凭借生产资料所有权占有他人剩余劳动，而市场经济却必然允许按资分配、按生产要素分配的存在；公有制本质在于实现共同富裕，而市场经济必然引起两极分化、贫富悬殊，导致社会财富分配的极端不公；公有制本质在于实现劳动者同生产资料的有机结合，在于在全社会范围内实现资源的合理配置，而市场经济所固有的"市场失灵""外部不经济"等缺陷，却不能保证资源在全社会范围内的最优化配置，因而也不能保证劳动者和生产资料的最优结合。

公有制本质与市场经济的兼容性及矛盾性，既决定了二者兼容的可能性，也决定了二者相结合的必要性。由于市场经济是一个历史性范畴，不断发展变化。因此，公有制在社会主义基本制度下所采取的具体实现形式就表现为市场经济；而市场经济演进到分工与协作充分发展基础上的社会化生产阶段即社会主义时，就要求实行公有制形式的市场经济。公有制与市场经济结合的内在实质就是：公有制的具体实现形式和市场经济在特定历史阶段的特殊形式相互调整、适应，由此决定了公有制与市场经济的兼容结合具有内在必然性。

4.2.5　结合的基本途径：按公有制与市场经济的要求优化各自的实现形式

实现公有制与市场经济的融合与"联姻"，并非改变各自的本质属性去片面适应另一方的具体要求，而是要二者在保持根本性质和内在属性要求不变的前提下，既要使市场经济坚持公有制的制度前提，创造出比传统公有制和私有制更高的效率，又要使公有制以市场为基本实现机制，更好体现生产力发展的总体要求，从而实现二者的融合与"联姻"。因此，公有制与商品经济实现兼容的总原则必须是在保持双方各自的基本属性及基本要求的基础上，达到共存的有机统一。由此决定了在兼容的过程中：既不能改变公有制的本质规定，也不能从根本上改变商品经济的基本关系及一般特征，二者在兼容中必须贯彻相互保持对方基本属性及基本要求的共存统一性。

4.2.5.1 按照市场经济的要求优化公有制实现形式

一方面，实践已表明，传统公有制模式并没能更有效地体现公有制的本质意义。历史已昭示，公有制只有通过与市场经济相结合才能获得现实的、相对合理的实现形式。市场经济作为发达的商品经济，它自身的存在和发展是有其基本要求的，如多元多层次的所有制结构存在，多元利益主体存在，众多的相互独立的市场主体存在，多元产权主体存在等。因此，要实现二者的兼容结合，就必须在坚持公有制本质要求的前提下，探寻和市场经济相适应的公有制存在形态和实现形式。

另一方面，市场经济作为一种中性的经济运行形式，在与任何性质的所有制关系的兼容中，都不能改变其本质规定，它所要求的只是与它相兼容的所有制关系能满足它存在和发展的现实条件。因此，根据市场经济的内生条件深化公有制的体制改革，并不会改变公有制的本质属性，而只是优化了公有制具体的实现形式，即能与市场经济相兼容的公有制形式。公有制是不断发展变化的，在其发展变化的不同历史阶段，它有自己独特的历史形式。当它适应市场经济的要求而与市场经济兼容时，它就取得了与市场经济兼容的特定历史形式。这表明，我们根据市场经济的内生条件推进公有制体制改革、优化公有制实现形式，并不会导致公有制的本质规定被改造，而只是会使公有制获得符合现实生产力发展水平的特定历史形式。正如党的十五大报告指出的，公有制实现形式可以而且应当多样化[①]。因此，我们须在市场经济中寻找公有制相对合理而有效的实现形式，寻找能够极大促进生产力发展的公有制实现形式，从而实现公有制与市场经济的兼容对接。历史地看，我国已进行40多年的改革开放，从多层次入手整体加以优化公有制的实现形式，重点在于转换经营机制，大体上可分三个基本层次展开，组成一个金字塔形的阵式（见图4.3）。

---

① 江泽民文选（第二卷）［M］. 北京：人民出版社，2006：20.

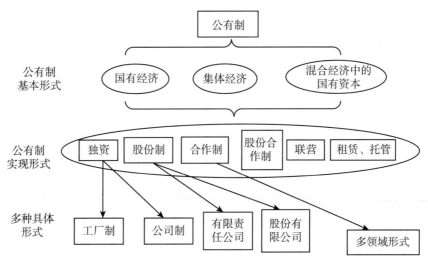

图 4.3　公有制经济及其实现形式

4.2.5.2　按照公有制要求建立市场经济的特定历史形式

同公有制只有符合市场经济要求才能与市场经济有机兼容一样，市场经济也只有反映和体现公有制的要求才能同公有制有机兼容。

第一，公有制决定了我国市场经济的运行主体即企业，必须是劳动者联合体，而不能成为私有财产的载体。当然，这不包括公有制之外的非公有经济。市场经济在其发展中有多种特定的历史形式，这些特定历史形式的最大区别，在于市场经济运行主体即企业的财产关系的不同，即企业的所有制形式的不同。正是因为市场经济运行主体在不同社会条件下的所有制性质不同，所以它才被划分为不同的特定历史形式。英美模式的市场经济由于其运行主体是私人资本家，生产资料私有制决定了市场经济在资本主义社会中服从于资本增殖的需要。由于公有制市场经济的运行主体的公有制性质，生产资料被全体人民所共同占有，使得市场经济只是作为人的发展的手段和途径，从而形成区别于英美模式市场经济的特定历史形式。因此，在二者的兼容结合中，公有制的本质属性规定着市场经济的社会主义方向。

第二，公有制决定了市场经济所反映的利益关系必须具有整体利益与特殊利益有机结合的特点，要求商品生产者追求价值的直接目的须同满足社会成员的需要相一致，要求商品生产者的独立性建立在符合社会整体性目标的基础上。即，在二者的兼容结合过程中，公有制的本质属性不仅决定着经济主体的财产关系，而且还决定着市场经济的利益分配格局，这有利于把社会的整体利益和局部利益、当前利益和长远利益统筹兼顾起来，克服市场经济的盲目性，使社会全体成员的经济福利达到帕累托最优。

因此，在实现公有制与市场经济的兼容中，必须使市场经济在利益关系上反映公有制的要求。

第三，公有制的本质属性使得政府的宏观调控与市场的运行机制有机结合在一起，形成"两只手"都能各自发挥其功能且互为补充的全新经济运行机制。市场经济的运行机制是市场机制，无论其采取何种特定历史形式，市场经济的这个运行机制都要发生作用。也就是说，市场经济的任何特定历史形式，都不会消除市场经济的运行机制。因此，当市场经济采取公有制市场经济这个特定历史形式时，其运行机制也仍然是市场机制。但是，在公有制市场经济这个特定历史形式下，其运行机制即市场机制有了新的特点。也就是说，其运行机制的形式没有发生变化，而是有了新的特点。这个特点就是宏观调控进入市场机制中，在不违背市场机制基本要求的基础上与市场机制相结合，使市场机制消除自身的弊端和弥补自身作用的局限性，从而使运行机制能保证市场经济的协调稳定发展。

4.3 中国特色市场决定论的理论特质

4.3.1 市场在资源配置中起决定性作用的理论内涵

所谓"决定性"就是指事物存在和发展过程本身内在的因果制约性、必然性和规律性的总称①。而市场在资源配置中发挥决定性作用，从一般意义上讲，可以概括为使供求规律、价值规律和竞争机制在资源配置中体现必然的因果关系，反映市场的基本规律。因此，关于市场在资源配置中起决定性作用的理论内涵，可以从对象和关系两个维度来同步观察。

首先，从对象维度来看，市场的决定性作用进一步体现在三个方面。一是价格主要由市场决定。这里的价格不仅包括商品和服务价格，也包括各类要素价格；不仅包括资源类要素价格，还包括资本要素价格。所谓市场决定，就是要使价格反映价值规律，体现供求关系。二是投资由消费决定。特别是要防止为经济增长的盲目投资和无效投资。三是盈亏成败由竞争决定。各类市场主体平等竞争，并通过价值规律发挥优胜劣汰的作用。

其次，从关系维度来看，市场配置资源的决定性作用，核心是协调好政府与市场

---

① 李笑春，叶立国. 决定性——决定论与非决定论本质的再分析［J］. 自然辩证法研究，2002（11）：27.

的相互博弈。市场的决定性作用表现为相较于政府，其在资源配置上的优位作用。它具体包含三层含义：其一，市场机制成为资源配置的主导和普遍性机制；其二，市场与政府并非此消彼长，市场的决定性作用不是排斥政府作用，而是要以全面实现市场决定性为宗旨来发挥政府作用，进而重新定位政府作用的有效性；其三，政府及其他影响资源配置的因素要透过市场机制传导其作用力或影响力。

从反面来考察，理解市场决定性应当避免两个误区。首先，市场所起的决定作用不是单一的、机械的决定。在资源配置过程中，市场不是唯一的绝对性力量，强调市场的决定性作用，并不是也不能纯粹否定和排斥偶然性的存在，相反，市场的决定性承认偶然性中的规律性和必然性。其次，在资源配置中，市场的决定作用不能矮化为统计意义上的决定性。对市场作用的决定性定位不是透过宏观的统计结果从数量和百分比上加以揭示。

综上所述，市场对资源配置的决定性是一种系统中的决定性：市场不仅在程度和范围上直接决定资源的配置，而且决定着其他资源配置力量发挥作用的评价标准及实现渠道。

4.3.2 市场在资源配置中起决定性作用的范围限定

习近平总书记指出："市场在资源配置中起决定性作用，并不是起全部作用"①，这表明市场的决定性作用是有明确的范围限定的，其范围限定主要体现在以下三个方面。

第一，从资源的长短期配置来看，市场配置资源是通过"看不见的手"来完成的，其行为主体具有明显的自利性，这容易诱使市场主体比较关注于自身利益和短期利益，而往往将公共利益和长期利益排斥于目标决策之外，因此，不能将市场在资源配置中起决定性作用的范围无限扩大。例如，在国防、金融和生态环境等领域，如果片面强调或夸大市场的作用，将会严重影响国家的经济安全和生态安全，特别是石油、煤炭、矿产等重要战略性资源，必须从国家战略角度进行统一规划、整体协调，以保持国民经济平稳、健康、有序发展。因此，党的十八届三中全会通过的《中共中央关于全面深化改革若干重大问题的决定》明确指出：企业投资项目，除关系国家安全和生态安全、涉及全国重大生产力布局、战略性资源开发和重大公共利益等项目除外，一律由企业依法依规自主决策②。

---

① 习近平. 习近平谈治国理政［M］. 北京：外文出版社，2014：77.
② 中共中央文献研究室. 十八大以来重要文献选编（上）［M］. 北京：中央文献出版社，2014：520.

第二，从文化、教育等社会领域来看，这些领域关乎全体社会成员的共同福祉，不能完全由市场来决定，而应在强调公平性和公益性的前提下有选择性地引入市场机制。完善我国市场经济是一个系统工程，涉及社会生活的方方面面。在文化领域，要坚持国家引导下的市场取向的改革，坚持"经济效益要服从社会效益，市场价值要服从社会价值。文艺不能当市场的奴隶，不要沾满了铜臭气"①，从而不断增强中国特色社会主义文化自信，如果完全依赖于市场配置资源，则会沾染拜金主义、享乐主义等各种不良习气。在教育领域，教育资源配置应当引入市场机制，但要坚持国家主导，公益性和普惠性原则②，如果完全由市场决定，一方面将使社会教育资源供给不足，另一方面将丧失教育公平性，教育机会不均等又将加剧其他方面的不平等。

第三，从分配领域来看，作为收入分配的实现机制，市场虽有效率也能彰显公平，但从动态和长期的视角考察，其存在重要缺陷。主要表现在：市场分配必然导致收入差距不断扩大，不仅有悖公平，而且贫富差距累积成严重失调的分配格局，必然导致整体经济运行不稳定，从而扼杀效率，甚至陷入经济危机③。因而，收入分配问题并不是单纯地由市场机制所决定，特别是在国民收入的再分配中，需要政府通过税收、转移支付、社会福利等形式对收入差距进行适当调节，使社会弱势群体也能共享改革发展成果，从而最终实现共同富裕。

4.3.3 市场在资源配置中起决定性作用与基础性作用的区别

党的十八届三中全会通过的决定将市场起"基础性作用"改为"决定性作用"，是我国市场经济体制内涵"质"的提升，它冲破了现有框架的束缚与禁锢，使得市场在配置资源过程中的主导地位得以完全确立，标志着我国社会主义市场经济思想发展的再次突破，也是马克思主义政治经济学中国化的重要成果。相较而言，若从市场与政府的调控关系来看，市场在资源配置中起"基础性作用"与起"决定性作用"的区别主要是：

首先，在原来意义上，市场对资源配置的基础性作用是在国家宏观调控的指导下进行的，这就蕴涵着两个层次的调节，即国家调节市场，市场调节资源配置。市场在发挥作用的同时会经常受到政府干预，致使市场主体的经济行为在不同程度上受到扭曲，不利于最大限度提高市场效率。而市场起"决定性作用"，则意味着在资源配置领

---

① 习近平. 在文艺工作座谈会上的讲话 [N]. 人民日报, 2015 – 10 – 15 (02).
② 程恩富, 孙秋鹏. 论资源配置中的市场调节作用与国家调节作用 [J]. 学术研究, 2014 (4)：70.
③ 王红霞. 分配机制互动与法律功能组合 [J]. 河北法学, 2008 (8)：31 –32.

域中只有一个层次的调节，即市场调节，市场可以独立自主地发挥对资源配置的决定作用，其他配置资源的途径或手段（如政府），只能起引导或影响作用，但最终决定作用只能是市场。

其次，原先政府调控市场的目的，在于通过国家对市场的调节来实现政府既定的宏观经济目标；同时，市场发挥"基础性作用"的定位尚未清晰明确，在一定程度上使人们误解为"基础性作用"只是低级层面的，在这个层面之上还有一个更加高级的"决定作用"，并且往往把政府的作用当作更高层面和更高形式的作用。这就在一定程度上造成了政府作用凌驾于市场作用之上，为政府对经济活动所进行的过度干预、不当干预打开了理论缺口。在这种形势下，市场并不能起到决定性作用。只有政府不再直接干预市场机制时，市场才能真正发挥其决定性作用。在此背景下，政府对经济的宏观调控更多是体现在政府对市场运行的总体结果进行调控，即政府通过对价格总水平、产业总水平、就业总水平、利率总水平等方面进行宏观调控，以保证全社会总供给和总需求的相对均衡。

最后，原先"市场的基础性作用"是在国家宏观调控的前提下实行的，说明市场发挥作用预先受到了政府调控，并且时时受到调控。而让市场真正发挥其决定性作用，将可以较好地解决政府"越位""缺位"的问题，因为此时政府对经济的调控主要是针对宏观经济失衡，这就为市场机制发挥作用留下较大空间。同时，政府对市场的调控带有主观偏好和有限理性等缺陷，在一定程度上存在着政府"失灵"的现象，而市场配置资源的决定性作用就能较好解决这一现象。

4.3.4　市场在资源配置中起决定性作用背景下的政府作用解析

在多元的资源配置力量中，政府和市场的关系无疑是焦点所在。无论是从国家改革发展的历史脉络中，还是在党的十八届三中全会决定的表述语境中，实现市场决定性作用的核心问题都在于政府职能的因应调整。

4.3.4.1　更好发挥政府作用是我国社会主义市场经济的制度优势

在现代经济条件下，市场决定资源配置的基本要求使所有实行市场经济的国家都十分重视市场配置资源的积极作用，因而在经济运行机制和具体实现形式上具有某些共性。然而，我国市场经济是同社会主义这一基本制度结合在一起的，社会主义的这一本质属性决定了我国市场经济不仅在基本经济制度不同于西方国家的市场经济，而且在政府与市场的作用关系方面也与西方国家迥然相异。

一般而言，从理论和现实来看，可将政府发挥作用的向度划分为如下两方面：一是弥补市场固有缺陷，矫正市场机制；二是应对市场发育不足，完善市场机制。前者是现代市场经济国家的一般性职能，包括宏观调控以及市场规制两类具体内容。后者是转型中国面临的特殊矛盾，包括打破行政垄断、简化许可审批、完善价格机制、激活民营经济四个核心方面。但上述两方面并不能涵盖我国政府职能的全部内容。萨缪尔森指出：当今没有什么东西可以取代市场来组织一个复杂的大型经济；问题是，市场既无心脏，也无头脑，它没有良心，也不会思考，没有什么顾忌①。市场机制是一种资源配置手段，本身不包含价值判断，不承载社会理念。社会主义市场经济建设中，我们在设定市场决定性作用的目标的同时，要通过政府提供更多优质公共产品（服务）来保障和改善民生，保证广大群众共享改革发展成果，推动可持续发展，促进共同富裕。因此，政府"更好发挥作用"还包括第三个方面，即承载价值判断，释放社会主义制度的优越性。

社会主义优越性的发挥，离不开建立和发展与之相应的基本经济制度及其由此产生的相关职能。在坚持社会主义制度的前提下，发挥市场的决定性作用，并非像西方国家所倡导的经济自由化那样，为追求经济主体自由而充分的竞争，必须把政府职能压缩到最低限度，使之处于配合的服从地位，即政府只是扮演"守夜人"角色，单纯地弥补市场失灵。然而，在社会主义制度下，政府的重要职能之一就是"把市场的决定性作用引导到党和政府制定的发展战略和长远目标的实现上②"，并在此基础上创新政府的宏观调控方式，增强政府对市场的驾驭能力。因为市场机制本质上是一种分散决策的机制，其优势集中体现于微观领域，但在宏观和整体上则显现出盲目和滞后的缺陷，而政府具有整体信息优势和决策权威。因此，在进行资源配置的经济活动中，既要注重发挥市场的决定性作用，同时也不能忽视政府作用，要把二者有机统一起来。在社会主义制度下，更好发挥政府作用就是要从坚持以人民为中心的立场出发，不断创新和完善政府的宏观调控方式，增强政府熨平经济周期的调节能力，通过价格、税收、信贷、法律等各种手段合理引导资源流向，使市场主体在配置资源的过程中充分体现国家规划制定的战略意图。

同时，从社会生产目的来看，社会生产目的不是由人们的主观意志决定，而是由社会生产关系的基础——生产资料所有制性质所决定的。我国市场经济的公有制主体地位，决定了社会主义生产的根本目的是在解放和发展生产力的基础上不断满足人们

---

① 萨缪尔森等. 经济学（第12版）[M]. 北京：中国发展出版社，1992：78.
② 陶玉. 更好发挥政府作用是社会主义市场经济的独特优势 [J]. 马克思主义研究，2014（7）：64.

对美好生活的需要。然而，要使这一目的落到实处，就离不开国家对经济活动的有效规划与宏观安排，从全体社会成员的最优福利出发，妥善处理好积累与消费、当前与长远、局部和整体之间的此消彼长，把单个市场主体的分散力量引导到广大人民根本利益的实现上来，使市场活动中单一经济主体的逐利行为符合社会的整体生产目的，在此基础上形成一股有效合力，使社会经济发展成果更好满足人民对美好生活的需要。党的十一届三中全会以来，我国经济体制改革始终强调要在加强和改善"国家宏观调控"的社会主义优势下，充分发挥市场配置资源的有效性，以利于在生产力迅速发展的基础上，不断提高全体人民的生活水平，改善全体社会成员的公共福利，体现社会主义优越性。党的十八届三中全会指出，科学的宏观调控，有效的政府治理，是发挥社会主义市场经济体制优势的内在要求，同时，还指出政府的投资项目主要包括关系国家安全和生态安全的、涉及全国重大生产力布局、战略性资源开发和重大公共利益的等[①]，政府直接投资这些领域，既是维护公有制主体地位、完善基本经济制度的内在要求，也是我国经济体制的优势所在，这是英美等西方社会的政府职能所不能企及的。在英美为代表的西方国家中，生产资料私有制的性质决定了竞争的目的在于实现资本增殖，维护垄断资产阶级的根本利益，一旦涉及国民经济的重大结构调整，只能在不触犯垄断资本统治集团既得利益的前提下，通过市场的盲目竞争来对国民经济的比例关系进行自发调适，然而经济危机的爆发表明，"这种实现方式当然是与经济的经常激烈动荡和周期地爆发导致巨大破坏性生产过剩危机联系在一起的[②]"。

4.3.4.2　更好发挥政府作用的主要内容

诚如前述，市场在资源配置中起决定性作用是有明确限定范围的，即市场起决定性作用的范围只是在资源配置中，并不是在分配等其他一切社会经济活动中都能起决定性作用；同时，在资源配置过程中，市场只是起决定作用，而不是起全部作用，更不是不要政府的作用。对此，习近平总书记明确指出："坚持社会主义市场经济改革方向，核心问题是处理好政府和市场的关系，使市场在资源配置中起决定性作用和更好发挥政府作用"[③]。这一论述反映出政府与市场是一个分工合作、共生互补的关系。

事实上，"更好发挥政府作用"首先要求政府要在思想认识上承认并尊重市场对资源配置起决定性作用这一市场经济的基本规律，在行动上减少对资源的直接配置和对市场机制的直接干预；但"更好发挥政府作用"更具实质意义的内涵在于，政府要围

---

①　中共中央文献研究室．十八大以来重要文献选编（上）［M］．北京：中央文献出版社，2014：519-520.

②　胡钧．正确认识政府作用和市场作用的关系［J］．政治经济学评论，2014（3）：11.

③　习近平．习近平谈治国理政［M］．北京：外文出版社，2014：95.

绕市场决定性作用的实现来发挥作用。即政府在减少不当干预的同时，要采取有效措施积极推动资源配置依循市场规则、市场价格、市场竞争，要采取有效措施切实转变经济发展方式。具体而言，政府在资源配置领域要从以下六个方面发挥作用。第一，防范系统风险，科学调控，切实保障宏观经济稳定向好。为此要加强政策手段间协调配合，提高调控能力。第二，规范市场活动，维系市场秩序，完善市场规则，有效保护公平交易和自由竞争。第三，打破行政垄断，消除条块分割与城乡二元，形成统一开放的市场体系。第四，转变经济职能，大幅度减少行政审批和政府对企业的干预，强化监管服务以替代不当审批。第五，激活民营经济，平等保护，落实国家基本经济制度。第六，超越经济职能，着眼全局，优化公共服务，通过顶层设计和有效治理完善环境，为市场发挥决定性作用创造条件。

总之，"更好发挥政府作用"就是要促进和保障市场机制在资源配置中发挥决定性作用，实现资源配置效率最优化和效益最大化，而"市场起决定性作用"的命题不再是关于市场在"更大程度更广范围"内配置资源的量变式拓展。"中国特色市场决定论"反映出政府与市场有机复合的功能关系："更好发挥作用"的政府职能定位摒弃了政府与市场此消彼长、相互排斥的机械认知，将二者间的关系提升到分工合作、和谐互补的正和博弈新阶段。

4.4 中国特色的市场经济宏观调控模式

4.4.1 宏观调控的常态化

在如何管理宏观经济的问题上，中国历史上存在着两种性质截然相反的管理思想与政策实践：一种是从老庄"无为而治"思想衍生出的自由放任思想与政策主张；另一种是以管子的"通轻重之权"为代表的实行国家干预和调控的思想与政策主张。这两种宏观管理思想在先秦时期已初现端倪，到西汉时期形成鲜明对立。在汉以来 2000年的历史发展进程中，这两者被交替使用或混合使用，但总的说来实行国家干预与宏观调控的思想与政策主张更为具有主流。中国古代经济思想尤其是宏观调控思想的深厚底蕴深刻影响着人们的思维方式、行为习惯乃至处事原则和方法，也对中国当代的宏观管理发挥着持续的影响。

改革开放的 40 多年，中国在从传统计划经济转向现代市场经济的过程中，已开展了 8 次大规模的宏观调控，如表 4.1 所示。

表 4.1　　　　　　　　改革开放以来中国历次宏观调控的经济背景与调控内容

时间	经济背景	调控重点	政策特征	调控手段	调控方式	政策工具
1979～1981 年	投资与需求双膨胀，财政与信贷扩张	调控投资与消费	紧缩性	以行政手段为主，经济手段为辅	以直接管理为主，间接管理为辅	财政政策为主，货币政策为辅
1982～1986 年	经济过热，物价上涨	通货膨胀	紧缩性	行政手段为主，但经济力度增强	强化间接调控方式	货币政策工具开始得到运用
1987～1991 年	投资与需求膨胀引发通货膨胀，经济过热	通货膨胀	紧缩性	强调行政手段干预，但经济力度加强	加大间接调控力度	财政、价格、货币、外贸等综合配套
1993～1997 年	经济全面过热，通货膨胀	通货膨胀	紧缩性	行政手段减弱，经济手段得到广泛运用	间接调控为主	适度从紧的财政政策和货币政策
1998～2002 年	有效需求不足，通货紧缩	扩大内需，启动经济	扩张性	经济与法律手段为主	间接调控为主	积极财政政策
2003～2007 年	投资增长过快，经济局部过热	信贷与土地	有保有压	经济、法律手段为主，行政手段为辅	直接调控与间接调控相结合	各种政策工具综合运用
2008～2009 年	金融危机引发的经济下滑与衰退	扩大投资与消费	扩张性	经济手段为主	直接调控与间接调控相结合	积极财政政策、宽松货币政策与产业政策等"一揽子"计划
2010 年至今	"新常态"下经济下滑	扩大内需稳增长	扩张性	经济手段为主	直接调控与间接调控相结合	财政"微刺激"、货币政策定向调控、供给侧结构性改革

资料来源：根据相关文献资料整理而得。

从上述内容可以看出，中国现已开展的 8 次宏观调控大致可以划分为以下两种类型：一种是以应对经济过热、通货膨胀为主要目标的紧缩性调控，包括 1979～1981 年、1982～1986 年、1987～1991 年、1993～1997 年和 2003～2007 年的五次宏观调控；另一种是以应对有效需求不足、经济下滑或衰退等为主要目标的扩张性调控，主要包括 1998～2002 年、2008～2009 年和 2010 年至今的三次宏观调控。这两种不同性质的宏观调控的作用与西方经典的反周期政策在调控方向上虽然是一致的：当需求不足、失业率上升时，政府通过实行扩张性政策以扩大需求，拉动经济增长，反之则通过紧缩性政策来给经济降温并抑制通货膨胀；但是，从宏观调控的现实背景及政策效果来看，我国的宏观调控与西方国家之间存在极大差异。从经济层面看，由于我国生产力发展水平不平衡且多层次，存在诸多结构矛盾和利益冲突，需要在宏观层面上统筹协调，因此单纯针对总量的经济政策是远远不够的，必须强调结构性目标。事实上，科学发展观和"五大发展理念"的提出，正是对中国发展不平衡和结构性问题的强调。这使宏观调控在我国经济发展过程中越来越具有常态化的特点，这一独具特色的宏观调控为中国经济的持续快速增长提供有力保障。

4.4.2 调控目标的多元化

在西方发达经济体，自凯恩斯的《就业、利息和货币通论》问世以来，主流宏观经济学主要关注总供求关系与经济波动，也就是总需求与潜在总供给关系的变化所导致的经济增长率、通胀率、就业率等总量指标的变化。相应的，发达经济体的宏观经济政策也主要致力于经济波动的问题，用"拾遗补缺""多退少补"的办法使总需求与潜在总供给保持一致，使实际总供给量最大限度地与潜在总供给保持一致。与此同时，其他类型的经济问题会被交给其他类型的经济政策加以解决和处理，比如，用反垄断政策来解决产业组织结构问题、用产权保护和界定的办法来解决企业家的激励问题，等等。从这个意义上说，西方的宏观经济调控是一个很"狭窄"的概念，只能致力于解决短期内的经济总量波动问题。

而中国作为一个社会主义国家，社会主义的本质要求决定了中国宏观调控在保持社会总需求和社会总供给相互平衡、使国民经济得以顺利运行的基础上，确保宏观经济效益发展的成果由全体人民所共享，进而实现全体人民的共同富裕。围绕实现共同富裕这一社会主义的本质要求，结合国际经济形势和国内经济运行的实际情况，中国宏观调控的目标在各个时段各有不同，具有多元化的特质。尤其是党的十八大以来，随着经济发展进入新常态，中国宏观调控的目标又有新发展。2013 年党的十八届三中全会明确提出：宏观调控的主要任务是保持经济总量平衡，促进重大经济结构协调和生产力布局优化，减缓经济周期波动影响，防范区域性、系统性风险，稳定市场预期，实现经济持续健康发展[①]。随后 2014 年的《政府工作报告》在经济社会发展的主要预

---

① 中共中央文献研究室. 十八大以来重要文献选编（上）[M]. 北京：中央文献出版社，2014：520.

期目标中提出了"努力实现居民收入增长和经济发展同步"，2015 年的《政府工作报告》在主要预期目标中增加了节能减排约束下的指标，同年 11 月 3 日党的十八届五中全会通过"十三五规划建议"，对宏观调控目标进行了进一步丰富完善。归纳起来，我国宏观调控目标已形成了自己的体系，如表 4.2 所示。

表 4.2　　　　　　　　　　　我国宏观调控的目标体系

目标属性 1	目　标	目标属性 2
经济目标	国内生产总值增长	总量目标
	消费价格指数基本稳定	总量目标
	单位产值能耗降低	结构目标
	服务业增长	结构目标
	战略新兴产业发展	结构目标
	国际收支平衡	总量目标
	研发费用占国内生产总值的比重提高	结构目标
	……	
社会目标	城镇登记失业率下降	总量目标
	城乡居民收入增长	结构目标
	人口总量控制	总量目标
	污染排放控制	总量目标
	重大安全性事故减少	结构目标
	社会保险覆盖率增长	结构目标
	……	

从表 4.2 可以看出，我国的宏观调控目标既有总量目标，又有结构目标；既有经济的调控目标，又有社会的调控目标。这种双重目标与英美为代表的资本主义国家形成了显著区别。英美等资本主义国家将宏观管理目标列为四个，都是总量性的、一般性目标。但我国宏观调控目标的具体个数远远超过英美等西方发达国家，除了发达国家所强调的经济发展的总量目标外，推进结构调整也在我国宏观调控目标的重要之列。尤其是随着社会主义生态文明建设的展开，节能减排、清洁水源、污染治理、生态环保也成为宏观调控的重要目标。可见，中国宏观调控目标的参照体系更加多元，充分反映我国政府持续改善民生、坚持以人民为中心的发展思想。

从根本上说，中国宏观调控目标多元性的基础在于居主体地位的公有制经济以及政治制度的长期稳定性。尤其是生产资料所有制特点和对社会公平的特别重视使我国的宏观调控更具有自觉性、主动性，并且排斥了在资本主义条件下受垄断资本主义集团左右而形成的国家干预的私利性。同时，中国经济体制是处在发展与转型中的社会主义市场经济体制，在这一体制中，国家或政府绝不能是自由主义意义上的小政府或弱政府，也不是像发达经济国家一样仅仅是宏观经济的平衡者，而是宏观调控的主体、公有制的主体、经济发展和市场化改革的主体，也是推动经济改革与经济发展的主导力量，是市场取向改革和市场经济有效运行的推动者、组织者和协调者。因而我国对市场的宏观调控能力比资本主义国家要强得多，能够使中国的宏观调控在"多元目标"中实现综合平衡。

4.4.3　调控机制的一体化

在我国市场经济的创新发展过程中，我们通过破除产品经济特有的脱离市场的计划调节观念，并改变计划存在的形式，逐渐把国家的指令性计划变为现实经济中的合同形式，从而建立计划与市场一体化的调节机制。在这种一体化调节机制的情形下，计划已不再是与市场直接相排斥的"范畴"，也不是国家通过行政手段下达的指令性计划，而是在尊重价值规律基础上寻求与市场相结合的计划；市场也并非传统意义上排斥计划的完全自由市场，而是由国家计划等宏观调控所约束的市场。具体而言，一方面，中国自20世纪70年代末开始以市场经济为取向的经济转型之后，宏观调控的方式也越来越强调使用经济、法律等间接手段来进行，尤其是财政政策、货币政策等调控工具的交错搭配使用，使我国的宏观调控更加科学规范，更能适应市场经济的发展要求；另一方面，由于我国生产力发展水平的不平衡性，为解决经济社会发展中的供需失衡、熨平经济周期、促进生产力平衡协调发展，需要在宏观层次上进行协调，这就要求在一定程度上发挥政府的行政手段作用，对市场经济运行中的盲目性进行强力干预，以弥补其不足。因而，我国中央政府和地方政府共同构成了宏观调控的主体，形成了计划、财政和金融三位一体的宏观调控体系（如图4.4所示）。可见，在我国的宏观调控体系中，中央政府是制订计划的唯一主体，各种财经政策由专业部门制定以便协调市场活动，企业尤其是国有企业是国民经济运行的基础，三者的有效协同，有利于市场化调控与行政性调控相结合，这是西方市场经济实践中所没有的，体现了中国宏观调控的特色之处。

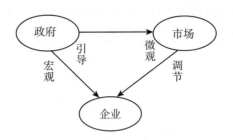

图 4.4　政府、市场、企业三方关系示意

可见，我国社会主义市场经济条件下的计划与市场具有同一性。这种同一性表现在：第一，计划的制订是在遵循市场规律的基础之上，通过对市场的供求信息进行搜集分析而形成，然后又回到市场并从总体上调节市场主体的经济活动。第二，计划调节以市场经济为客观对象，在调节过程中，计划要顺应市场规律和利用市场经济的调节机制，通过市场机制的相互作用来达到计划的调节目标，计划不再是政府的主观臆断。第三，计划和市场反映着生产资料公有制基础上劳动二重性原理的内在要求，并通过价值规律这一中介桥梁进行"联姻"融合，进而统一于社会再生产过程中。因此，二者相互依存，可以融为一体，形成一个新的调节手段——计划市场调节手段。

4.5　新发展理念引领我国市场经济不断发展完善

4.5.1　创新发展：着力完善我国社会主义市场经济的发展动力

早在熊彼特之前，马克思就从生产力与生产关系的矛盾运动中勾勒了社会发展的创新图景。在《共产党宣言》中，马克思指出："资产阶级除非对生产工具，从而对生产关系，从而对全部社会关系不断地进行革命，否则就不能生存下去"[①]。马克思还从技术创新的角度进一步指出："现代工业通过机器、化学过程和其他方法，使工人的职能和劳动过程的社会结合不断地随着生产的技术基础发生变革"[②]。可见，无论是从宏观还是微观层面来看，创新都是引领经济社会发展的第一动力。也就是说，创新表现在经济上主要是提高传统生产要素的效率、创造新的生产要素、形成新的要素组合，为持续发展提供源源不断的内生动力。党的十八届五中全会"把创新作为引领发展的

---

① 马克思恩格斯全集（第 46 卷，下册）［M］. 北京：人民出版社，1980：275.
② 马克思恩格斯选集（第 2 卷）［M］. 北京：人民出版社，1995：213.

第一动力",是马克思的创新思想在我国经济建设实践中的具体运用,是对"科学技术是第一生产力"重要思想的继承和发展。创新尤其是全面创新是涉及上层建筑与经济基础、生产关系与生产力的全要素、全系统、全方位变革①。

党的十八届五中全会把"创新"置于"五大发展理念的"的首位,从根本上回答了我国社会主义市场经济发展的动力问题。经济新常态下,要素与投资驱动型增长路径在低收入阶段积累的矛盾集中爆发。由此产生的尖锐的社会矛盾严重阻碍了经济的持续发展,容易出现大幅波动或陷入停滞,并造成国家长期在中等收入阶段徘徊。因此,我国社会主义市场经济发展进入新常态后,原有的要素与投资驱动型增长路径与当前经济形势及改革的要义已经不相匹配,要素禀赋结构发生变化,发展动力应从要素与投资驱动转向创新驱动。创新作为内生增长的驱动力,能够发展新产业、开发新产品、塑造新品牌、培育新业态,从而不断提高资源配置效率,激发市场活力,使各类市场主体更好适应经济发展新常态。比如,传统产业在互联网经济深化的形势下,通过充分利用互联网"去传统中介"的特性,构建新的中介平台,建立新的产业生态,以打通上下游产业;而具有技术优势的互联网第三方平台则可以利用自身信息化优势,开发新的资源,提供新的技术支撑和市场平台;对在信息、个人智能等新的市场背景下衍生出的新产业,则可以利用自身数据化、个性化的优势,拓展新业态形式,加强差异化经营,在一定程度上实现市场的充分竞争。尤其是当前随着全球化和"互联网+"的发展,生产要素和生产关系发生改变,人力、资本、商品、信息等各种生产要素交错关联,形成一个网状的产业圈和统一的"场",这将引起市场发展机制的深刻变化。

4.5.2 协调发展:强调我国社会主义市场经济发展的平衡性

早在新中国成立初期,毛泽东在《论十大关系》一文中就强调农、轻、重工业需要协调发展,并且进一步强调要处理好沿海与内地之间的经济关系,改变中国区域间发展的不平衡,促进区域之间的协调发展;在改革开放的过程中,邓小平提出了一手抓物质文明、一手抓精神文明,"两手抓、两手都要硬"的协调发展思想;再到习近平总书记提出的"坚持以人民为中心"的发展思想,都反映了我们党在发展观上的与时俱进。在此基础上,党的十八届五中全会把"协调发展"上升为发展理念,为增强我国市场经济发展的平衡性奠定了坚实的思想基础。

---

① 钱路波:以"五大发展理念"引领供给侧结构性改革 [J]. 湖南社会科学,2016(3):131-132.

因为市场经济作为一种资源配置方式，其发生作用的运行机理需要以一定的社会结构、政治体制、历史文化等多种因素作为其构成要件。虽然市场经济同社会协调发展具有内在的"共生性"，但市场经济的自然运行并不会自动实现经济社会的协调发展，由于"市场失灵"的出现，需要发挥政府这只"看得见的手"来弥补市场缺陷。可见，市场经济是"看不见的手"和"看得见的手"这两种力量相互作用的结果，协调发展也就体现为市场与非市场力量两者互动中的运动，它要求各种要素按一定比例合理地有机组合，以实现社会总供给和总需求的动态平衡。协调发展的这一内涵要旨，"有利于充分发挥市场对资源配置的决定性作用，以所有制改革为核心、产业结构改革为抓手，推进国有经济与非国有经济的协调发展，真正使'公有制经济和非公有制经济都成为社会主义市场经济的重要组成部分'；有利于深入推进区域结构改革，着力解决城乡之间、部门之间、沿海与内地之间的发展差距，使经济社会全面协调可持续发展；有利于推进全面改革，调整比例、优化结构，增强后发优势、培植发展后劲，在补齐短板的动态过程中不断增强发展的协调性、均衡性。①"总之，协调发展要求把市场经济的发展与社会协调发展统一起来，在协调中发展，在发展中协调，寻求协调与发展的辩证统一，最终实现市场的决定性作用与更好发挥政府作用的最优组合。

4.5.3　绿色发展：指明我国社会主义市场经济发展的可持续性

人类社会的发展是人、社会、与自然三者相互作用的过程。党的十八届五中全会提出的"绿色发展"理念，既是对马克思关于"人类同自然的和解以及人类本身的和解②"的进一步解答，也是对我国在完善市场经济体制过程中对追求生态财富的现实思考。改革开放的40多年，我国经济发展过多依赖资源投入和投资驱动，这在促进GDP快速增长的同时，也使得资源开发迅速扩大和能源消耗迅猛增长，最终引发生态破坏和环境污染。

众所周知，市场经济在运行过程中，市场主体受资本逻辑的驱使，它所追求的是自身利益最大化，不但将自然生态系统作为工具并无止境地进行掠夺性使用和破坏，而且还向自然生态系统排放大量具有负使用价值的废弃物，最终必然会打破原有生态平衡，引发生态危机，这就是市场经济体制的"生态悖论"。因而，我国在完善市场经济体制的过程中，必须凸显资源环境的约束条件，强调发展绿色经济、低碳经济、循

---

① 钱路波. 以"五大发展理念"引领供给侧结构性改革 [J]. 湖南社会科学，2016 (3)：133.
② 马克思恩格斯全集（第1卷）[M]. 北京：人民出版社，1956：603.

环经济，使市场主体的经济行为符合生态逻辑。"绿色发展理念"体现了这一发展要求。因为"绿色发展"更加注重有质量的发展，强调"保护生态环境就是保护生产力、改善生态环境就是发展生产力"[①]，要求市场主体的经济行为兼顾生态价值和经济价值，借助市场机制的有偿使用和生态补偿制度来衡量市场主体经济行为的成本收益，进一步完善资源、能源及环境要素的价格形成机制，改变资源配置扭曲的现状，使其价格能够真实反映资源稀缺程度、市场供求关系以及污染排放的外部成本，从而约束市场主体对自然资源的无限索取，同时要求树立科学合理的生产观和消费观，倡导理性消费、绿色消费，提高消费效率，使生态规则与市场规则有机结合。

4.5.4　开放发展：拓宽我国社会主义市场经济的空间张力

在经济全球化背景下，开放发展就是通过开放促改革，使社会主义市场经济体制在参与国际经济合作与竞争的过程中不断得到完善。亦藉于此，党的十八大以来，习近平总书记立足于和平发展、合作共赢的国际大势，主动参与全球经济治理，统筹国际国内两个大局，以外向型经济为依托，把中国的发展和世界的发展联系起来，并在开放的过程中使中国市场融入世界市场，同时又以国内市场的发展来带动世界市场的发展。

随着"一带一路"倡议的深入实施，一方面，开放发展可以通过"以跨国公司为中介和桥梁，采取市场化的运行方式，进一步扩大同周边国家和地区的经贸往来，增加对国际市场的有效供给，实现多边合作、互利共赢；以改善产品供给为抓手，大力发展与丝路交通有关的物流产业链和生产性、生活性服务产业包括区域合作金融服务业，尤其是率先发展现代跨国旅游业；充分利用我国交通运输、基础设施建设和装备制造业方面的优势，积极到生产要素价值相对低洼的国家和地区寻找新的机会，伴随着产业转移，资本转移和技术转移将同时实现，经济的深层次合作也就随之出现"[②]。另一方面，开放发展通过跨国并购和收购海外资源类企业，获取技术、品牌、营销网络等海外优质资产，提升我国企业的竞争优势。同时拉动国内上下游相关产业的发展，最终形成国际要素有序流动、资源高效配置、市场深度融合的双向开放型经济。可见，开放发展通过整合全球资源，在促使国内市场主体积极参与国际市场竞争的同时，又为国际要素流动提供公平、透明、可预期的市场环境，在亚太地区乃至整

---

① 习近平.习近平谈治国理政［M］.北京：外文出版社，2014：209.

② 钱路波.以"五大发展理念"引领供给侧结构性改革［J］.湖南社会科学，2016（3）：134.

个世界市场产生了积极影响，多层次诠释了我国社会主义市场经济的"空间张力"。

4.5.5　共享发展：完善我国社会主义市场经济的分配格局

从传统意义上看，分配主要是指社会在一定时期内将新创造出来的产品或价值分给各经济主体的过程和形式，它主要涉及物质利益或经济成果的分配。人类社会的经济发展历程表明，分配不平等不仅与收入不平等直接相关，而且也与其他经济因素或非经济因素不平等有密切关系。即分配不平等程度除了同要素价格决定机制有关外，它还更依赖于其他一些相关因素，如初始财富分配状况、市场类型、金融制度、人力资本投资、就业机会、阶层结构等因素以及它们的交互作用。因此，阿玛蒂亚·森（Amartya Sen）指出，收入以外的多种经济因素，会影响就个人处境和实质自由而言的不平等[①]。同时，人的利益需求具有多样性，不仅包括商品货币、资产收入、生存条件等有形的物质经济利益，而且也包括地位、名望、荣誉、身份权利、自我实现等无形的非物质经济利益。

在共享发展的语境中，从主体上看，全体人民既都是共建的主体，也都是共享的主体；从客体上看，共享的客体是改革发展所取得的一切成果，既包括经济领域的物质成果，也包括文化、社会、政治、生态等领域的非物质成果，即共享发展是全体人民在发展权利、发展机会和基本民生上的共享。很显然，"共享"发展理念不仅意味着收入指标的增长，而且也包含着发展权利、发展机会、民生改善、社会保障、教育就业等公共服务体系更加健全。因此，社会分配不仅要注重工资、薪酬、奖金等物质经济利益的分配公正，也要关注机会、荣誉、权利、自我实现等无形的非物质经济利益的分配公正。

可见，"共享"发展理念的提出，将社会主义市场经济分配所关注的焦点由传统的物质利益的分配，拓展为更加宽广的发展权利、发展机会、基本民生以及社会价值层面，体现了共享发展与社会分配的公平正义具有严密的内在逻辑一致性。共享发展坚持"以人民为中心"的本质要求，通过注重社会分配的公平正义和制度创新，使社会主义市场经济的分配领域更为宽广，分配制度更加完善，从而促进生产关系更好地适应生产力的发展。

---

① 阿玛蒂亚·森. 以自由看待发展［M］. 北京：中国人民大学出版社，2002：101－102.

4.6　社会主义市场经济与资本主义市场经济相区别的重要特征

4.6.1　公有制基础上的市场经济：中国市场经济赖以存在的所有制结构与资本主义不同

如前所述，任何社会生产过程都必须在一定的生产关系之下才能进行。市场经济作为一般社会生产过程，同样必须在一定的生产关系下活动。马克思在《共产党宣言》中指出："共产党人到处都支持一切反对现存的社会制度和政治制度的革命运动。在所有这些运动中，他们都强调所有制问题是运动的基本问题，不管这个问题的发展程度怎样"①。这就是说生产资料所有制是生产关系的基础，在社会经济关系中，所有制的性质决定着运动的各个方面的性质及其发展方向。因此，市场经济的运行不可能脱离一定的所有制基础而独立行动，它必然要受到特定历史条件下的所有制关系的制约和影响，在性质上归属于特定的生产关系的性质，在运动方向上受到所有制方式的约束。生产资料所有制不同，市场经济的社会性质也就不同。生产资料所有制决定了市场经济的社会性质。

资本主义市场经济以生产资料私有制为基础，尽管在资本主义社会中，也存在国有制经济和合作制经济，但就所有制结构而言，资本主义私有制在所有制结构中占主导地位，因而其市场经济是资本主义性质的市场经济。而作为资本主义国家上层建筑中的法律制度也极力维护财产的私人性，并规定私有财产神圣不可侵犯。因此，生产资料私有制决定了资本主义市场经济是为资产阶级无偿占有剩余价值服务。而我国市场经济赖以存在的所有制结构以公有制为主体，多种所有制经济共同发展。在这种所有制结构的基础上建立和发展市场经济，让各类不同的所有制主体平等地进入市场，相互之间既可以公平竞争，促进微观市场主体的多元化，又可以实现功能互补，弥补各种存在的缺陷；既能够发挥公有制的制度优势，体现社会主义本质要求，保证市场经济发展的社会主义方向，又能够发挥非公有制经济在利益驱动等方面的优势，调动一切积极因素，促进效率的提高。但在多种所有制中，公有制占主体地位，使得劳动者能够共同支配和使用生产资料，因此也统一地组织劳动分工，共同拥有劳动成果，按照共同意愿分配劳动成果，公有制这种人与人之间的劳动平等的生产关系，有利于实现公平与效率的高度统一，深刻地影响着我国市场经济运行的社会主义性质和宗旨。

---

① 马克思恩格斯选集（第2卷）［M］. 北京：人民出版社，1995：307.

正如邓小平在 1979 年 11 月提及"社会主义市场"时说道：它"虽然方法上基本上和资本主义社会的相似，但也有不同，是全民所有制之间的关系，……，但是归根到底是社会主义的，是社会主义社会的"①。

可见，在社会主义市场经济体制运行中，以公有制为主体才能更有效遏制私人垄断资本并有效发挥市场经济的正面效应，在促进生产力迅速发展的同时不断改善生产关系，体现了劳动平等的内在要求。在此前提下，资本增殖的手段将服务并服从于人的全面自由发展，社会主义的本质要求将不断得到实现，从而突破资本主义条件下受到的时空双重局限。同时，占主体地位的公有制是协调中国经济发展的统治力量，它会通过市场机制的作用，将越来越多的公有制光芒映射到私人资本上，并把各种非公有制经济吸引到自己的周围，使之充分发挥补充作用，从而引导非公经济沿着社会主义方向发展，形成强大的国民经济整体合力。

4.6.2　共同富裕的市场经济：中国市场经济分配制度所引致的后果与资本主义不同

在马克思主义政治经济学的视域中，生产关系是影响生产力发展的最基本、最重要的社会条件。一方面，在二者的矛盾运动中，居于支配地位的生产力决定着生产关系，并要求根据生产力的发展趋势建立与之相应的生产关系及其实现形式。另一方面，生产关系对生产力的发展具有反作用，这种反作用的实现路径在于以下两个层次：一是生产关系的性质，即一个社会居于支配地位的生产资料所有制及个人消费品分配方式对生产力发展的反作用；二是生产关系的实现形式，即具体的经济体制对生产力发展的反作用。

在资本主义市场经济中，占主导地位的分配制度是按资分配和按劳动力价值分配，特别是以占有资本多少决定收入分配，资本的积累规律形成了恶性竞争和贫富两极分化，因而建立在私有制基础上的资本主义分配制度不可能消除分配不公和避免两极分化。对此，马克思在《资本论》这一巨著中，对资本家攫取剩余价值而引致的资本积累进行了深刻描述。马克思认为，资本剥削雇佣劳动的关系是资本主义社会占统治地位的经济关系，资本主义的全部经济运动，包括生产力和生产关系的矛盾运动，都是在这种关系的制约和支配下进行的。不了解资本主义剥削关系的本质和运行，就不能揭示资本主义经济的运动规律。然而，在资本主义生产的总过程中，资本在市场上以

---

① 邓小平文选（第二卷）［M］. 北京：人民出版社，1994：236.

各种具体形式互相对立，剩余价值也转化为各种具体形式而表现为不同资本的收入，在资本和剩余价值的各种具体形式上，在直接生产过程中尚可感触，而在流通过程中已被模糊的资本主义剥削关系从现象上消失了，资本关系完成了它的神秘化过程。这整个过程恰好是资本主义经济运行的条件和机制；资本和它所体现的剥削关系，只有通过包括生产和流通在内的不停顿的运动，通过市场的复杂竞争过程，才能实际存在和发展。而复杂的市场竞争将会使社会财富在资本家身上积累，而贫困在无产阶级身上积累。也就是说，资本主义生产效率越高，市场竞争就越激烈，两极分化就越严重，资本主义社会就越不公平。

而在我国现阶段，把按劳分配和市场经济相结合，是中国特色社会主义分配理论的一大贡献，也是一大特色。一方面按劳分配，把劳动作为唯一尺度，按照它的时间和强度来确定分配的份额，它不承认任何阶级差别，因为每个人都像其他人一样只是劳动者。因而，按劳分配是生产资料公有制在分配领域中的具体再现，有利于破除平均主义，不断地解放和发展社会生产力，为最终达到共同富裕创造物质条件。同时，按劳分配坚持以劳动为分配尺度，把劳动报酬与劳动者的劳动贡献联系起来，这有利于从根本上消除资本主义私有制和按资分配造成的经济剥削和两极分化，弥补资本主义的"制度缺陷"和"政府失灵"，维护社会分配的公平正义。另一方面，在我国市场经济体制下还存在不同性质的产权组合结构，为保障要素所有者的权益，调动他们的积极性，就必须把按劳分配和按生产要素分配结合起来。目前，我国已经进入全面建成小康社会的关键阶段，随着我国基本分配制度的不断完善，人民群众将会拥有更多获得感、幸福感。从初次分配来看，我国将全面强化人力资本质量、不断增强劳动者收入能力；建立职工工资正常增长机制，促进劳动报酬收入与经济发展同步增长；健全要素市场体系，使居民拥有更多财产性收入。从再次分配来看，我国大力实施精准扶（脱）贫，不断加大对革命老区、民族地区、边疆地区、贫困地区的财政转移支付，实施全民参保计划，建立更加公平更可持续的社会保障制度，划转部分国有资本充实社保基金，为全体人民的共同富裕奠定坚实基础。从第三次分配来看，在社会主义核心价值观和中华传统道德的精神感召下，部分国民在自愿的基础上，以募集、自愿捐赠和资助、志愿服务等慈善公益方式帮助低收入群体提高生活质量，缩小社会差距，弥补市场和政府的分配缺陷，逐步实现共同富裕。

4.6.3 以人民为中心的市场经济：中国市场经济的发展目的与资本主义不同

一般意义上，市场经济是以市场为导向或以市场为媒介的一种经济形式。若从产品的去路、生产者的目的来看，市场经济就是直接以交换和取得价值或利润为目的的经济形式。由于生产的产品要在市场上销售，人们在生产过程中就必须为交换而进行生产，就必须为别人生产和提供使用价值。这样，市场经济自然而然地就成为直接以交换为目的、以追求价值为宗旨的经济形式。在这样的经济形式下，人与人之间的社会关系就表现为物与物之间的交换关系，货币成为社会财富的代表。特别是在资本主义市场经济中，生产资料所有权规律转化为占有规律，从而剩余价值所有权规律转化为剩余价值占有规律，最大限度地追求和攫取剩余价值成为生产的根本目的和动力，而劳动者则只是资本增殖的工具。马克思承认这种经济体系在历史上的进步意义，因为这种经济体系带来了生产力的极大发展，拓展了人们的交往范围和交往形式，使社会产品变得更加丰富多样，为人的全面发展奠定了物质基础。但是在资本主义社会，这种经济体系是和生产资料私有制紧密联系在一起的，追求的是以资本积累为最高目的，进而导致在资本主义生产关系中，劳动者始终处于被雇佣和奴役地位，并始终受他们自己双手产物即"资本"的支配，这就从根本上否定劳动者的主体地位，因而它必然要被历史所超越。

"要坚持以人民为中心的发展思想，这是马克思主义政治经济学的根本立场[①]"，同时也是习近平新时代中国特色社会主义思想的价值追求。在社会主义社会中，人真正开始成为社会发展的主体，人的全面发展才真正开始成为经济发展的最终目的。就单个人和单个企业来说，在社会主义市场经济条件下，其生产行为的直接动机仍是为获取利润。但从整个社会来说，在社会主义市场经济中，社会生产的宏观目的已经不是利润，而是在促进生产力极大发展的基础上最大限度地满足人民群众对美好生活的需要，使全体人民"拥有更多获得感"，能够共享改革发展的全部成果，这就决定了作为我国市场经济重要参与者的公有制企业的经济行为要以"三个有利于"为评判标准。即社会主义市场经济利用资本力量进行生产，而剩余价值的生产及其转化而来的资本只是手段，其最终目的是将它们纳入"三个有利于"的轨道，体现社会主义的生产目的，实现人的生存与发展。

如前所述，社会主义本质的最终目的就是要实现共同富裕，这是我国市场经济创新发展的政治经济学理论基础。而社会主义本质在价值观上归根到底就是"以人民为中心"的思想，人民性的重点就是人民利益，"以人民为中心"就是部署经济工作、制定经济政策、推动经济发展都要以维护和实现人民群众的根本利益为出发点，这是社

[①]　习近平在中共中央政治局第二十八次集体学习时强调立足我国国情和我国发展实践发展当代中国马克思主义政治经济学［N］. 人民日报，2015 - 11 - 25（01）.

会主义本质在经济领域中的集中体现。资本主义是以资本和货币的增殖与积累为最高目的，由此产生资本的增殖需要与全体人民生存发展对使用价值的需要之间的根本矛盾与危机。而社会主义归根到底是以人民为中心，以人民的福祉为最高目的，市场与计划只是实现人的生存与发展的手段，由此才能彻底消除资本的逐利性、克服资本主义的矛盾与危机。离开人民或丧失人民的立场，我国市场经济也就没有意义和价值。因为人民是我国经济建设的主体力量，同样也是我国经济建设为之谋求利益的主要对象，只有坚持以人民为中心，才能避免资本对劳动的支配，确保市场经济发展的社会主义方向。正如习近平总书记指出的那样："我们要始终把人民立场作为根本立场，把为人民谋幸福作为根本使命"，"这是尊重历史规律的必然选择，是共产党人不忘初心、牢记使命的自觉担当"①。

4.6.4　党的领导下的市场经济：中国市场经济与之联系的上层建筑与资本主义不同

"党政军民学，东西南北中，党是领导一切的"②。社会主义市场经济的建立、发展、完善，同样离不开党的坚强领导。对此，习近平总书记指出："坚持党的领导，发挥党总揽全局、协调各方的领导核心作用，是我国社会主义市场经济体制的一个重要特征"③。这一论述阐明了我国市场经济在政治上的本质特征，由于"党的领导是社会主义最本质的特征"也是"社会主义制度的最大优势"，因而党的领导当然也是我国市场经济"最本质的特征"和"最大优势"，这也是我国市场经济沿着正确方向发展的重要政治保障。

从历史的演进和现实的实践来看，市场作为一种配置资源的手段和方式方法，它本身并不具有特定的社会属性，可以和不同的社会经济制度相结合，从而形成不同类型和不同性质的市场体制。在资本主义社会中，由于生产资料私有制的存在以及资本家永无止境地攫取尽可能多的剩余价值，资本主义市场经济在促进生产力发展的同时，也带来了诸如两极分化、人的异化等一系列弊端。我国把社会主义和市场经济相结合，在促进生产力发展的同时，则可以有效避免资本主义市场经济的根本性缺陷，其关键因素就在于有党的坚强领导。中国共产党全心全意为人民服务的根本宗旨，能够使市

① 习近平. 在纪念马克思诞辰 200 周年大会上的讲话［N］人民日报，2018 - 05 - 05（02）.

② 习近平. 决胜全面建成小康社会 夺取新时代中国特色社会主义伟大胜利——在中国共产党第十九次全国代表大会上的报告［N］. 人民日报，2017 - 10 - 28（02）.

③ 习近平. 习近平谈治国理政［M］. 北京：外文出版社，2014：118.

场经济的发展方向朝着共同富裕不断趋近，以体现社会主义的本质要求。因此，习近平总书记强调指出："党的坚强有力领导是政府发挥作用的根本保证"①。加强党对经济工作的领导，有利于集思广益、凝聚共识，有利于调动各方形成合力②。可以说，在党的领导下，不断提高社会主义驾驭市场经济的能力，并为充分发挥市场对资源配置的决定性作用和更好发挥政府作用提供坚强政治保障，就是中国市场经济运行的特殊规律。

资本主义市场经济理论建立在"理性人"的假设前提基础之上，追寻的是以资本增殖为特征的个人利益，并且受垄断资本的控制和影响，主要体现的是垄断资本家的经济利益。而我国社会主义市场经济则是在共产党的领导下受社会主义政权的规导，受社会主义核心价值观的影响和制约，尤其是党的性质和宗旨决定了我国市场经济的发展必须要代表最广大人民群众的根本利益，以"三个有利于"标准来推动生产关系的不断变革完善，可以说，党的领导为我国经济社会发展提供了"定海神针"。同时，从宏观层面来看，党的集中统一领导有利于克服市场经济所带来的竞争和分权，能够从宏观上对任何影响到国民经济整体发展的因素和问题进行调节和控制，构建科学有效的宏观调控，进而妥善处理好国民经济发展中的各种比例关系，使生产和消费、供给和需求、局部和整体相协调，推进经济社会的平稳有序发展，实现人民对美好生活的需要。正如邓小平所说："社会主义市场经济的优越性在哪里？就在四个坚持。四个坚持是'成套设备'。在改革开放的同时，搞好四个坚持。③"邓小平所说的"四个坚持"，就是坚持"四项基本原则"，再次强调了中国共产党作为中国国民经济和社会发展的领导力量，是我国市场经济的一个本质特征和优势所在。

尤其是当前我国经济发展进入新常态，所面临的国际国内经济环境日趋复杂多变，迫切需要更好发挥"党总揽全局，协调各方的核心作用"，通过全面从严治党，有利于"加强对权力运行的制约和监督，把权力关进制度的笼子里"④，使依法治国落到实处，为打造社会主义法治经济提供有力保障；有利于深化国有企业改革，打造一批世界一流的社会主义企业家，不断丰富市场竞争的微观主体；有利于推进简政放权，整合各方利益，从而排除既得利益固化的体制障碍，正确把握改革的方向和节奏，清除市场壁垒、提高资源配置效率和公平性，使我国经济发展由高增长阶段转向高质量发展阶段。

---

① 习近平. 习近平谈治国理政［M］. 北京：外文出版社，2014：118.

② 中共中央文献研究室. 习近平关于社会主义经济建设论述摘编［M］. 北京：中央文献出版社，2017：318.

③ 冷溶，汪作玲. 邓小平年谱（1975—1997）（下）［M］. 北京：中央文献出版社，2004：1363.

④ 习近平. 习近平谈治国理政［M］. 北京：外文出版社，2014：388.

4.7 中国社会主义市场经济创新发展的理论价值

4.7.1 中国社会主义市场经济理论的形成为科学社会主义增加了新内容

20 世纪列宁领导的十月革命的胜利，标志着科学社会主义从理论形态向实践形态转变的开始。在世界历史仍然处于资本主义占据主导地位的条件下，社会主义实践者共同面临的一个课题是，如何根据当时的社会状况和历史条件，正确发挥人的主观能动性，在促进历史的主体和客体的双重尺度相统一的基础上，有效地开展社会主义建设的问题。

社会主义发展的历史进程表明，以往社会主义实践的失误主要体现在，将马克思主义关于未来社会主义形态的蓝本，不加分析地直接运用于像中国这样的发展中国家，往往忽视了生产力的发展，片面追求"又公又纯"的生产关系，既使生产力的发展因生产关系的脱节而受到阻碍，也使社会主义制度变成教条而在实践中出现纰漏，从而导致人们对社会主义的认识在理论上出现偏差、在实践中遭遇挫折。我国市场经济的提出，实现了市场配置资源的有效性和社会主义制度优越性的融合"联姻"，在促进生产力迅速发展的基础上使全体人民朝着共同富裕的方向稳步迈进，为人的全面发展创造了条件。我国市场经济的发展完善，破除了苏联模式的框架束缚，夯实了我国的基本经济制度，筑牢了社会主义的制度根基，开启了"中国道路"在 21 世纪发展的新篇章。

更进一步讲，社会主义市场经济论的提出，以马克思关于未来社会的基本原则为皈依，从当代中国的具体实际出发确定我国所面临的现实任务，运用现代市场经济优化资源配置的理论原理，改造传统社会主义在忽视生产力的情况下片面拔高生产关系，从而克服了像中国这样经济文化相对落后国家在"什么是社会主义"这个问题上的认识误区，赋予科学社会主义新的时代内容和中国特色；同时，我国市场经济通过对共同富裕的强调，对劳动者合法权益的保护与尊重，限制资本的扩张性，改造自由竞争的古典市场经济，使市场经济向着社会主义的目标要求稳步迈进。通过社会主义和市场经济的双向改造，发挥好计划和市场两个手段的长处，将校正我们的改革目标，使我们既能稳妥前进，顺利实现社会转型；同时又符合时代潮流，走上世界各国经济成功发展的共同道路。

总之，社会主义市场经济从理论破除了传统思维束缚，不再拘泥于经典作家的个别词句和结论；从实践上克服了苏联模式的固有弊病，强调从发展生产力的高度来透彻认知社会主义的本质，进而充分展现其优越性所在。在这一过程中，我国始终坚持以经济建设为中心，不断推进公有制的多种实现形式，在完善基本经济制度的同时更加深化了人们对如何开展社会主义建设的认识和把握。随着我国市场经济的发展完善，也逐步提高了社会主义对市场经济的驾驭能力，促进了我国社会生产力的迅速发展，使社会主义在进入新世纪后继续焕发生机与活力。同时，我国发展市场经济也是对资本主义的利用和超越，在这一过程中，我们始终鼓励发展私营经济，适当引进外资，发展三资企业，这些为社会主义利用资本主义打开市场，但我国利用资本主义是在"坚持公有制为主体、坚持共同富裕"的前提下进行的，正是在这样的前提下，我国市场经济的发展深化了人们对社会主义的认识，丰富了科学社会主义的基本原理，形成社会主义思想认识上的第三次飞跃。

4.7.2　中国社会主义市场经济理论的形成丰富发展了马克思主义政治经济学

马克思基于对当时资本主义生产方式以及社会化大生产发展趋势的认识，认为资本主义商品生产导致的是生产无政府状态对社会生产资源的极大浪费，阻碍社会生产力的发展，并造成严重的两极分化。因而他设想，"一旦社会占有了生产资料，商品生产就将被消除，而产品对生产者的统治也将随之消除。社会生产内部的无政府状态将为有计划的自觉的组织所代替"。[1] 这一设想成为后来社会主义实践者们所必定遵循的原则。

针对现实社会主义建设实践所提出的时代性课题，中国共产党"从当前的国民经济的事实出发"[2]，即从当前中国正处于社会主义初级阶段这一最大实际出发，以经济体制改革的实践和事实为依据，形成了市场经济体制要与一定的社会基本经济制度"结合起来"的创新性理论——社会主义市场经济理论。对此，党的十四大强调"社会主义市场经济体制就是同社会主义基本经济制度结合在一起的"[3]，这一"结合"的关键就在于把公有制和市场经济结合起来，二者结合的理论意蕴就在于市场经济是富于活力和效率的经济体制，能够优化资源配置，提高全要素生产率，为推动经济社会发展提供内在动力，但其自身又存在盲目性、自发性、短期行为、道德缺失等问题，因

---

① 马克思恩格斯选集（第 3 卷）[M]. 北京：人民出版社，1995：633.
② 马克思恩格斯文集（第 1 卷）[M]. 北京：人民出版社，2009：156.
③ 中共中央文献研究室. 改革开放三十年重要文献选编（上）[M]. 北京：中央文献出版社，2008：660.

此需要发挥公有制和社会主义的制度优势，保持经济运行的宏观稳定，因而"我国实行的是社会主义市场经济体制，我们仍然要坚持发挥我国社会主义制度的优越性、发挥党和政府的积极作用"①。从现实实践来看，我国市场经济的发展完善离不开商品经济、货币市场、股份资本、金融资本等这样一些产生于资本主义制度中且有利于生产力发展的"积极成果"，对于这些成果的运用问题，正是马克思关于"通过卡夫丁峡谷"的理论构想在中国经济改革实践中的生动运用，由此形成了富有中国特色的对外开放的政治经济学理论。

尤其是党的十八大以来，以习近平同志为核心的党中央始终坚持马克思政治经济学的根本立场，遵循以人民为中心的价值导向，在治国理政新理念新思想新战略的谋划中，深刻分析和研判当代中国经济关系的趋势性变化和阶段性特征，驾驭经济新常态，强调要"发挥市场在资源配置中的决定性作用和更好发挥政府作用"，坚持"以人民为中心"的发展思想，大力实施精准扶（脱）贫、积极发展混合所有制经济，努力推动居民收入增长和经济增长同步，提出"五大发展理念"，推进供给侧结构性改革，开展"一带一路"建设，在建设和发展"系统化的经济学说"上做出了多方面的拓展，书写了马克思政治经济学在当代中国发展的新篇章，为推进马克思政治经济学在新世纪的创新发展贡献了"中国智慧"。

4.7.3 中国社会主义市场经济理论的形成是对新民主主义理论的继承与新发展

新民主主义经济论和社会主义市场经济论是我们党在不同时期对马克思经济学进行创造性运用而形成的理论成果，二者之间存在紧密的逻辑历史关联，即前者为后者提供了理论与实践的前提和条件，而后者则是对前者历史和逻辑的发展。这种新发展主要表现在：

首先，从计划与市场的关系来看，早在党的七届二中全会上，毛泽东就明确指出："一切不是于国民经济有害而是于国民经济有利的城乡资本主义成分，都应当容许其存在和发展。这不但是不可避免的，而且是经济上必要的"②。同时，毛泽东还批评了对私人资本限制得太大太死的错误做法，认为这是"左"倾机会主义或冒险主义的观点。可见，毛泽东在发展新民主主义经济的过程中，重视在国家主导之下发挥市场的作用。

---

① 中共中央文献研究室. 十八大以来重要文献选编（上）[M]. 北京：中央文献出版社，2014：500.
② 毛泽东选集（第四卷）[M]. 北京：人民出版社，1991：1431.

新中国成立伊始，毛泽东还特别反对国家垄断一切，提出"除盐外，应当划分范围，不要垄断一切。只能控制几种主要商品（粮、布、油、煤）的一定数量，例如粮食的三分之一等"①。这就意味着要在全国范围内开展自由贸易和自由竞争，以不断促进生产力的发展。改革开放的 40 多年，我国对市场的认识不断加深，从"补充论"到"基础论"再到"决定论"，市场机制发挥作用的范围不断扩大、程度不断加深，计划与市场的结合更加紧凑协调，这既是对新民主主义经济论关于市场思想的继承，更是发展。其次，从调控手段来看，在新民主主义经济体制中，对国营企业主要是采用高度集中的直接计划来管理，对中小私人商品经济则采用吞吐物资、调节货币流通量等间接计划来管理。而在社会主义市场经济中，宏观调控手段更加丰富多样，不仅包括新民主主义经济体制中的计划管理、经济杠杆、经济政策等传统手段，而且还包含财政手段、金融手段、经济法制手段和制度约束等现代手段，更加强调中长期计划和远景规划，各种经济成分在宏观调控面前一律平等。最后，从经济制度来看，虽然二者都主张发展多种所有制经济、灵活利用国民经济其他成分，但二者各自的经济成分在性质、地位和相互关系上已有很大不同。可以说，新民主主义的经济纲领为市场经济条件下我国基本经济制度的确立提供了模式的参考和实践的经验，而后者则是前者在新的时代条件下的扬弃与发展。

总之，新民主主义经济论与中国特色市场经济论都是中国共产党人把马克思主义政治经济学应用于不同历史时期得到的理论成果。二者之间存在着继承与发展关系的关键在于：从一个经济文化落后的国家建立起发达的社会主义的历史主题没有改变，生产力不发达的国情没有改变。立足于同样的国情，要解决同样的历史主题，同样坚持马克思主义的立场、观点、方法，二者之间就不可避免地存在着内在的延续性。因而，无论从理论创立的内容，还是从方法论上看，中国社会主义市场经济论都继承发展了毛泽东创立的新民主主义经济论的精辟思想与科学方法，两者都属于马克思主义一脉相承的科学理论体系。

4.7.4　中国社会主义市场经济理论的形成体现了社会主义政治经济学的"中国特色"

在我国建立市场经济之所以是一项前无古人的开创性事业，就是因为我们要解决我国基本经济制度与市场体制融合在一起的问题，进一步说，就是破解我国所有制的

---

① 毛泽东文集（第六卷）[M]. 北京：人民出版社，1999：50.

主体即公有制与现代市场体制如何结合兼容、有效运行的难题。中国市场经济在促进生产力发展的同时也极大地改善了社会主义生产关系，有效揭示了"中国奇迹"的内在之谜，深刻彰显了社会主义政治经济学的"中国特色"。

在《资本论》中，马克思深刻揭示了在资本主义市场交换的表面公平中隐藏着极大的社会不公平，马克思指出："在现存的资产阶级社会的总体上，商品表现为价格以及商品的流通等等，只是表面的过程，而在这一过程的背后，在深处，进行的完全是不同的另一些过程，在这些过程中个人之间表面上的平等和自由就消失了。①"这一重要论述表明，生产资料私有制基础之上的平等只是形式上的平等，只是资本购买劳动力过程中所产生的虚假表象，资本主义社会的核心要素在于资本统领并支配着社会的一切，资本主义市场经济的主体是各类资本家，经济运行结构是"资本雇佣劳动"，其实质是资本对劳动的支配权，资本统治着劳动。因而在资本主义市场经济中，资本以各种方式支配并统治着社会的一切，尤其是进入垄断资本主义阶段后，工业资本和金融资本结合后形成的寡头垄断资本以强大的经济实力做后盾，通过在政治上扶植代表本集团利益的代理人，制定有利于本集团利益的政策措施，让国家屈从于资本的意志，更好地服从于资本增殖的需要。正如马克思所指出的那样："资产者不允许国家干预他们的私人利益，资产者赋予国家的权力的多少只限于为保证他们自身的安全和维持竞争所必需的范围之内"。②也正是在这个意义上可以认为，"高度资本化的市场经济就是资本主义市场经济"③。

然而，在中国特色市场经济中，资本对国家的影响却受到严格限制。因为在我国市场经济中，企业的所有制基础是生产资料公有制，其主体是全体劳动者，尽管社会主义企业的直接目的当然也是追求利润，但除此之外还要通过市场协调劳动者之间的利益关系，最终实现全体人民的共同富裕。可以说，生产资料公有制是社会主义生产关系在经济领域中的集中体现，它在国民经济中的主体地位消解了资本对劳动的支配与统治。生产资料公有制内在地蕴涵着它的服务目标是所有者整体，从而惠及所有者个人，它的运作着眼于整体利益。整体利益观念使政府较好地处理长远利益和短期利益的关系，恰当地进行各类基础设施、公共产品（服务）的生产与供给、有效地把经济效益和社会利益整合统一起来，积极缩小各地区之间的各种差距。可见，公有制的主体地位为我国市场经济适应社会主义的本质要求奠定了物质基础和提供了制度保障，使资本不可能迫使国家屈从于其意志，也使资本的利益决不能假借社会的名义强加于

---

① 马克思恩格斯全集（第46卷，上册）[M]. 北京：人民出版社，1980：200.
② 马克思恩格斯全集（第3卷）[M]. 北京：人民出版社，1960：412.
③ 习近平. 社会主义市场经济和马克思主义政治经济学的发展与完善 [J]. 经济学动态，1998（7）.

全体社会成员。

在强调公有制的主体地位时，基本经济制度还强调"多种所有制经济共同发展"，目的就是继续深化经济体制改革，充分调动一切积极因素以进一步解放和发展生产力。事实上，公有制经济与非公有制经济都因各自在生产力发展上的不同产业定位和竞争优势而共存于同一个所有制结构中，相互依存、平等竞争，共同促进生产力发展，这也是基本经济制度的工具价值所在。当然，"多种所有制经济共同发展"也具有内在价值，那就是为凸显人的发展个性，在与公有制经济竞争的过程中为人的自由发展创造良好氛围。"以公有制为主体"也具有工具价值，那就是以公有制的公共资源与支配性资源作为全社会的物质生产基础，从总体上控制着全社会物质生产活动，并为政府提高宏观调控效率提供有效支撑；而建立在这种公有制物质力量基础上的社会主义国家意志与意识形态，同时从上层建筑方面监管着全社会的经济活动，这就在既发挥各种所有制的自主作用的同时，又将这种自主作用纳入社会集体利益的轨道。

总之，市场经济及其资本的发展，只是社会主义用来解放和发展生产力的一种工具和手段，它在社会主义基本制度的框架内运行，服务并服从于社会主义的生产目的，其运行目标是更好满足人民对美好生活的需要，并在此基础上实现共同富裕。所以，中国特色的市场经济，它所体现的是社会主义的先进理念与经济社会发展最有效的资源配置方式这两种优势的结合和叠加，有利于实现社会主义的本质要求，体现社会主义的优越性。亦藉于此，中国市场经济的发展完善，凸显了中国在开展社会主义经济建设的过程中基本形成了一种与英美等发达国家有着本质区别的全新经济制度模式，反映了我国的制度自信，同时我国市场经济把对"物"的分析和追求"人"的发展有机统一起来，既注重生产效率的提高又注重社会公平的实现，内在蕴涵着中国政治经济学发展的新突破，成为社会主义政治经济学"中国特色"的一个重要方面。

第5章 中国社会主义市场经济创新发展的时代方位

习近平总书记在党的十九大报告中深刻指出："经过长期努力，中国特色社会主义进入了新时代，这是我国发展新的历史方位"①。这一重要论断的提出，使中国社会主义市场经济的发展必须同新的时代特征相结合，形成反映时代特征、回答时代课题、引领时代潮流的新形态。在新时代的语境下，中国市场经济的发展在回应时代课题、解决时代矛盾的过程中，构成了中国特色社会主义进入新时代的重要维度。从历史逻辑来看，中国市场经济的发展是随着时代的发展变化而变化的，并在变化过程中不断发展完善。随着中国特色社会主义发展进入新时代，中国市场经济的发展既要面对新的时代课题，又要吸纳新的时代精神。因而，中国市场经济在新时代的创新发展，既是开启全面建设社会主义现代化国家新征程的必然要求，也是建设现代化经济体系的体制基础。可以断言，随着时代和实践的发展，我国市场经济的发展必将为解决人类问题贡献中国智慧和中国方案。

5.1 构成中国特色社会主义进入新时代的重要维度

5.1.1 理解时代的立足点：中国特色社会主义新时代的政治经济学阐释

"时代"一词的最一般含义是反映社会发展某一特定阶段及其基本特征的概念，是具有全局性和战略性的问题。马克思在《资本论》中曾明确指出："各种经济时代的区别，不在于生产什么，而在于怎样生产，用什么劳动资料生产。……劳动资料不仅是

---

① 习近平.决胜全面建成小康社会夺取新时代中国特色社会主义伟大胜利——在中国共产党第十九次全国代表大会上的报告［N］.人民日报，2017－10－28（01），（02）.

人类劳动力发展的测量器，而且是劳动借以进行的社会关系的指示器。[①]"恩格斯也曾认为："每一历史时代主要的经济生产方式和交换方式以及必然由此产生的社会结构，是该时代政治的和精神的历史所赖以确立的基础"[②]。由此可见，在马克思政治经济学的视域中，生产方式和社会经济制度的变化是判别和划分时代的重要依据，这与其他只是简单地反映生产力发展或只反映世界政治经济局部变化的时代观念具有本质差别。从生产方式和社会形态的变更出发，马克思将人类社会发展进程中的不同生产方式看作不同社会时代，深刻剖析了自由资本主义的生产方式及其基本特点，从而论证了公有制取代私有制、"劳动时代"取代"资本时代"是人类社会发展的客观趋势和内在规律。事实上，随着生产方式的变迁和社会条件的变化，这将引起社会主要矛盾发生相应转化，使每一个时代在自身变革过程中都有各自的主题、内涵及其相应的时代特征和时代任务。

习近平总书记在党的十九大报告中指出"中国特色社会主义进入新时代"，这是从纵向历史维度和横向特定生产方式的深刻变革中进行系统总结的理论结晶。历史地看，1956 年，随着"三大改造"的完成，标志着社会主义制度在我国开始得以确立并不断发展，这为当代中国的一切发展和进步奠定了制度基础，着力解决了让不让、能不能发展的问题，由此开创了一个时代，即"站起来"的时代，这是中国社会主义政治经济学的 1.0 版本；党的十一届三中全会以来，以邓小平为代表的中国共产党人开启了"建设有中国特色的社会主义"这一国家富强、人民富裕的兴国富民之道，创造性地把"社会主义"和"市场经济"结合起来，着力解决了发展从少到多的问题，由此产生了举世瞩目的"中国奇迹"，使中国开始迈入中等收入国家，这也意味着一个时代的来临，即"富起来"的时代，这是中国社会主义政治经济学的 2.0 版本；党的十八大以来，面对国内外的一系列深刻变革，"我们坚持稳中求进工作总基调，迎难而上，开拓进取，取得了改革开放和社会主义现代化建设的历史性成就"[③]，这些历史性成就和历史性变革，意味着中国特色社会主义在"站起来""富起来"的基础上，开始进入一个新时代，即"强起来"的时代，这就蕴涵着我国经济发展由高速增长开始转向高质量发展，由经济大国走向经济强国的深刻意义，与"强起来"的时代相对应，这将是中国社会主义政治经济学的 3.0 版本。中国特色社会主义开始进入"强起来"的时代，这是我国生产力发展和生产关系深刻变革与阶段性调整的现实需要，是历史合力的产物。

　　① 马克思恩格斯全集（第 23 卷）[M]. 北京：人民出版社，1972：204.
　　② 马克思恩格斯选集（第 1 卷）[M]. 北京：人民出版社，1995：257.
　　③ 习近平. 决胜全面建成小康社会夺取新时代中国特色社会主义伟大胜利——在中国共产党第十九次全国代表大会上的报告 [N]. 人民日报，2017 - 10 - 28（01）.

中国特色社会主义的发展进入新时代，即"强起来"的时代，这是在生产力不断累积发展和生产关系阶段性调整变革的基础上实现的，凸显了中国特色社会主义经济发展道路具有一脉相承的继承性，又有与时俱进的发展性。一方面，解放和发展生产力既是社会主义的根本任务，也是社会主义的本质要求。它贯穿于我国社会主义经济建设的全过程。改革开放40多年，中国作为一个人口最多、基础薄弱的发展中国家，在深刻把握马克思主义政治经济学注重发展生产力这一根本原则的基础上，结合自身实际，把市场配置资源的优势和社会主义的制度优势结合起来，极大地促进了我国社会生产力的发展。尤其是党的十八大以来，随着中国特色市场决定论的提出和全面深化改革的展开，我国经济实力和综合国力明显增强，对外贸易总额保持世界第一，GDP稳居世界第二，对世界经济贡献率超过30%，这一系列重要成就的取得，是中国在社会主义经济建设过程中注重把生产力"量"的积累与"质"的跨越相结合，使我国经济实力在社会生产力持续发展的基础上创造了举世瞩目的"中国奇迹"，这为中华民族从站起来、富起来走向强起来奠定了坚实基础。另一方面，随着社会生产力的不断发展，生产关系也会发生相应变革或阶段性调整，这种变革或调整突出地反映在新时代背景下我国社会主要矛盾发生了转换，即原先相对落后的社会生产力现已大为改观，人们对物质文化生活的需要已转变为对美好生活的需要，需要的内涵大大扩展、层次大大提升，人们更加关注人的全面发展和社会的全面进步，这体现了社会主义生产关系的发展完善，也是中国特色社会主义进入新时代的重要标志。需要指出的是，我国虽然进入了以"强起来"为主题的新时代，但目前在发展过程中仍然还存在不平衡不充分的问题，我国处于社会主义初级阶段的基本国情并没有发生根本性改变。这就要求充分发挥市场配置资源的决定性作用和更好发挥政府作用，加快推动我国经济转向高质量发展，促进我国社会生产力跃升到一个新阶段。可见，习近平总书记所指出的"新时代"，是"立足社会主义初级阶段，而又力图实现并超越社会主义初级阶段目标的历史发展时期"①，由此开启了中国全面建设社会主义现代化强国的新征程，清晰界定了中国特色社会主义发展的全新时代坐标。

总之，在中华民族伟大复兴进程中所发生的每一次跃升，都产生了与之相应的社会主义政治经济学。这是因为"政治经济学本质上是一门历史的科学。它所涉及的是历史性的即经常变化的材料"②。习近平总书记在党的十九大报告中所深刻阐述的"新时代"，从我国仍处于社会主义初级阶段的基本国情出发，深刻把握党的十八大以来我

---

① 侯为民. 习近平新时代中国特色社会主义经济思想的历史维度与理论内涵 [J]. 思想战线，2018（2）：87.

② 马克思恩格斯文集（第9卷）[M]. 北京：人民出版社，2009：153.

国现实的经济关系和经济问题，确立了中国在"两个一百年"奋斗目标历史交汇期的时代坐标，开启了中国迈向"强起来"的新跃升。这个以"强起来"为主题的新时代，把发展生产力摆在首位，注重提高全要素生产率来推动经济发展的质量性变革，强调以"人民为中心"来实现生产关系的发展与完善，通过将市场配置资源的优势内在地嵌合于社会主义基本经济制度之中，强化我国经济发展的道路自信和制度自信，进而为建设社会主义现代化强国提高体制保障。

5.1.2　实践基础的重要构件：党的十八大以来我国市场经济发展的重大变革

习近平总书记在党的十九大报告中，分别从经济建设、全面深化改革、民主法治、思想文化、人民生活、生态文明、强军兴军、港澳台工作、全方位外交、全面从严治党十个方面①，系统阐述了党的十八大以来我国在各个方面所进行的深刻历史变革及其取得的伟大成就，为中国特色社会主义的发展进入新时代奠定了深厚的实践基础。毫无疑问，中国市场经济的创新发展是上述十个方面重大变革的重要基础，贯穿于中国特色社会主义经济建设的全过程，它所取得的实践成果也就成为中国特色社会主义进入新时代的重要实践基础之一。

党的十八大以来，以习近平同志为核心的党中央把马克思政治经济学的基本原理创造性地运用于我国全面建成小康社会的现实实践，从经济发展长周期和全球政治经济的大背景出发，做出了我国市场经济发展进入新常态的重大判断，要求经济增长速度由超高速换挡到中高速、经济结构调整由低端型迈进到中高端、经济转型升级由要素驱动过渡到创新驱动。我国经济发展进入新常态，这是不以人的意志为转移的客观阶段，也是我国经济发展的大逻辑。而要使我国经济发展适应新常态并引领新常态，就必须不断深化市场经济体制改革，充分发挥市场在资源配置中的决定性作用，更好发挥政府作用，不断形成市场机制有效、微观主体有活力、宏观调控有度的经济体制。这一体制的形成，必须以供给侧结构性改革为主线，通过发挥市场的力量来淘汰落后产能，通过要素新供给、结构新供给以及制度政策新供给来推进"三去一降一补"，达到市场出清，提高全要素生产率，进而实现产业结构的优化调整和经济发展的转型升级。应该看到，全球范围的要素优化组合和资源配置促成了全球统一市场的逐步形成。

---

① 习近平. 决胜全面建成小康社会夺取新时代中国特色社会主义伟大胜利——在中国共产党第十九次全国代表大会上的报告［N］. 人民日报, 2017 - 10 - 28 (01), (02).

随着资源全球配置和全球产业分工不断朝着纵深发展，世界各国越来越多地参与到全球产业分工之中，成为全球价值链上的各个环节。在此情形下，我国市场经济的发展还必须与世界市场的发展紧密联系起来，因而，"一带一路"倡议的实施，有利于充分发挥各国的比较优势，扩大利益沟通交汇点，为在全球范围内配置和利用资源创造良好条件，促进各种生产要素和商品服务在世界范围内自由流通，推动形成国际国内的市场一体化。

上述一系列重大创新型举措，是对中国社会主义市场经济的发展模式与体制建构所做出的有效安排，有力地推动了中国经济朝着更高质量、更有效率、更加公平、更可持续的方向前进，主要表现在以下几个方面：

（1）产业结构优化升级。服务业持续较快发展，对经济社会发展的支撑带动作用与日俱增。2013～2016年，服务业增加值年均增长8.0%，比国内生产总值增速高0.8个百分点。2012年服务业（即第三产业）现价增加值首次超过第二产业成为国民经济第一大产业，占GDP比重不断提升，2016年提升至51.6%，比2012年提高6.3个百分点。与之相比，第一产业（农业）和第二产业（工业）则呈现出稳中有降的趋势。2012～2016年，第一产业（农业）占GDP的比重从9.4%下降到8.6%，五年间共下降了0.8个百分点，第一产业的发展进入一个新阶段；从第二产业（工业）占GDP的比重来看，2012年为45.3%，2016年则进一步下降到39.8%，年均下降1.1%（见图5.1）。这既是市场配置资源起决定性作用的现实表现，也为进一步发挥其决定性作用提供了广阔空间。

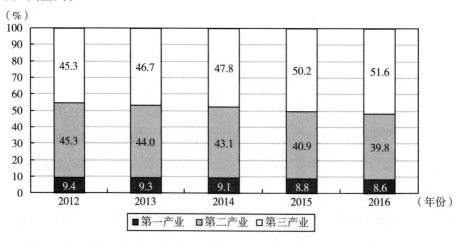

图5.1　2012～2016年三次产业增加值占国内生产总值比重

资料来源：《砥砺奋进的五年》编写组.砥砺奋进的五年：从十八大到十九大［M］.北京：中国统计出版社，2017：6.

（2）消费成为经济增长的主要推动力。党的十八大以来，随着供给侧结构性改革的深入推进，我国消费品市场的供给结构发生了深刻变化，产品的供给结构更好地满足了消费者的多样化需求，促使消费的基础性作用不断发挥，成为经济增长的重要推动力。从表 5.1 可以看出，2013～2016 年，最终消费支出对 GDP 增长的贡献率从 47.0%上升到 64.6%，年均上升 4.4%，对拉动 GDP 增长的百分点则由 3.6 上升到 4.3，呈现出稳中有升的良好态势。与之相对的是，2014 年以来，资本形成总额对 GDP 增长的贡献率和拉动百分点每年均低于消费支出，且资本形成总额对拉动 GDP 增长的百分点每年均呈下降趋势，由 2014 年的 3.4 下降为 2016 年的 2.8，这进一步凸显了消费对经济增长的拉动作用。

表 5.1　　　　　　　　　三大需求对国内生产总值增长的贡献率和拉动

年份	最终消费支出		资本形成总额		货物和服务净出口	
	贡献率（%）	拉动（百分点）	贡献率（%）	拉动（百分点）	贡献率（%）	拉动（百分点）
2012	54.9	4.3	43.4	3.4	1.7	0.2
2013	47.0	3.6	55.3	4.3	-2.3	-0.1
2014	48.8	3.6	46.9	3.4	4.3	0.3
2015	59.7	4.1	41.6	2.9	-1.3	-0.1
2016	64.6	4.3	42.2	2.8	-6.8	-0.4

资料来源：《砥砺奋进的五年》编写组 . 砥砺奋进的五年：从十八大到十九大〔M〕. 北京：中国统计出版社，2017：351.

（3）新型城镇化扎实推进。党的十八大以来，随着市场配置资源起决定性作用的充分发挥，市场经济的聚集效益进一步凸显，市场机制的扩张性功能以中心城市为节点，辐射带动了周边地区的发展，从而使我国城镇化率不断提高。2016 年末，常住人口城镇化率为 57.35%，比 2012 年末的 52.57%提高了 4.78 个百分点，年均提高 1.2 个百分点（见图 5.2）。2013～2016 年城镇人口每年增加 2000 多万人，在带来巨大投资和消费需求的同时，使广大新增城镇人口接受了市场经济的洗礼，有利于进一步规范和扩大市场交换关系，把与之相应的生产和生产方式纳入市场关系之中，从而促进我国市场经济的发展完善。

（4）区域发展格局优化重组。京津冀协同发展有序推进，雄安新区启动设立，长江经济带发展取得成效，重庆、广州、成都、武汉、郑州等一批国家和区域中心城市

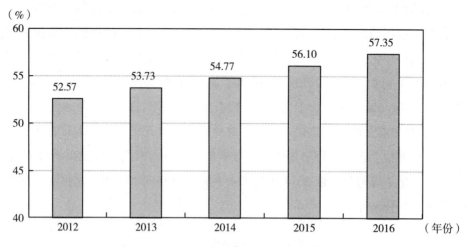

图 5.2　2012～2016 年我国常住人口城镇化率

资料来源：《砥砺奋进的五年》编写组．砥砺奋进的五年：从十八大到十九大 ［M］．北京：中国统计出版社，2017：7.

快速发展，新的增长极、增长带逐步形成。区域发展布局的协调优化，有利于消除市场壁垒，促进统一开放的现代市场体系的形成。随着市场配置资源的作用日益增强，市场交往日益扩大，中西部地区经济快速发展，据相关统计资料显示，2013～2016 年，中部和西部地区生产总值年均分别增长 8.6% 和 9.1%，分别快于全国 1.4 个和 1.9 个百分点①，东部地区的经济转型升级、开放创新走在前列，对全国发展的支撑作用日益显现。

　　总之，正如习近平总书记在党的十九大报告中指出的那样，五年来，中国"经济保持中高速增长，在世界主要国家中名列前茅，国内生产总值从五十四万亿元增长到八十万亿元，稳居世界第二，对世界经济增长贡献率超过百分之三十"②。这一重大经济成就的取得，是党的十八大之后五年来我国社会主义市场经济创新发展的必然结果，深刻反映了中国经过 40 多年的市场经济体制改革实践，使"中华民族迎来了从站起来、富起来到强起来的伟大飞跃"③，从而成为中国特色社会主义发展进入新时代的一个时代坐标和重要参照系。

---

　　① 《砥砺奋进的五年》编写组．砥砺奋进的五年：从十八大到十九大 ［M］．北京：中国统计出版社，2017：7.

　　②③ 习近平．决胜全面建成小康社会夺取新时代中国特色社会主义伟大胜利——在中国共产党第十九次全国代表大会上的报告 ［N］．人民日报，2017－10－28（01）．

5.1.3　理论标志的主要组成：习近平新时代中国特色社会主义思想

党的十八大以来，面对世情国情党情发生的新变化，以习近平同志为核心的党中央牢牢抓住时代特征，在推进"四个伟大"的征程中，深刻认识和把握经济社会发展规律，聚焦坚持和发展中国特色社会主义这个主题，进行了艰辛的理论探索，提出了一系列新理念新思想新战略，形成了习近平新时代中国特色社会主义思想。

社会主义市场经济是中国特色社会主义理论的重要基石和组成部分，因为经济是社会运行的基础和核心，在很大程度上决定着政治、文化、社会管理的重心与走向。从习近平新时代中国特色社会主义思想的生成逻辑来看，其理论的基本支点均与我国市场经济的发展完善存在着内在的逻辑关联。在 2017 年底召开的中央经济工作会议上，提出的以"七个坚持"为主要内容的习近平新时代中国特色社会主义经济思想，再次鲜明地彰显了社会主义市场经济理论的支柱性地位。尤其是党的十九届四中全会审议通过的《中共中央关于坚持和完善中国特色社会主义制度、推进国家治理体系和治理能力现代化若干重大问题的决定》将公有制为主体、多种所有制经济共同发展，按劳分配为主体、多种分配方式并存，社会主义市场经济体制三项制度并列，都作为社会主义基本经济制度，这既是对社会主义基本经济制度做出的新概括，也是对社会主义基本经济制度内涵做出的重要发展和深化，从而进一步丰富完善了习近平新时代中国特色社会主义经济思想。具体而言：

（1）完善我国市场经济体制，需要在经济发展进入"新常态"的时代背景下，发挥市场配置资源的决定性作用，更好发挥政府作用，从而形成"中国特色的市场决定论"。

（2）由于市场经济本身的逐利性，如果不加规导就会使得资本支配劳动，造成贫富两极分化，因而需要坚持"以人民为中心"的发展思想，这既是马克思主义政治经济学的根本立场，也是社会主义的本质要求。

（3）我国市场经济必须体现社会主义制度的内在要求和发挥其优越性，因而创新发展社会主义市场经济，就需要不断推进我国基本经济制度的发展完善，把发展混合所有制经济作为基本经济制度的重要实现形式，使我国的社会经济制度能够更好地促进生产力发展的基本要求发挥制度的导向功能，彰显我国的制度自信。

（4）社会主义市场经济的创新发展，离不开构建"亲""清"新型政商关系，这就要在坚持党对经济工作领导的同时不断改善党对经济工作领导的方式方法，不断提高党对市场经济的驾驭能力，更好地促进市场体制和我国基本政治制度相结合，以利于更好发挥政治对经济的能动反作用，促进我国社会生产力更好更快地发展，体现社会主义制度的优越性。

（5）社会主义市场经济的创新发展，涉及实体经济、科技创新、产业结构、区域发展、生态环保、国际国内等多个维度，因而形成了创新、协调、绿色、开放、共享为主要内容的"五大发展理念"。

上述主要内容，构成了习近平新时代中国特色社会主义经济思想的主要框架。

另外，"四个全面"战略布局的提出，与我国当前完善社会主义市场经济有着内在的契合性：全面建成小康社会是完善社会主义市场经济的目标指向，全面深化改革则是其内在动力，全面依法治国则是其法治保障，而全面从严治党则是完善我国市场经济体制的政治保障。这些新理念新思想新战略的提出，都更加充满时代性、更多把握规律性、更加赋予创造性，标志着我们党推进的马克思主义政治经济学中国化达到了一个新的起点。可见，社会主义市场经济理论的创新发展贯彻于党的十九大报告所概括的"八个明确"和新时代中国特色社会主义"十四个坚持"的基本方略之中，是以"七个坚持"为主要内容的习近平新时代中国特色社会主义经济思想的理论红线，具有普遍适用性和持续稳定性。

习近平新时代中国特色社会主义经济思想既是马克思主义政治经济学中国化的最新成果，也是科学社会主义理论在我国经济建设领域中的现实反映，它的形成和发展必须紧扣我国基本经济制度这一现实基础，把我国基本经济制度和"系统化的经济学说"结合起来，进一步凸显中国特色社会主义经济发展的制度自信。正如马克思所指出的那样："每一个历史时代的经济生产以及必然由此产生的社会结构，是该时代政治的和精神的历史的基础"①。社会主义市场经济体制作为我国基本经济制度的重要构件和具体表现形式，它的创新发展为我国基本经济制度的改革奠定了坚实基础，从而有助于基本经济制度的发展完善，这为习近平新时代中国特色社会主义思想所擘画的"强国目标"提供了体制保障和制度自信。同时，我国市场经济的发展完善需要进一步厘清政府与市场的关系，科学界定二者的相关职能，特别是随着我国经济发展进入新常态，在完善市场经济体制的理念上更需拓展视域，充分发挥我国市场经济的社会主义制度优势，从经济发展动力、发展条件、发展方式、发展布局、发展阶段、发展特征、发展战略、发展机遇、发展保障、发展目的、成果分配以及生态文明建设等各个方面，明确新时代背景下我国市场经济创新发展的具体要求，借此凸显我国市场经济发展的"劳动的政治经济学"特征，这些都是习近平新时代中国特色社会主义经济思想在生产力和生产关系层面的现实表现，也是对其重要内容的具体阐述，标志着社会主义生产方式新模式的诞生，从而在理论与实践上进一步回答了经济新常态下中国经

---

① 马克思恩格斯选集（第1卷）[M]. 北京：人民出版社，1995：252.

济"怎么看""怎么办"的重大问题。

总之，中国市场经济理论的创新发展以我国社会主义经济建设实践为现实基础，不断探索总结经济发展规律，从根本上阐明了新时代中国社会主义所要完成的根本任务以及完成这一任务的主要途径，集中体现了习近平新时代中国特色社会主义思想的科学内涵、精神实质和价值目标，推动了 21 世纪中国马克思主义政治经济学的创新和发展，也为当前及未来中国的经济发展指明了方向。尤其是随着中国特色社会主义发展进入新时代，我国市场经济的发展完善关涉"五位一体"总体布局和"四个全面"战略布局，深刻反映了"生产力—生产关系""经济基础—上层建筑"对发展完善中国特色社会主义的现实要求，对此习近平总书记在党的十九大报告中一方面强调要"坚持社会主义市场经济改革方向"①，另一方面又注重到 21 世纪中叶要基本实现全体人民的共同富裕，内在地表明了社会主义市场经济是实现共同富裕的中介与桥梁，从而在根本上消除了市场原教旨主义所导致的两极分化。从而，社会主义市场经济在新时代的发展完善，既一如既往地强调要在解放和发展生产力的基础上保护生产力，同时又十分关注生产关系层面的共同富裕，初步展现了社会主义生产方式的优越性。就此而言，社会主义市场经济的发展完善，凸显了习近平新时代中国特色社会主义思想的理论主题，犹如一根红线贯穿于这一思想的全过程。

5.1.4　立论依据的突出表现：新时代我国社会主要矛盾的转换

习近平总书记在党的十九大报告中指出："我国社会主要矛盾的变化是关系全局的历史性变化"②。早在 1956 年，随着三大改造的胜利完成，标志着社会主义制度在我国建立起来，同年召开的党的八大对我国当时的社会主要矛盾进行了正确分析，但由于受国内外多种因素的综合影响，致使八大的正确决议未能得到贯彻执行。改革开放以来，随着解放思想、实事求是的思想路线的重新确立，党的十一届六中全会重新肯定了党的八大对我国社会主要矛盾的正确认识，指出"在社会主义改造基本完成以后，我国所要解决的主要矛盾，是人民日益增长的物质文化需要同落后的社会生产之间的矛盾"③，这一经典论断，体现了我国社会主义初级阶段的现实国情。在此后的 30 多年中，我国一直沿用这一经典论断。可以说，这一论断统筹把握了生产力与生产关系、

---

① 习近平. 决胜全面建成小康社会夺取新时代中国特色社会主义伟大胜利——在中国共产党第十九次全国代表大会上的报告 [N]. 人民日报，2017 - 10 - 28 (03).

② 习近平. 决胜全面建成小康社会夺取新时代中国特色社会主义伟大胜利——在中国共产党第十九次全国代表大会上的报告 [N]. 人民日报，2017 - 10 - 28 (02).

③ 中共中央文献研究室. 三中全会以来重要文献选编 (下) [M]. 北京：人民出版社，1982：839.

社会生产与社会消费的辩证关系，反映了我国的现实国情。我们党以此为理论基点，提出了一系列重大战略思想和发展理念来解决这一主要矛盾，由此推动了我国经济社会的快速、持续、健康发展。改革开放的40多年，我国生产力迅速发展，综合国力显著提高，中国特色社会主义发展进入新时代，社会主要矛盾也开始发生新的转换。对此，习近平总书记在党的十九大报告中深刻指出"我国社会主要矛盾已经转化为人民日益增长的美好生活需要和不平衡不充分的发展之间的矛盾"①，其重要依据之一就是鉴于我国市场经济创新发展所取得的重大成就。

一方面，改革开放的40多年，随着市场经济体制的发展完善，我国社会生产的供给能力明显改善，经济发展的综合实力显著增强。比如，我国经济总量自2010年开始稳居世界第二，货物进出口和服务贸易总额均居世界第二位。尤其是党的十八大以来，我国大力实施创新驱动战略，加快转变经济发展方式，积极引领经济新常态，经济实力和综合国力再上新台阶。目前，我国制造业产值跃居世界第一位，首次超过了雄踞百年的美国，现代工业体系基本建成，"落后的社会生产"面貌已经基本改变，社会生产供给能力大幅提升。另一方面，改革开放40多年，随着我国社会主义市场经济的快速发展，我国居民收入连年增加，生活水平不断提高，大件耐用消费品已基本普及，绝大部分居民生活消费实现了由温饱型向以提高生活质量为主的宽裕型转化，由量的需求转向质的飞跃，部分居民开始向更高水平的小康生活迈进。城镇居民在满足高质量的物质生活的同时追求高层次、高质量的精神文化消费、教育、居住、交通、通信、医疗保健成为消费热点。人民生活水平不断提高，反映贫困与富裕程度的恩格尔系数呈逐年下降趋势。据国家统计局的相关数据显示，2016年，全国居民恩格尔系数为30.1%，比2012年下降2.9个百分点，接近联合国划分的20%～30%的富足标准。毫无疑问，我国市场经济体制经过40多年的改革发展，使当前社会主要矛盾在社会需求与社会生产这两个方面都发生了显著而深刻的变化。与改革之初相比，社会生产既有量的扩张，也有质的飞跃；而社会需求也由原先简单的单向度消费转为复杂的多层次消费，消费需求更加复杂多样。

市场经济作为"一种制度的过程"②，它自身的发展完善，也必将引起人们思想观念、行为方式、风俗习惯的深刻变化，这些变化与人们生活模式的选择密切相关。因而随着我国市场经济的发展完善，党的十九大报告提出"人民日益增长的美好生活需要"的重要论述，这里的"美好生活"，已经不是停留在能否"吃饱穿暖"的低层次生存需要，也不是仅仅停留在初步"有没有"的层面，而是在学有所教、劳有所得、

---

① 习近平. 决胜全面建成小康社会夺取新时代中国特色社会主义伟大胜利——在中国共产党第十九次全国代表大会上的报告［N］. 人民日报，2017-10-28（02）.

② 布坎南. 自由、市场和国家［M］. 北京：北京经济学院出版社，1988：88.

病有所医、老有所养、住有所居基础上更进一步的延伸与发展，追求更高的"好不好"的问题。也就是说，人民对美好生活的需要，不仅包括形式多样、质优价廉的物质需要，而且还包括丰富多彩的精神文化需要，以及各种各样的公共服务需要、表达利益诉求的政治需要、公平正义的法治需要以及绿色健康的生态需要等多个方面，通过不断满足上述需要，使人民拥有更多获得感、幸福感。

不可否认的是，虽然改革开放 40 多年，我国社会生产力迅速发展，生产供给能力大大提高，但生产力的布局仍不平衡，生产力的总体发展水平还不充分，不能够很好满足14 亿多人民对各种不同品质的产品、服务的需求，尤其是民生领域还存在不少短板。在我国社会主义市场经济迅速发展的过程中，仍然存在诸多发展不平衡的现象，比如收入分配不平衡、城乡区域发展不平衡、经济建设和生态环保不平衡等，这些不平衡既是我国生产力发展不充分的具体表现，也是我国社会主义市场经济体制不完善的现实反映。

应当强调的是，在新时代背景下，虽然我国社会主要矛盾发生了转换，但我国仍处于并将长期处于社会主义初级阶段的基本国情没有变，也就是说当前我国社会主要矛盾的转化是在社会主义初级阶段内基于"量"的积累基础上所发生的部分"质"变，而不是超越这个历史阶段所发生的根本性变化。这是因为在现阶段，我国与世界上其他发达国家相比，自主创新能力还不强，经济发展质量和效益还有待改善，实体经济发展水平存在差距，社会文明水平尚需提高，国家治理体系和治理能力有待加强。进一步看，我国仍处于社会主义初级阶段还反映在制度建设不够成熟、市场体制还不完备，统一开放的现代化市场体系还未最终形成，在各方面使市场体制更加成熟定型，把市场配置资源的优势和社会主义的制度优势充分发挥出来，还有较长的路要走。当然，重申我国处于社会主义初级阶段的现实国情没有发生根本改变，与我国发展进入新时代的判别并不抵牾。新时代是社会主义初级阶段的新时代，是我国在发展完善社会主义过程中所表现出来的阶段性特征。在社会主义初级阶段跃升到一个新的发展水平上，中国市场经济发展所取得的极大历史性辉煌成就，彰显了科学社会主义的生机活力，使中国社会主义市场经济成为 21 世纪马克思主义政治经济学的重要理论内核，进一步增强了我国在全球经济治理中的制度性话语权。

5.2　开启全面建设社会主义现代化国家新征程的必然要求

5.2.1　发展市场经济是中国社会主义现代化的必经阶段

现代化是人类文明进步的重要标志，是基于科学技术的进步及其广泛应用，现代生产力导致社会经济加速发展和政治、文化、思想观念等社会适应性变化的社会变迁、社会转型和社会发展。具体说来,这是以现代工业、科学和技术革命的推动力,引起传统的农业社会向现代工业社会的大转变,是工业主义渗透到经济、政治、文化、思想各个领域并引起深刻变革的过程,是人类社会发展不可逆转的大趋势。这场持续而深刻的社会大变迁,是以经济现代化为基础,通过经济结构、经济体系、经济体制的现代化为纽带来逐步推动全社会的现代化。市场经济作为人类迄今发现的最有效的资源配置形式,能够促进生产力的迅速发展,成为各民族从农业社会转向工业社会的重要通途,而现代工业社会的形成,又加速了市场交换关系在时空维度的深入拓展,以此带动全社会的现代化。

5.2.1.1 市场经济是促进社会变迁的重要动因

市场机制作为市场主体配置资源的方式和调节各种生产要素的组织机制,在推动社会生产力迅速发展的同时,会引起所有制结构的调整变化,进而引起生产关系得到实质性的调整变化,使社会的现代化变迁不再囿于现存的社会秩序之中,呈现为简单的政权更迭的历史循环过程。尤其是在社会学的视域中,市场经济体制对社会变迁的作用力之大是前所未有的,其社会功能是多维的,这主要表现在以下方面:

(1)市场经济的发展将会加速社会流动。因为商品流通是社会流通的加速器,商品辐射的半径就是社会流动的半径,商品交换的频率就是社会流动的频率。现代市场经济的集团化、国际化、一体化,决定了社会流动以市场为渠道,导致结构流动、代际流动、水平流动、垂直流动的加速。市场主体之间的互动,汇合成为大流量、高速度的社会流动,这恰是社会发展的现代性取向的重要参照坐标。

(2)市场经济的发展将会促使社会关系的不断完善。社会关系可以分为以血缘、地缘为基础的"首属关系",以事缘、业缘为基础的"次属"关系。首次之分是相对确定的,又是可以转化的。在市场经济体制的演化过程中,这两种社会关系呈现出此消彼长,"首"消"次"长之势。次属关系突出,业缘关系显著,这是社会现代性的又一表征。同时,市场经济运行所强调的平等意识,将进一步弱化"首属关系",使人们摆脱人身依附,在走向市场的过程中形成更加复杂多样的社会关系。

(3)市场经济的发展将促进社会结构的分化整合。市场竞争归根到底是人的竞争,是人的素质的竞争,这种竞争导致优胜劣汰,使传统社会结构在市场大潮的冲击下逐渐解体,社会各阶层站在市场跑道上重新排队组合,加之市场经济承认消费者的自主权,使资源的流动性显著增强,以职业分化为主体的各种社会分化成为必然,产生了各种新型的经济社会组织和职业群体,并产生了新的社会集团和分层标准,各阶层之间的地位差别、数量增减、历史作用都在重新确定。

（4）市场经济的发展将有利于社会规范的更新改进。市场经济注重经济活动的高效率，要求市场主体遵循统一的秩序和规则，维护平等竞争，通过"合意"契约和公平裁决来确认主体权利，协调主体行为，实现资源的有效配置。这就要求各种经济活动主体遵循相应的制度规范，确保经济活动在法制的轨道上运行。同时，市场经济所蕴涵的商品观念、效益观念、时间观念、法制观念和社会参与等观念的形成，大为改变了人们的总体价值观念和思维方式，推动了社会思想的进步，并借助现代传媒手段得以迅速传播和扩散，从而不断更新社会观念和社会道德，形成新的社会生活方式与习俗。

5.2.1.2　发展市场经济是促进人的现代化的重要途径

由于人的本质是一切社会关系的总和，因而人的现代化的实质就是建立在更高发展层次之上的"人的社会化"，即人的现代化不仅仅是随着自身生产能力的提高而成为自然的主人，而且更在于成为自己相互结合的社会关系的主人。由于我国仍处于社会主义初级阶段，自给自足的自然经济、半自然经济仍然占有较大比重，欠发达地区的社会生产力仍然较为落后，传统农业社会和计划经济体制中的人身依附关系仍然以不同形式表现出来，这既反映了我国当前人的社会化程度还不够高，同时又表明促进人的现代化还存在诸多滞塞，而大力发展现代市场经济则是突破自然经济的束缚、促进人的现代化的重要途径。

商品是天生的平等派，商品经济社会是独立主体即商品生产经营者进行自由买卖的聚合体。现代市场经济作为高度发达的商品经济，随着社会化生产的渐次展开而把人从自然经济和传统计划经济体制下的人身依附关系中解放出来，成为独立的社会主体，进而促进人的现代化。首先，市场经济在优化资源配置、促进生产力发展的过程中，要求每个市场主体独立自主地进行商品生产和市场交换，这将彻底打破原有社会中的特权关系和人身依附关系；同时，在价值规律的指引下，为了避免被市场所淘汰，要求商品生产者进行深入学习研究，强化科技知识的训练，以不断提高劳动生产率，这将有利于增加市场活动主体的平等意识、独立品格、创新观念以及科学精神等，从而使人越来越展示自己的丰富性。其次，市场经济作为一种开放型的交换经济，随着市场交换空间的拓展，促使人们交往的频率越来越快，交往的层次、内容及方式也更加丰富多样；在这种新型的交往网络中，人的开放意识、竞争意识将逐步增强，人的社会化程度也将不断提高。再其次，随着市场经济的发展、经济活动和交往方式的多样化，人们的生活需要大为改变，同时，市场经济所带来的日益丰富的物质精神产品，在为人的现代化奠定坚实基础的同时，又从观念、精神、目的等方面形成更高层面的人的现代化主观愿望。最后，市场经济的发展完善将会带来社会生产力的迅速提高，使人们摆脱日益繁重的体力劳动和束缚个性的社会分工，增加人们按照自己意愿进行工作生活的"自由时间"，自由时间的增多，将使人的个性得以充分展现，进而在人的能力全面发展的基础上实现人的现代化。

当然，由于市场经济的逐利性及其固有缺陷，在一定程度上也对人的现代化产生了消极影响。但我国市场经济的社会主义制度优势能够有效缓解并弱化人与物的相互对立。一方面，公有制的主体地位和共同富裕的价值取向既消除了传统计划体制下"人"的贫困化，有效改善人的各方面关系，又能够克服市场原教旨主义所带来的人与人之间相互关系的异化，从而较好地保障我国人民在社会发展中的主体地位，使人在生产力发展的基础上不断改善并提高其社会关系的现代化程度。另一方面，由于受公有制"普照的光"和社会主义核心价值观的规导，市场经济的逐利性和拜物倾向将会受到有效制约，消除滞塞人的全面发展的负面效应，进而把人的发展和社会发展有机统一起来，不断深化和拓展人的社会本性，为新时代背景下促进人的现代化开辟通途。

5.2.1.3 发展市场经济是中国社会主义现代化的必然取向

现代化是一个复杂的经济、社会变革过程，它不仅包括生产力的迅速成长，也包括经济运行机制、经济体制的变革以及社会思想文化从传统向现代的转化。可以说，现代化是一种普世文明，现代化的发展有一条普遍规律，即建立市场经济是实现现代化的客观要求，是治国、富国、强国的实现途径，是对现代化发展起决定性作用的制度因素。经济必须按市场的规律运行，即使计划也必须通过市场来实现[①]。任何国家，特别是发展中国家的经济发展，都面临一个基本经济问题，即：如何将有限的资源合理地配置于各种不同的用途，以最大限度地增加社会的福利。这里就有一个选择资源配置方式的问题，即建立什么样的经济体制。这是我国经济体制改革的核心，也是建设社会主义的重大问题。

一方面，中华人民共和国成立前，我国是一个半封建半殖民地的社会，没有经历独立的发达的资本主义阶段，商品经济极不发达，自给自足的自然经济占据统治地位。中华人民共和国成立后，我国于20世纪50年代仿效苏联模式建立起高度集中的计划经济体制，在相当长的一个时期内发挥了重要作用。但是随着社会主义事业的发展，中国现代化建设的历程表明，单一的计划经济阻碍了生产要素的有效流动，对经济结构

---

① 陈群. 中国现代化史纲（下卷）[M]. 南宁：广西人民出版社，1998：169.

的现代化产生了负面影响，使社会主义经济失去了应有的活力。而在国家宏观调控下的现代市场经济，克服了原有市场经济的弊端，在充分调动生产者的积极性的同时，避免了经济的周期性波动，有力地推动了经济发展和社会进步，并被世界各国的实践所证明，是符合现代化本质要求，能够推动现代化发展的有效体制。20 世纪 70 年代末期，当高度集中的计划经济体制不再适应中国社会生产力的发展要求、成为中国推进现代化的体制束缚时，邓小平从我国实情出发，对马克思经济进行创造性运用与发展，提出"社会主义也可以搞市场经济"的新论断，主张通过对内改革传统的计划经济体制和对外开放，逐渐完成对原有计划经济体制的改造，从而实现了把社会主义的制度优越性和市场配置资源的有效性结合起来，最终确立了社会主义市场经济体制。这一体制既注重生产效率、又追求社会公平，既强调对资源的合理配置，又关怀人的全面自由发展，从而内在地促进了各种生产力要素的现代化，包括"物"的要素和"人"的要素、硬件要素和软件要素的现代化，有利于做到各种生产力要素之间的结构合理化，充分发挥生产力系统的整体功能，为不断推进中国现代化的发展找到新的体制依托和推动力量。

另一方面，社会主义经济发展要求实现经济的社会化、市场化和现代化，而市场经济是经济的社会化、市场化和现代化的必然形式。实践已经证明我们可以跨越资本主义的充分发展阶段，直接进入社会主义阶段，但我们不能跨越商品经济的充分发展阶段直接进入生产力高度发达的现代化阶段；我们可以不重复资本主义商品经济发展道路，由小商品经济为主的经济发展阶段跨越自由市场经济和垄断市场经济发展阶段直接进入社会主义市场经济阶段，实现经济的社会化和现代化。因为社会主义与市场经济的结合，通过发挥二者的相对优势，有利于推进我国生产方式的现代化，这不仅使中国现代化有了雄厚的物质基础作保障，而且进一步深化了人们对"什么是社会主义、怎样建设社会主义"这一重大问题的认识，由此使得社会主义的实现形式更加丰富多样，这将有利于全球现代化朝着更加健康的方向发展。其次，市场经济作为一种等价交换的商品经济，在交换过程中它不承认任何等级特权，它所要求的是交换主体双方的自由平等，这将成为促进人的现代化的有利因素。中国人是实现这个现代化的主体，中国的现代化实质上是中国人的现代化，也是中国人实现的现代化。在中国现代化发展的关键时刻，社会主义市场经济体制的建立，强调人既是发展的主体，也是发展的目的，通过发展市场经济使全体人民最终实现共同富裕，在凸显中国现代化主体的同时，也为实现中国现代化扫清了体制障碍，提供了有利环境。

5.2.2 发展社会主义市场经济为全面建成小康社会提供坚实基础

人类社会作为一个有机整体，各生产要素、各经济部门、各地区经济相互联结形成社会经济结构。因此，在推进中国社会主义现代化的历史进程中，市场经济和全面建成小康是一体两面、有机统一的，前者既是后者的重要内容，同时又为后者提供坚实的物质基础。因为经济生活是人类社会生活的基础，是复杂社会系统中的主导力量。早在1986年邓小平就明确指出："所谓小康社会，就是虽不富裕，但日子好过。我们是社会主义国家，国民收入分配要使所有的人都得益，没有太富的人，也没有太穷的人，所以日子普遍好过。更重要的是，那时我们可以进入国民生产总值达到一万亿美元以上的国家的行列，这样的国家不多。[①]"可见，"小康社会"最基本的含义就是人民丰衣足食、安居乐业，生活比较富裕，而富裕的生活必须以坚实的物质为基础，以保持一定速度的经济增长为前提。因此，发展社会主义市场经济直接体现了"小康社会"的基本含义。党的十一届三中全会以来，在创立和完善社会主义条件下市场经济理论的过程中，伴随着传统计划经济体制的解构，我国的市场化改革不断深化拓展，市场在资源配置中的作用不断强化、范围不断扩大，使我国国民经济迅速发展，"在基数不断增大的情况下，2013~2016年国内生产总值年均增长7.2%，对世界经济增长的贡献率超过30%；同时经济结构也不断优化，2013~2016年，服务业比重从46.7%提高到51.6%，消费对经济增长的贡献率由47%提高到64.6%，常住人口城镇化率由53.7%上升到57.4%"[②]。这些重大成就的取得，为全面建成小康社会提供了坚实的物质基础，尤其是生产力的迅速发展，构成了我国全面建成小康社会的经济特质。

从人的发展视角来看，促进人的全面发展既是社会发展的最终目标，也是全面建成小康社会内在要求。在传统的计划经济模式下，人的主体性受禁锢而丧失；在资本主义的市场经济模式下，人的主体性被金钱所侵蚀；而在社会主义市场经济体制下，发展市场经济与实现社会公平正义紧密结合起来，使从事经济活动的个人可以按照市场规律来自由地组织生产和交换，充分展现经济行为主体的个性与才能，激发经济主体的创造力与社会活力，同时，追求共同富裕的社会主义本质要求，为实现人的全面而自由发展提供保证和奠定基础。通过不断完善社会主义市场经济体制，确保经济发展的成果福利公平正义地惠及每一个社会成员，使社会发展的"合目的性"与"合规

---

① 邓小平文选（第三卷）[M]. 北京：人民出版社，1993：161－162.
② 党的十九大报告辅导读本 [M]. 北京：人民出版社，2017：21－22.

律性"有机统一起来，在生产力发展的基础上实现人的全面发展。因此，我国市场经济的社会主义价值取向，决定了我国经济发展不仅要达到"总体小康"，而且还要在此基础上实现"全面小康"，最终实现全体人民的共同富裕。

特别是在当前我国经济发展进入新常态的宏观背景下，全面建成小康社会面临着体制机制、资源环境、思想观念等多方面的制约，发展不平衡不充分的一些突出问题尚未解决，民生领域仍存有不少短板。这就更加需要坚持以经济建设为中心，充分发挥市场在资源配置中的决定性作用，增强经济发展内生动力，在促进生产力发展的基础上增加更多公共产品和公共服务的有效供给，把经济社会发展与促进人的全面发展有机统一起来，进而与全面建成小康社会的各个方面交叉互动，实现市场配置资源的帕累托最优与全面建成小康社会各个指标体系的协调一致。从"人民生活达到小康"到"全面建设小康社会"，再到"全面建成小康社会"，清楚展示我们党在小康社会建设问题上的认识脉络，同时也深刻反映了我们党对市场经济的认识和把握在不断深化，在市场经济发展的不同阶段所提出的目标更具连续性和针对性。同时，在全面建成小康社会基础上所要实现的更高水平的共同富裕，将在更高价值层次上充分展现社会主义的本质属性，从而区别于以英美国家为代表的市场模式所引致的两极分化，彰显社会主义市场经济的优越性。

总之，发展完善社会主义市场经济与全面建成小康社会是相互促进、相辅相成的，它们共同统一于实现中华民族伟大复兴中国梦的历史进程中。一方面，随着我国市场经济的发展完善，各种资源得到了优化配置，全要素生产率不断提高，社会生产力迅速发展，为全面小康社会奠定了坚实基础，同时，全面建成小康社会的关键就在"全面"二字，这里的"全面"就包括经济、政治、文化、社会、生态等各个方面，因而发展完善我国的市场经济本身就是全面建成小康社会的内在应有之意。另一方面，全面建成小康社会要求社会各方面全面协调发展，在这一过程中将对市场经济进行调试与校正，以便扬长避短，进而更好地实现与社会主义的兼容融合；与此相关，实现全面建成小康社会的基本目标，也是对我国市场经济发展成效的现实测查，它表明社会主义可以利用市场经济优化资源配置的内在优势，在促进社会生产力迅速发展的基础上，不断改善社会主义生产关系，使全体人民共享改革发展成果，最终逐步实现共同富裕。

5.2.3　发展社会主义市场经济是推进国家治理现代化的重要内容和途径

发展完善社会主义市场经济，必须充分发挥市场配置资源的决定性作用和更好发挥政府作用，减少政府对经济的不当干预，大力推进规制型和服务型政府建设，实现政府、市场与社会的协同共治，为推进国家治理朝着现代化的方向发展提供可靠的体制机制保障。而国家治理现代化又要求摒弃传统的国家统治，把完善制度和维护公共秩序置于同等重要地位，尤其是在经济治理过程中，要求政府对市场经济主体的各种经济活动进行现代化调节。因而，发展完善社会主义市场经济，既是我国作为一个现代化国家的必然要求，又是推进国家治理现代化的重要途径，并起着关键作用。

5.2.3.1 推进国家治理现代化是经济发展市场化的时代要求

如何协调处理好政府与市场的关系问题，是整个经济体制改革的核心问题，贯穿于我国社会主义经济建设全过程。中华人民共和国成立以来，人们在对社会主义进行认识和建设的过程中，囿于传统思想的局限与束缚，我国选择了计划经济体制。改革开放40多年，在推进马克思主义经济学中国化第二次飞跃的过程中，基于对传统计划经济弊端的理性认知，我国最终确立了社会主义市场经济体制的改革目标。这种与世界主流经济运行模式交融勾连的选择结果，必然引起国家治理的新变化。

首先，经济发展的市场化赋予国家治理新职能。随着市场经济的发展，各种社会资源得到了优化配置，各种物质产品大为丰富，也让交换和消费变得更加自由，这将促使政府职能发生相应转变。尤其是党的十八届三中全会提出的"中国特色市场决定论"，进一步明晰了我国推进市场化改革的新方向。为充分发挥市场配置资源的决定性作用，政府不断深化审批制度和工商登记制度改革，建立权力清单，以减少政府的不当干预，充分激发市场主体的活力和创造力。可见，随着我国经济发展的市场化改革推进，政府在重视经济发展的同时，更应做好监管服务，不断提升公共产品的有效供给，协调好政府与市场的关系，而厘清政府与市场各自的功能正是我国国家治理现代化的题中之意。

其次，经济发展的市场化需要国家治理新思想。改革开放以来，随着人们对社会主义认识的不断升华，我国实现了从传统计划经济体制向现代市场经济体制的华丽转身，并逐步确立了市场在国家治理中的重要作用。随着市场经济的不断发展，我国社会生产力也得到了迅速提高，但由于市场经济的固有弊端，加之我国的各项体制不完善，我国在发展市场经济的过程中也衍生出了诸如贫富差距扩大、思想道德滑坡、生态环境恶化等系列社会问题。这就要求必须对原先侧重于经济治理的理念进行调适，使国家的治理逐步转向以实现经济、政治、文化、社会和生态环境全面协调发展的新的目标上来。尤其是随着市场配置资源起决定性作用的发挥，深化市场经济体制改革所需要的法治化、制度化和民主化也必然得到进一步发展，从而促使国家治理朝着现代化的方向发展。而国家治理现代化的提出正是对传统治理思维和治理观念的革新，其实际也就是国家治理的法治化和民主化。

最后，经济发展的市场化孕育国家治理新结构。市场经济的不断发展，有力地推动了国家治理主体的多元化，为实现国家治理现代化培育了主体条件，主要表现在：一方面，由于市场经济的发展，客观上要求企业成为独立自主的商品生产经营者，而不是政府机构的附属物，即企业的生产经营不受政府的直接干预，企业是自主经营、自负盈亏的市场竞争主体，这就使得传统计划体制下政企不分的"一元化"结构被分化消解为具有竞争性的分散的多元主体结构。同时，随着市场经济的发展，人们的权利意识、法治意识、平等意识大为提高，进一步强化了政府治理中的制度色彩，使得传统计划体制下的命令型行政管治方式将被参与合作的治理方式所取代。另一方面，市场经济的逐利机制促使人们创造财富的动力充分迸发，人们将摆脱传统计划经济的体制束缚，不断走向市场以展现自己的个性，从而形成多元化的利益主体，促使国家治理的结构主体更加丰富多样。

5.2.3.2　发展社会主义市场经济是推进国家治理现代化的重要内容

所谓国家治理现代化，主要是指国家治理体系和治理能力适应现代社会发展要求的进化过程，在发展完善中国特色社会主义制度的基础上，逐步把我国建设成为富强、民主、文明、和谐、美丽的社会主义现代化强国。可见，推进国家治理现代化，是坚持和发展中国特色社会主义的必然要求，它涉及经济、政治、文化、社会、生态文明等各个领域建设与治理的现代化，是社会有机体的各部分、各要素协调互动、有机结合而形成的宏大系统。在这一系统架构中，经济治理是国家治理的重要组成部分，因为政府与市场的关联互动都与上述五个领域紧密相关，并在资源配置过程中直接参与各领域体制机制的发展变革全过程。建设和发展中国特色社会主义的实践经验表明，政府和市场作为社会经济活动的两大主体，推进经济治理现代化就是用现代化的理念与方式来协调处理政府与市场之间的关系。

因而，从推进我国经济治理现代化的视角来看，要持续保持我国经济健康发展，为全面推进社会主义现代化建设奠定坚实基础，就必须推动经济发展质量变革、效率变革、动力变革，提高全要素生产率，从简单追求速度转向坚持质量第一、效率优先。而要实现经济由高速增长转向高质量发展，就必须坚持市场化改革方向，更好发挥市场配置资源的决定性作用，大幅减少政府对资源的直接配置，这是发展阶段变化后的历史选择。要大力推进创新驱动发展，加快重大科技创新成果的转化运用，通过完善产权制度与开放创新，更好发挥激励市场主体的创新活力和创造活力，在更加尊重市场规律的基础上，不断完善市场体系和价格机制，加快完善城乡发展一体化体制机制，完善财税体制、金融监管体制、社会保障体制，通过深化行政体制改革、创新宏观调控方式，从宏观上不断提高全社会资源配置效率、经济整体竞争力和经济增长的可持续性，从而使社会主义市场经济体制更加成熟完善。唯有如此，才能实现目标中提出的到2035年"各方面制度更加完善"，以及2050年"实现国家治理体系和治理能力现代化"。

推进国家治理现代化，我们既要遵循一般现代化的规律，同时又要注重发挥社会主义制度的优越性。党的十一届三中全会以来，我国通过政策调整和制度创新，不断变革所有制，推进公有制实现形式的多样化，形成了有效激励市场主体和充分利用国际国内市场的体制机制，在此基础上终结了中国几千年的自然经济，基本实现了经济制度的现代化。即妥善处理资本与劳动的关系，把技术进步和扩大就业有机地统一起来，不断提高劳动参与分配的能力，使市场经济在社会主义的制度架构内沿着共同富裕的方向进行，确保全体人民共享改革发展的全部成果。经过长期努力，中国特色社会主义进入了新时代，发展不平衡不充分问题已经成为满足人民美好生活需要的制约因素，我国经济已经由高速增长阶段转向高质量发展阶段。因而，在党的十九大报告中并没有提及增长速度的数量指标要求或"翻番"类指标，就是为了更好引导各方面贯彻好新发展理念，把发展的注意力放到提升经济发展的质量和效益上来，通过完善我国的市场经济体制来不断推进国家治理现代化，逐步构筑起一个适应新时代发展需要的有效的国家治理结构。

同时，发展现代化的市场经济不仅是现代化的重要内容，而且是现代化的基础和动力。没有经济的现代化，就没有全面的现代化。而全面建设社会主义现代化国家，是我们党在全面建成小康社会奋斗目标完成之后新的奋斗目标，是我国社会主义现代化建设"三步走"总体战略的继续和深入。在党的十九大报告中，习近平总书记将全面建设社会主义现代化国家分为两个阶段来安排："第一个阶段，从二〇二〇年到二〇三五年，在全面建成小康社会的基础上，再奋斗十五年，基本实现社会主义现代化。第二个阶段，从二〇三五年到本世纪中叶，在基本实现现代化的基础上，再奋斗十五年，把我国建成富强民主文明和谐美丽的社会主义现代化强国"[①]。这一重要论述刻画了我国经济社会发展的世纪宏图，是实现中华民族伟大复兴的战略指南，使我国未来的发展目标和发展路径更加明晰，这也是新时代中国特色社会主义发展的战略安排，

---

① 习近平. 决胜全面建成小康社会夺取新时代中国特色社会主义伟大胜利——在中国共产党第十九次全国代表大会上的报告 [N]. 人民日报, 2017 – 10 – 28 (03).

是贯彻习近平新时代中国特色社会主义思想的行动纲领，有利于促进社会主义市场经济发展完善的连续性。因为国家治理现代化作为治理体系和治理能力现代化的有机统一体，是整个国家现代化大业的重要组成部分，而经济治理现代化又是国家治理现代化的重要组成部分和核心子系统，随着全面建设社会主义现代化国家的展开，我国的国家治理模式将逐步转化为交联互动、协同共治，必将使政府与市场的关系发生相应的调整变动，使二者从配置的结构性变化转向现实的功能性变化，进而使我国的市场经济体制更加成熟和定型。

5.2.3.3　完善社会主义市场经济是推进国家治理现代化的重要途径

党的十九大报告指出，在全面建设社会主义现代化的第一阶段（2020～2035 年），经过 15 年的奋斗，要使我国的"各方面制度更加完善，国家治理体系和治理能力现代化基本实现"[①]。而要实现这一宏伟目标，推进国家治理现代化，就必须在全面深化改革的过程中，妥善处理好政府与市场的关系，把市场配置资源的决定性作用和更好发挥政府作用有机结合起来，推动政府与市场的分工协作，有序发展。

一方面，发挥市场配置资源的决定性作用，是市场经济的一般规律，即在市场经济活动中，各种商品或生产要素的价格都由市场自主决定，政府不能随便进行直接干预。这就要求深化行政审批制度改革，有效遏制政府权力的过度膨胀，大幅减少政府对资源的直接配置，把原本属于市场的权力从政府手中剥离出去以归还给市场，给予市场主体以充分的活动自由；通过深化全面从严治党，不断消除政府部门和公职人员中存在的诸如官僚主义、奢靡之风等不良习气，为构建"亲""清"的新型政商关系创造良好氛围。同时，发挥市场配置资源的决定性作用，需要消除地方政府的保护主义，清除部门行业垄断所导致的市场碎片化，积极构建统一开放、竞争有序的现代市场体系，使市场的价格机制、供求机制、竞争机制、调节机制得以充分发挥作用，这将为促进经济治理的现代化提供良好的体制机制保障，进而有利于实现国家治理的现代化。

另一方面，市场在资源配置中只是起决定性作用，而不是起全部作用，更不是不要政府的作用，因为"科学的宏观调控，有效的政府治理，是发挥社会主义市场经济体制优势的内在要求"[②]。因而，为了"更好地发挥政府的作用"，就必须切实转变政府职能，创新行政管理方式，在厘清政府与市场各自边界的基础上，使政府的治理方

---

①　习近平. 决胜全面建成小康社会夺取新时代中国特色社会主义伟大胜利——在中国共产党第十九次全国代表大会上的报告 [N]. 人民日报，2017－10－28（03）.

②　习近平. 习近平谈治国理政 [M]. 北京：外文出版社，2014：77.

式从全能干预型向规制服务型转变,从而为释放市场活力提供有效规制和制度供给。基于政府规制的领域不同,政府在进行经济治理的过程中可以采取的政策工具如图5.3所示。

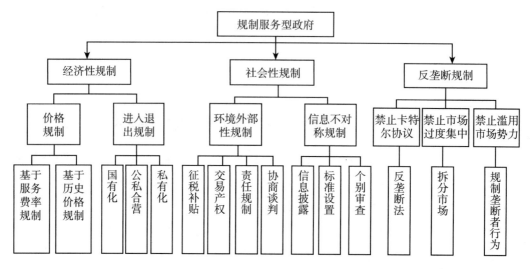

图5.3 政府规制的政策工具

从图5.3可以看出,通过各种政策工具的协调搭配运用,可以矫正市场失灵,减少政府对经济活动的直接干预,促进资本、劳动、技术等各种生产要素在市场上自由流动;同时,由于政府规制政策工具的多样化,从根本上改变了政府职能的全能主义,在使政府职能得到妥善定位的基础上推进政府与市场的分工协作,减少政府对经济的负面干预,有效提升政府在宏观调控手段、区域协调发展、产业结构调整等方面的现代化水平,这将促使政府的经济治理能力大为提高,进而为推进国家治理现代化奠定坚实基础。

5.2.4 发展社会主义市场经济是实现中华民族伟大复兴的必由之路

"在中国这样一个经济文化十分落后的国家探索民族复兴道路,是极为艰巨的任务"[①]。回首近代以来中国人民探索民族和国家出路的艰辛历程,先进的中国人最初的选择是走西方的道路:从魏源提出"师夷长技以制夷"到张之洞提出"中学治身心,西学应世事";从康有为"以俄国大彼得之心为心法,以日本明治之政为政法"的变法维新到孙中山"取法西人的文明而用之"的三民主义,尽管各派人物的政治态度和具

体主张各不相同，但都是选择走西方的路，然而却未能找到救国救民的真理。"这个历史告诉我们中国走资本主义道路不行，中国除了走社会主义道路没有别的道路可走。"①

在历史的转折关头，"十月革命一声炮响，给我们送来了马克思列宁主义。……走俄国人的路——这就是结论"。② 以毛泽东为核心的中国共产党第一代中央领导集体，领导中国人民建立了中华人民共和国，建立起社会主义制度，开展了大规模的社会主义建设，在极端困难的情况下，建立起了独立的、比较完整的工业体系和国民经济体系，初步改变了旧中国"一穷二白"的面貌，并积累了像中国这样"跨越卡夫丁峡谷"后的东方大国如何开始社会主义建设的重要经验，从而"为新的历史时期开创中国特色社会主义提供了宝贵经验、理论准备、物质基础"③。遗憾的是，中国在后来的探索中，又在苏联模式的框架下，搞了"大跃进""人民公社""文化大革命"等极"左"实践，企图通过行政命令配置资源，绝对否定和排斥市场的作用，因而严重脱离了中国社会主义所处的发展阶段，违背了经济和社会发展的规律，结果阻碍了生产力的发展，导致"中国社会从一九五八年到一九七八年二十年时间，实际上处于停滞和徘徊的状态，国家的经济和人民的生活没有得到多大的发展和提高。④"

党的十一届三中全会后，以邓小平为代表的中国共产党人，在过去社会主义建设经验的基础上，总结国际社会主义实践的正反两方面经验，带领中国人民找到了一条有中国特色社会主义的道路，开创了改革开放的新时期。在邓小平理论指引下，我们彻底打破了把计划经济和市场经济看作是社会制度范畴的束缚，破除了姓"社"与姓"资"的理论纠葛和认识误区，在发展生产力和改善生产关系的基础上，开始把市场配置资源的有效性和社会主义制度的优越性进行兼容结合，逐步摆脱苏联模式的束缚，探索出符合中国国情且具有中国特色的市场经济改革道路。在此基础上，党的十四大确立了我国市场经济体制的改革目标。在随后十多年的改革历程中，社会主义市场经济体制在我国已基本建立起来，党的十六届三中全会通过的决定，为我国进入新世纪后推进市场经济体制的完善指明了方向。经过 40 多年的努力，我国社会生产力加速发展，综合国力极大增强，人民生活水平普遍提高。这不仅为国家长治久安打下了新的基础，而且为中华民族的伟大复兴找到了正确的道路。实践证明，建立社会主义市场经济体制是我国经济振兴和社会进步的必由之路，是一项前无古人的伟大创新⑤。

党的十八大以来，以习近平同志为核心的党中央坚持改革开放，坚持走社会主义市场

① 邓小平文选（第三卷）［M］. 北京：人民出版社，1993：206.
② 毛泽东选集（第四卷）［M］. 北京：人民出版社，1991：1470 – 1471.
③ 中共中央文献研究室. 十八大以来重要文献选编（上）［M］. 北京：中央文献出版社，2014：8.
④ 邓小平文选（第三卷）［M］. 北京：人民出版社，1993：237.
⑤ 中共中央文献研究室. 十四大以来重要文献选编（上）［M］. 北京：人民出版社，1996：520 – 521.

经济改革道路，充分尊重市场、依靠市场，从我国经济建设全局出发，在准确把握我国经济发展进入新常态的现实基础上，提出了中国特色社会主义"市场决定论"，即发挥市场资源配置中的决定性作用，更好发挥政府作用。这一论述注重厘清政府与市场的边界，强调只要是市场能做的，都应交给市场，政府不得进行不当干预；政府的主要职责在于制定法规、维护公平、优化服务，弥补市场缺陷，这必将最大限度激发微观主体活力和创造力。同时，习近平总书记还提出要坚持以人民为中心的发展思想，并把"供给侧结构性改革"作为我国经济发展的主线，强调"供给侧结构性改革的根本，是使我国供给能力更好满足广大人民日益增长、不断升级和个性化的物质文化和生态环境需要，从而实现社会主义生产目的"①，这些重要思想举措彰显了集体主义和共同富裕的理念，使中国的发展越来越成为包容和分享的过程，改革发展的成果更多更公平地惠及全体人民，中国梦日益成为现实。"在新思想的引领下，2013～2015年，国内生产总值年均增长7.3%，在世界主要经济体中名列前茅，明显快于同期世界经济2.4%左右的年均增速。我国经济体量持续扩大，增量尤为可观，对世界经济增长的贡献超过25%。现在经济每增长1%，相当于5年前增长1.5%、10年前增长2.5%"②。可以说，现在"我们比历史上任何时期都更接近中华民族伟大复兴的目标，比历史上任何时期都更有信心、有能力实现这个目标。③"

5.3　建设现代化经济体系的体制基础和制度保障

5.3.1　现代化经济体系在中国特色社会主义发展中的时代内涵

建设现代化经济体系，标志着中国正式开启全面建设社会主义现代化国家的新征程。国家强，经济体系必须强。党的十九大提出"现代化经济体系"这一具有创新性的重要范畴，并将其作为新时代中国特色社会主义经济建设的重大战略，这对于促进我国经济转向高质量发展阶段、加快建设社会主义现代化强国具有深刻影响。

5.3.1.1　现代化经济体系提出的现实依据

随着中国特色社会主义发展进入新时代，我国经济建设也进入一个新阶段。在此

---

① 习近平. 习近平谈治国理政（第二卷）［M］. 北京：外文出版社，2017：252.
② 国家统计局党组. 治国理政新实践创新发展新篇章——党的十八大以来我国经济建设取得的成就和经验［J］. 求是，2016（5）.
③ 习近平. 在纪念孙中山先生诞辰150周年大会上的讲话［N］. 人民日报，2016－11－12（02）.

情形下，建设现代化经济体系是我国主动适应新时代变化的必然要求，也成为新时代我国现代化建设的重要任务。我国通过全面深化改革，经济社会等各方面发生了历史性的跨越，由此对经济建设的总纲领提出了新的要求，使建设现代化经济体系既重要而紧迫，又具有现实的条件基础。

首先，建设社会主义现代化强国需要现代化经济体系。自近代以来，推进和实现中国现代化是无数仁人志士孜孜以求的奋斗目标。中华人民共和国成立后，以毛泽东为代表的中国共产党人在推进马克思经济学中国化的历史进程中，就我国如何实现工业化、现代化的重大问题进行了艰辛探索，并在 1954 年召开的全国人大一届一次会议上提出了实现"四个现代化"的目标，由此开启了中国建设社会主义现代化的先声。1978 年以来，随着我国生产力的不断发展，在邓小平提出的"三步走"战略目标中明确提出到 21 世纪中叶要基本实现社会主义现代化，以后党的历次代表大会都对此作了强调和完善。党的十九大根据改革开放近 40 年来我国社会生产力的迅速发展和经济社会的深刻变革，对我国全面建设社会主义现代化强国做出了"两步走"的战略安排和部署。可以说，社会主义现代化强国是在生产力高度发达的基础上大力推进经济、政治、文化、社会、生态等各个方面在内的全面现代化，是社会各要素都已实现现代化的有机统一体。其中，经济现代化是整个现代化的基础和核心，没有经济的现代化，就不可能实现整个国家的全面现代化。这就要求我们始终坚持以经济建设为中心，大力建设符合现代化标准的经济体系，从而为全面建成社会主义现代化强国提供雄厚的物质基础和有力的体制支撑。

其次，传统发展模式面临挑战，需要建设现代化经济体系。改革开放 40 多年，虽然我国经济发展取得了举世瞩目的伟大成就，但经济发展方式还没有实现根本性转变，仍然存在城乡、区域发展不协调，投资、消费关系失衡。一方面，从宏观层面来看，当前我国经济结构的整体水平还不高，大量"僵尸企业"的存在严重影响了我国产业结构调整和优化升级。值得注意的是，在新一轮产业结构调整过程中，由于我们过多承接了发达国家产业和技术转移，事实上是在不断地复制落后，这同样会影响我国经济发展的整体质量与效益。同时，在我国开放过程中，很多产业在大量引进外资的同时，也牺牲了自主品牌和失去自主创新能力，一定程度上使得国民经济的创造力和竞争力被严重弱化。另一方面，我国人口众多、资源相对不足，生态环境承载能力弱，特别是随着我国经济快速增长和人口的不断增加，能源、水资源、土地资源、矿产资源不足的矛盾越来越尖锐，传统粗放型发展所引致的各种环境污染日益严重，与人民对美好生活的需要相去甚远。只有摆脱传统发展方式的束缚，提高经济发展的质量和效益，不断加快现代化经济体系的建设步伐，才能顺利跨越经济发展中所面临的各种

"陷阱", 为全面建成小康社会奠定坚实基础。

再其次, 国际经验表明我国迫切需要建设现代化经济体系。从当前世界主要发达国家的现代化历程来看, 现代化的目标是随着社会发展程度的进步而不断提升的, 大体上要有发达的科技、现代的管理以及成熟的制度体制。以美国为例, 美国的工业化像英国一样, 也是从纺织业开始的。由于美英之间的特殊联系, 美国可以从英国引进现成的机器设备。但是, 美国的企业家很快就表现出了自己的创造性, 使美国工业迅速发展, 主要表现在各种车床、刨床、旋床以及模具和刀具被先后改进、提高, 并大规模推广使用, 从而推动了机器的生产, 美国机器制造业的显著特点是生产的标准化, 机器部件和零件规格一致, 精确度高, 易于寻找配件。因此, "美式零件"乐于被欧洲国家采用, 使美国的机器制造业一跃而位于世界前列。尤其是随着第二次工业革命的展开, 科学技术的突飞猛进为美国工业化插上了腾飞的双翅, 极大地提高了工业生产力。而科学技术的发展又进一步改善了美国的企业管理, 培养了一大批优秀的企业家, 为美国经济现代化提供了人才保障。到20世纪50年代, 美国已基本完成工业现代化。可见, 一国能否实现现代化的关键在于是否最终推进了经济体系的现代化, 使经济发展转向以科技为驱动力的高质量发展阶段, 从而顺利跨越"中等收入陷阱"。当前, 我国正处于全球产业价值链的中低端, 全要素生产率还不够, 只有依靠科技创新, 大力建设现代化经济体系, 才能使我国顺利进入高收入国家。

最后, 我国建设现代化经济体系已经具有良好基础。改革开放40多年, 我国社会生产力迅速发展, 经济实力和综合国力不断增强, 为我国建设现代化经济体系奠定了良好基础。从规模上看, 2016年我国经济总量稳居世界第二, 占世界经济比重达到14.9%, 人均国民总收入逐年提高, 2016年超过8000美元, 远高于中等收入国家平均水平①。从结构上看, 供给侧结构性改革外溢正效益显著。一方面, 随着供给侧结构性改革的深入实施使得低端供给和无效供给大幅减少, 产能过剩行业市场加速出清, 市场供求关系明显改善, 企业效益有所回升, 以2016年为例, 规模以上工业企业利润比上年增长8.5%, 主营业务收入利润率比上年提高0.19个百分点②; 另一方面, 供给侧结构性改革扩大了中高端供给和有效供给, 推动新技术新产业新产品不断涌现, 为经济持续健康发展注入了新的活力。从动能上看, "互联网+"行动深入开展, 基于移动互联、物联网、大数据、云计算的数字经济新业态、新模式蓬勃发展, 成为我国改造提升传统产业、培育经济发展新动能的有力支撑, 2012~2016年, 新产品销售收入对

---

①② 《砥砺奋进的五年》编写组. 砥砺奋进的五年: 从十八大到十九大 [M]. 北京: 中国统计出版社, 2017.

主营业务收入增量的贡献为 27.9%[①]。上述一系列重大成就的取得，为我国建设现代化经济体系奠定了坚实基础，提供了有利条件。

5.3.1.2　现代化经济体系的政治经济学解析

在马克思主义政治经济学的视域中，任何经济体系都是建立在一定生产方式基础之上的，是关于社会经济活动各方面、各要素、各环节的有机统一体。从生产力的维度来看，现代化经济体系应是能够促进生产力朝着现代化方向发展的经济体系，这就要求：一方面，现代化经济体系的建设，需要依靠科技创新，大力推进产业的转型升级，把实体经济与生产要素的开发有机协同起来，通过优化资源配置、提升全要素生产率来提高经济发展的质量；另一方面，建设现代化经济体系，需要通过激发人的活力和社会创造力才能实现，要培育和弘扬企业家精神，把"大众创业，万众创新"作为现代化经济体系的人才支撑。此外，建设现代化经济体系，必须牢牢把握新一轮世界产业革命和科技革命，在用先进科技提升生产经营的同时，也要用先进科技来改造和提升人们的生活消费方式，进而使社会生产和消费的各环节、各领域更合理地形成有机统一体，在生产与消费的协同发展中发挥其独特的凝聚力和创造力，为促进社会生产力的迅速发展提供不竭动力。

从生产关系的维度来看，现代化经济体系是要求在推进国家治理体系和治理能力现代化的基础上，实现经济活动的协调有序运转，这就必须构建市场机制有效、微观主体有活力、宏观调控有度的经济体制。同时，由于社会生产关系的性质决定了社会生产活动的目的及其运行方式，因而我国要建设的现代化经济体系是彰显社会主义本质属性的现代化经济体系，是包含先进生产关系建设的经济体系，其目标导向是实现社会主义现代化，为建设社会主义现代化强国提供有力支撑的经济体系。人民作为历史活动的主体，要坚持以人民为中心的发展思想，妥善处理好资本与劳动的关系，真正把以人民为中心的社会生产关系贯穿于现代化经济体系的建设全过程，确保社会主义扩大再生产得以顺利进行，使现代化经济体系的建设与更好满足人民对美好生活需要有机共容。

从生产方式的维度来看，现代化经济体系是能够促进生产力与生产关系良性互动的经济体系。为了确保二者的良性互动，协调运转，就需要革除不合理的体制机制，全面推进深化改革，在坚持"两个毫不动摇"的基础上，不断巩固完善我国的基本经济制度，大力夯实我国市场经济的体制基础和制度根基，同时使我国的产权保护制度

[①] 《砥砺奋进的五年》编写组 . 砥砺奋进的五年：从十八大到十九大 [M]. 北京：中国统计出版社，2017.

发展得更加完备，推动经济体制不断适应现代化的生产力。

可见，现代化经济体系的基本内涵十分丰富，它是经济发展过程中生产、交换、分配、消费等各环节、各要素之间相互联系、相互影响的经济系统，反映了经济发展质量、发展主线、发展动力、发展支撑、发展机制等诸多方面的现代化水平和状态，包含了经济主体、发展目的、发展路径、运行载体、管理方式等在内的立体化的有机统一体（如图 5.4 所示），是我国不断完善市场经济体制和全面建设社会主义强国的应有之意。正如习近平总书记在党的十九大报告中指出的那样，建设现代化经济体系"必须坚持质量第一、效益优先，以供给侧结构性改革为主线，推动经济发展质量变革、效率变革、动力变革，提高全要素生产率，着力加快建设实体经济、科技创新、现代金融、人力资源协同发展的产业体系，着力构建市场机制有效、微观主体有活力、宏观调控有度的经济体制"①。

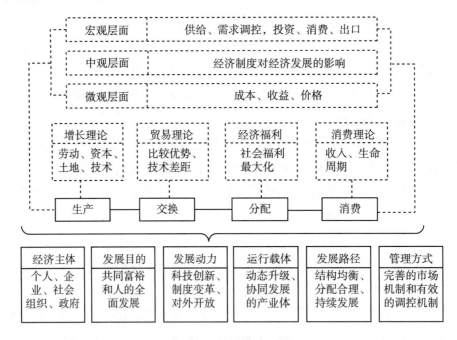

图 5.4　经济体系示意

5.3.1.3　现代化经济体系的时代意义

建设现代化经济体系完整地勾勒了我国经济转向高质量发展阶段的整体性思路，进一步深化了党对社会主义经济建设规律的认识，是习近平新时代中国特色社会主义

---

①　习近平. 决胜全面建成小康社会夺取新时代中国特色社会主义伟大胜利——在中国共产党第十九次全国代表大会上的报告 [N]. 人民日报，2017 - 10 - 28（03）.

经济思想的重要有机构件。在新时代背景下，加快建设现代化经济体系具有重大意义。

（1）建设现代化经济体系是我国开启全面建设社会主义现代化国家新征程的基本途径和重要支撑，国家要强，则经济体系必须强。因为建设社会主义现代化强国离不开生产力的现代化，离不开经济运行机制和经济制度的现代化。这就需要通过不断全面深化改革，完善社会主义市场经济体制，充分发挥市场在资源配置中的决定性作用，加快推进产业结构调整升级，提升全要素生产率，促进经济创新驱动发展，显著提高经济发展质量和效益，使我国的经济实力和综合国力得以稳固提升，从而为开启全面建成社会主义现代化强国创造有利条件，为实现现代化强国的宏伟目标提供雄厚的经济基础。

（2）建设现代化经济体系有利于化解我国新时代的社会主要矛盾。当前，我国社会主要矛盾已经转化为人民日益增长的美好生活需要和不平衡不充分的发展之间的矛盾[①]。从生产供给的角度来看，这一矛盾突出表现在"发展不平衡不充分"，"不平衡"主要是区域不平衡、城乡不平衡、收入分配不平衡，"不充分"主要是生产力发展的总体水平还比较低，现代产业的组织体系不完善。因此，要统筹解决好"发展不平衡不充分"的问题，实现发展方式的转型升级，在完善社会主义经济关系的过程中更好满足人民对美好生活的需要，就必须以"五大发展理念"为抓手，推进供给侧结构性改革，促进实体经济发展，坚持质量第一，贯彻稳中求进工作总基调，破除"唯 GDP论"的传统政绩观，不断转变经济发展方式，依靠创新驱动不断提高经济发展质量和效益，把促进经济发展与改善生态环境有机统一起来，既要"金山银山"，也要"绿水青山"，从而实现经济发展与民生幸福的双重合一，这正是推进现代化经济体系建设的应有之义。

（3）建设现代化经济体系有利于推进我国经济发展由高速增长阶段转向高质量发展阶段。习近平总书记在党的十九大报告中深刻指出："我国经济已由高速增长阶段转向高质量发展阶段，正处在转变发展方式、优化经济结构、转换增长动力的攻关期，建设现代化经济体系是跨越关口的迫切要求和我国发展的战略目标"[②]。这表明我国当前在经济发展过程中应更多关注发展的质量与效益，而非单纯的发展速度，唯有如此，才能实现我国经济发展再上新台阶。从我国经济发展现状来看，党的十八大以来，我国经济发展进入新常态，经济增速转轨，由高速增长转为中高速增长，1979～2012 年

---

① 习近平. 决胜全面建成小康社会夺取新时代中国特色社会主义伟大胜利——在中国共产党第十九次全国代表大会上的报告 [N]. 人民日报，2017 - 10 - 28 (02).

② 习近平. 决胜全面建成小康社会夺取新时代中国特色社会主义伟大胜利——在中国共产党第十九次全国代表大会上的报告 [N]. 人民日报，2017 - 10 - 28 (03).

我国经济年均增长 9.9%；近年来，保持在 6.7%～6.9%；结构转型，由中低端产业为主转为中高端产业发力，2013～2016 年高技术产业、战略新兴产业增速保持在 10% 以上①；动能转换，由传统动能当家转为新动能崛起，产业创新、网络经济、数字经济、分享经济异军突起。经济发展中的这些深刻变化，进一步凸显了实现新旧动能转换、建设现代化经济体系的重要性。

（4）建设现代化经济体系有利于推进我国积极参与全球经济治理。自改革开放以来，基于"经济全球化"的不断发展，各国的市场开放、国际经济交往的扩大、深化和互动，中国参与全球经济治理的程度不断加深。最近几年，伴随着中国与世界经济的依存度不断提高，尤其是当前世界经济仍处于经济大循环下行周期的后半阶段，中国对世界经济发展所做的贡献越来越多，中国参与全球经济治理的重要角色日益凸显。因此，为使我国的大国责任和地位、贡献之均衡，只有通过建设现代化经济体系，发展高层次的开放型经济，才能促使中国经济高质量"走出去"，使我国的比较优势和竞争优势凸显于世，进而不断增强我国在全球经济治理中的话语权。

5.3.2 建设现代化经济体系与我国市场经济体制具有逻辑一致性

随着中国特色社会主义发展进入新时代，我国经济发展也进入一个新阶段，即从高速增长转向高质量发展阶段。着眼于全面建设社会主义现代化强国这一宏伟目标，建设现代化经济体系必须坚持"五大发展"理念，从发展目的、动力、环境以及管理方式等方面实现根本性转变，这与完善我国市场经济体制具有内在的逻辑一致性。

5.3.2.1 发展目的的一致性：先富转向共富

改革开放之初，为尽快破除传统体制机制对生产力的束缚，打破平均主义的"大锅饭"，调动人们发展生产的积极性和主动性，邓小平主张"让一部分人、一部分地区先富起来，大原则是共同富裕。一部分地区发展快一点，带动大部分地区，这是加速发展、达到共同富裕的捷径。②"可以说，改革开放 40 多年，我国主要强调的是"效率"问题，在很大程度上把"先富"作为"共富"的逻辑起点和现实捷径。但随着中国特色社会主义发展进入新时代，建设现代化经济体系则主要解决的是如何实现"共富"的问题，这就要求更加注重分配的公平性，使经济的考核指标侧重于缩小收入差

---

① 本书编写组. 党的十九大报告辅导读本［M］. 北京：人民出版社，2017.
② 邓小平文选（第三卷）［M］. 北京：人民出版社，1993：166.

距、地区差距、城乡差距等方面。

在马克思经济学的视域中，共同富裕是社会主义生产力和生产关系相互作用的最终结果，它集中体现了社会生产力的发展和社会主义生产关系的完善。如上所述，我国所要建设的现代化经济体系是体现社会主义本质属性的经济体系，是包含先进生产关系建设的经济体系，其价值取向在于"坚持以人民为中心"的发展思想，实现全体人民的共同富裕。这也是我国发展市场经济的价值目标所在。因为我国的市场经济是社会主义制度下的市场经济，市场在社会主义的制度框架内只是发展经济的手段和方法，这就全面超越和扬弃了把资本增殖作为唯一目的的西方资本主义市场经济，凸显了人在经济发展中的主体地位，进而妥善处理了劳动与资本的关系，为促进人的全面发展奠定了坚实基础。

建设现代化经济体系既要求生产方式的现代化，也要求生活消费方式的现代化。随着我国发展进入新时代，人民对美好生活的需要也与日俱增。过去人们的消费主要侧重于商品的数量，主要解决温饱问题，经过改革开放40多年的发展，我国社会生产力有了很大发展，一方面传统产能过剩，大量商品积压，另一方面"海淘"现象越来越成为人们日常生活的一部分。建设现代化经济体系，就是要改善供给结构，提升供给质量，更好满足人们自主消费的新选择，进而为实现人的全面发展创造有利条件，这也是我国在新时代背景下发展完善市场经济体制的应有之意。因为改善供给结构，离不开统一开放、竞争有序的现代市场体系，各种商品和资源要素在市场上的自由流动，也有利于消费者"用脚投票"，促进消费的自主选择，实现社会福利的最大化。

5.3.2.2　发展动力的一致性：要素高投入和低价格转向科技创新与改革开放

经过40多年的改革开放，我国经济持续快速发展，主要依靠的是"三驾马车"，即投资、外贸出口及内需。然而，这"三驾马车"并不是均衡协调的。种种事实表明，在以投资为主要动力拉动经济发展的过程中，随着市场需求的快速增长，一些企业对市场预期过于乐观，盲目投资。部分行业发展方式粗放，创新能力不强，产业集中度低，没有形成由优强企业主导的产业发展格局，导致行业无序竞争、重复建设严重，从而造成我国产能严重过剩。同时，传统的经济发展方式带来高能耗、高物耗、高排放和高污染的恶果，使我国发展付出的代价过高。这种状况不能再延续下去。

从我国经济社会发展的战略全局来看，只有建设现代化经济体系，从要素驱动转向创新驱动，才能使我国经济发展突破资源环境的约束瓶颈，从高速发展阶段转向高质量发展阶段。对此，党的十九大报告明确指出："创新是引领发展的第一动力，是建设现代化经济体系的战略支撑"①，这也是发展现代化社会生产力的必然要求。创新作为一种生产要素和生产条件的新组合，能够推进实体经济转型升级，提升产业竞争力；而科学技术作为第一生产力，科技创新的新成果有利于转变经济发展方式、提高社会生产力的水平。相关统计数据表明，2016 年高技术制造业实现主营业务收入 15.4 万亿元，比 2012 年增长 50.3%，年均增长 10.7%，比同期规模以上工业年均增速高 5 个百分点②。与此同时科技创新对经济社会发展起到强有力的支撑引领作用，2016 年科技进步贡献率达 56.2%，比 2012 年提高 4 个百分点③。可见，无论是一个企业，一个地区，还是整个国家，都要以创新驱动作为强大动力，才能为经济社会发展注入新的活力。我国市场经济的发展完善，同样也离不开创新，只有依靠创新驱动，才能激发市场主体的创造力和社会活力，为市场活动的顺利开展注入新的动力；同时，随着创新规模和程度的不断加深，价值规律的优胜劣汰作用将得以充分展现，从而不断优化资源配置，提升全要素生产率。

在建设现代化经济体系的过程中，创新创业是其建设的长效机制。其中，创新既包括科技创新、商业模式创新等，也包括制度创新。这就需要深化体制机制改革，完善国家创新体系，大力建设创新型国家。对此，党的十九大报告明确指出：要建立以企业为主体、市场为导向、产学研深度融合的技术创新体系④，因为企业既是社会经济活动的基本单元，也是技术创新的主体。为推进企业创新活动的开展，政府要通过立法维护科技创新活动的正常秩序，引导科技发展方向及社会资源配置，统筹好政府调节作用和市场在资源配置中的决定性作用；同时要打破地方保护主义，消除行政垄断，统一市场准入规则，清理和废除妨碍企业参与公平竞争的各种规定，加快建立统一开放、公平公正的市场体系，为自主创新产品提供应有的市场空间，这也是完善我国市场经济体制的应有之意。

5.3.2.3 发展环境的一致性：优化营商环境

建设现代化经济体系，需要企业、居民、厂商、政府、人才等各类经济活动主体的共同参与，这对我国统一的市场体系和市场环境提出了更高要求。因此，要尽快打破行业垄断，按照价值规律、供求规律、竞争规律的要求推动规范、有序的市场体系的形成，制定有利于提高竞争效率的市场规则，让各种商品和要素在全国统一的市场

①④ 习近平. 决胜全面建成小康社会夺取新时代中国特色社会主义伟大胜利——在中国共产党第十九次全国代表大会上的报告 [N]. 人民日报，2017 – 10 – 28（03）.
②③ 《砥砺奋进的五年》编写组. 砥砺奋进的五年：从十八大到十九大 [M]. 北京：中国统计出版社，2017.

内真正自由流动，为企业发展和建设现代化经济体系创造公平的竞争环境。同时要改善垄断行业的"进入管制"，降低垄断行业的准入门槛，加大对民间投资的启动力度，创造公平的市场竞争环境，完善市场的竞争机制，从而加快现代化经济体系的建设步伐。

政府作为现代化经济体系的重要载体之一，促进政府与市场融合发展的现代化经济体制是建设现代化经济体系的必然要求。因此，要坚持依法行政，通过构建"亲""清"的新型政商关系来大力营造亲商、重商、便商和利商的商务环境。规范行政行为，进一步增强政府行政行为的透明度，实现政府决策透明、办事程序透明，积极营造公开、公平、公正的政府服务环境。要深化行政审批制度改革，促进政府职能切实转变到经济调节、社会管理和公共服务上来。同时用法律约束政府与投资经营者的权利与义务，不允许任何行政的力量打破平衡，单方面中止或废除投资经营合同。

此外，现代化经济体系作为一种制度型经济体系，它的建设需要良好的政策法规环境，这也是市场经济本质上是法治经济的内在体现。要完善产权交易规则，开辟风险投资多种退出通道。在明晰产权的基础上，建立和完善有关收购兼并的法律法规，使之成为风险资本退出的重要通道，同时建立多层次的股权交易市场，为风险资本退出提供通道。必须统一市场准入的价值标准。对外来资本的进入一视同仁，必须遵守国家有关法律法规，符合国家产业政策在规模经济标准、质量技术标准、环境保护标准等方面的要求；实行公平的国民待遇，将对外开放与对内开放放在同等重要的位置，保障所有投资者都能享受国民待遇，以良好的政策环境促使经济活动主体的内在潜力得以充分发挥。

5.3.2.4　管理方式的一致性：处理好政府与市场的关系

建设现代化经济体系，既要有效的市场，也要有为的政府。从市场在资源配置中起"辅助性作用"到"基础性作用"再到"决定性作用"，市场配置资源的规模越来越大，程度越来越深，使市场的活力得以充分迸发，我国的经济也得以高速发展。只有市场机制有效，各种商品和要素资源才能在市场上自由流通。在价值规律的引导下，各厂商通过激烈的市场竞争使各种资源得以优化配置，助推产业发展的转型升级，进而推动我国经济发展的质量变革。在市场经济中，市场竞争最根本的是效率竞争，价值规律的优胜劣汰功能，会促使企业采用新技术，并不断进行技术革新，使经济发展逐渐转向创新驱动，进而促进我国经济发展的技术效率变革；在健全的市场机制功能的牵引下，市场竞争在提升企业技术效率的同时，也会引导各种商品和生产要素向生产效率高的部门或企业集中，进而促进资源配置效率的提高，推动经济发展效率的变革。

我国经济发展历程表明，在发挥市场配置资源起决定性作用的同时，还需要更好发挥政府作用，这也是建设现代化经济体系的内在要求。政府作为公共产品（服务）的供给者，通过改善公共产品的供给结构和供给质量，为初创阶段的高科技企业提供孵化器，为传统企业的转型升级提供服务支持，进而为建设现代化经济体系创造有利条件。同时，政府作为制度和政策的供给者，要通过革除束缚生产力发展的体制机制，制定一系列合理有效的政策措施以释放市场主体活力，保障市场经济活动的正常开展、协调运转，为促进经济发展和社会"双创"做出有效的制度安排，进而为建设现代化经济体系提供有力的制度保障。具体而言，一是要完善建设创新型国家的制度供给，强化对科研人才的政策支持，为我国经济社会发展注入强大动能；二是要强化环境保护方面的制度供给，把"绿水青山"与"金山银山"有机统一起来，在推进产业升级的过程中推动美丽中国建设；三是要强化产业结构调整的制度供给，以供给侧结构性改革为抓手，把信息化和工业化相融合，通过打造"智能化＋"的升级效应来大力推进现代产业体系建设。

总之，只有把市场"看不见的手"与政府"看得见的手"的有机结合起来，才能形成强大的动能优势和制度优势，推动经济发展的质量变革、动力变革、效率变革。这将有效推动经济发展转型升级，提高全要素生产率，激发全社会创新创业活力，在促进生产力迅速发展和完善社会主义生产关系的动态过程中为建设现代化经济体系创造有利条件。

5.3.3 经济体制现代化是建设现代化经济体系的制度保障

建设现代化经济体系，要通过体制机制的改革创新即促进经济体制的现代化，充分发挥好政府与市场这"两只手"的作用。可以说，完善我国市场经济体制、促进经济体制的现代化既是建设现代化经济体系的制度保障，也是这一有机整体不可或缺的重要内容。因而，习近平总书记在党的十九大报告中指出，要着力构建市场机制有效、微观主体有活力、宏观调控有度的经济体制。这一论述指明了现代化经济体制的基本特征，为我国在新时代背景下建设现代化经济体系提供了体制机制保障。

5.3.3.1 市场机制有效是建设现代化经济体系的现实前提

市场机制是市场对各种要素的变化所做出的必然反应，是市场自身运行的必然规律，体现着市场内外各种要素相互作用、相互制约的关系①。可见，市场机制本质上是价值规律的实现形式，即市场经济中的价格、供求、竞争等各种构成要素之间相互制约、相互联系的作用和机理。在市场经济环境中，市场机制在各方面的作用，对参与经济活动的各个主体具有普遍适用性，任何组织单位背后的个体都受到市场机制的约束或者激励，从而使市场机制发挥着决定性的资源配置功能，这是市场经济之所以能最优配置社会资源的根本条件。从微观领域看，市场机制通过价格信号和竞争，制约着消费者的消费，调动和制约着生产者的投资和生产等经营决策；从宏观领域看，市场机制调节着社会生产，协调着总供给和总需求，构筑着社会经济流程，配置着社会资源和生产力布局，从而实现国民经济均衡、稳定的运行和发展。

有效的市场机制在资源配置方面的高效率意味着建设现代化经济体系的过程，就是充分发挥市场对资源配置起决定性作用的过程。一方面，现代化经济体系中各个微观主体生产所需要的各类生产要素处于市场机制的配置范围，包括劳动力市场、金融市场、资本市场、土地市场等在内的几乎所有生产资料市场。中国市场经济体制改革的成效之一就表现在企业的自由竞争、进入和退出，市场价格及其背后的供给和需求开始引导资源流向效率更高的企业和行业，包括劳动力、资金、技术等，在此情形下，各个微观主体的经济活动也越来越多地受到市场机制运行的影响，各种资源和生产资料在经济活动主体之间相互流动，进而调节着国民经济的产业结构和生产力布局。另一方面，各生产单位的产出将接受市场机制的严格检验，通过选择机制逐渐淘汰劣势部门和过剩产能，这就要求企业的产品必须能够满足和吻合市场需求，才不至于被市场淘汰。这两方面都意味着，市场的竞争机制将会扮演越来越重要的角色，各个经济主体既面临着国内竞争，也面临着国际竞争。通过竞争机制，既迫使企业在科研开发、引进消化吸收先进技术方面努力进取，也迫使劳动者和管理者自觉接受培训学习、掌握和运用现代科技知识，从而推动经济发展质量变革、效率变革、动力变革。建设现代化经济体系的目标是提高经济发展质量和效益，而经济发展的微观表现一定是能满足市场需求的企业利润和产值的增加。另外，为了保证经济发展成果由人民共享，就需要加强和改善政府的宏观调控，通过政府提供更多公共产品和公共服务来"补齐短板"，通过发挥社会公众的创新活力来创造新供给，满足新需求。

从上述分析可以看出，在建设现代化经济体系的过程中，一方面，只有通过市场机制的作用发挥，通过市场引导需求和技术创新，才能够有效地组织和配置资源。另一方面，在市场经济环境下，作为市场经济活动的微观主体按照市场机制运作，从而

---

① 赵林如. 市场经济学大辞典 [M]. 北京：经济科学出版社，1999：15.

实现社会经济发展各个环节的协调统一。市场条件下，各个微观主体都会从自身的经济利益出发考虑合作关系，在追求自身利益最大化的市场经济条件下，才存在各方目标收敛的可能性。也由于市场机制的运行要坚持以"人民为中心"，因而政府的职责作用主要围绕公共服务和市场监管，做到既不缺位也不越位。

5.3.3.2 微观主体有活力是建设现代化经济体系的关键支撑

经过 40 多年的努力，我国原先高度集中的行政计划体制已基本实现了转型，现代化经济运行机制得以建立。特别是近年来，随着我国经济现代化的改革进程加快，市场主体不断丰富，市场活力不断增强。目前我国市场主体已达 9000 多万户，其中企业约 3000 万户，再加上约 2 亿家庭经营的农户和城市非工商户创业者，形成了经济发展的重要微观基础[①]。这些重要的微观基础既是经济活动的主体，也是市场机制和价值规律发挥作用的有效载体。市场经济要实现有效的资源配置，就必须有一个完整的有活力的微观主体。通过这个有活力的微观主体，在生产、分配、交换、消费等过程中，把产业结构调整升级与提升全要素生产率、推进供给侧改革与建设实体经济、提高经济发展质量与激发创业创新活力有机地结合起来，进而与建设现代化经济体系进行有效对接。具体而言，微观主体有活力对建设现代化经济体系的支撑作用日益凸显，主要体现在以下方面：

（1）微观主体的创业创新活力有利于促进经济发展方式和动力的转变。因为创新具有创造力、扩展力，通过生产方式的突破提高生产率，它所推动的劳动力知识技能的提高和技术装备水平的现代化也间接提升了劳动力和资本对经济增长的贡献。随着企业创新的出现和其他企业的模仿推广，技术创新兴起浪潮，经济社会迅速发展，生产力水平不断提高。因而，创新实践和绩效涉及上层建筑和经济基础、生产关系与生产力之间各个要素的变革与关系的调整。从现实情况来看，2010 年我国制造业在全球制造业总值中所占比例达到 19.8%，超过占比为 19.4% 的美国，成为全球第一大制造国[②]。然而，我国多数制造企业处于产业价值链低端，研发、设计、品牌、供应链管理和营销等高附加值环节薄弱。这种情形表明，中国的创新驱动力不足，产业结构不合理，全要素生产率不高。只有强化企业和社会公众的创新创业活力，把科技创新与经济发展紧密结合起来，才能催生创新型经济的新增长点，带动经济结构的优化调整。这样，不仅提供经济发展的新动力，而且带来创新型的新需求，对于中国经济的后续

---

① 本书编写组. 党的十九大报告辅导读本 [M]. 北京：人民出版社，2017.
② 中国制造需重塑比较优势 [N]. 第一财经日报，2012 - 08 - 10（A02）.

发展至关重要。

（2）微观主体的创业创新活力有利于推进实体经济转型升级，提高产业竞争力。因为微观主体通过创新，提高了某些部门和行业的劳动生产率，降低了其生产成本，使这些部门和行业能更快发展。另外，创新使新技术和新产品不断涌现，同时也使某些原有的旧产品趋于淘汰，进而对某些部门的发展起到阻碍作用，使它们的发展速度减慢，甚至淘汰，最终实现产业结构的转型升级。

（3）微观主体的创业创新活力有利于增加有效供给，满足人民日益增长的美好生活需要。经过改革开放 40 多年的发展，我国社会生产力迅速发展，综合国力和人民生活水平显著提高，广大人民群众的消费需求日益丰富多样，越来越朝着多样化个性化发展。在此情形下，各生产企业可以通过转变思维，大胆创新，突破改革开放初期短缺经济时代固化的"只要生产出来就能卖出去"的思维定式，要根据需求端变化而不是供给端变化来生产产品，开发个性化、差异化的产品，不断适应和满足消费需求的变化，促进供需关系契合，产品结构匹配。

（4）微观主体有活力能够优化区域创新要素布局，打造区域经济增长极，促进地区协调发展。传统区域经济以自然环境条件为基础，对自然资源和地理位置的依赖性极大，经济发展的限制较多。随着现代市场经济的不断发展，微观主体的创业创新活力进一步创造了新的生产要素、新的能源和新产品，同时交通、通信技术的发展，使生产活动对自然条件的依赖减少，也使地理间隔、产品运输等不再成为影响生产力布局的决定性因素，使区域经济在产业选择、生产经营管理模式等方面有了更大的发展空间。随着微观主体活力的增强，一批国家级高新技术产业园区成为地区经济发展的增长极。

5.3.3.3　宏观调控有度是建设现代化经济体系的重要保障

对经济进行宏观调控，是当今市场经济国家的通行做法。因为市场本身存在自发性、盲目性、滞后性等市场失灵现象，比如，市场的自发力和支配力会经常导致垄断因素的增加，从而带来资源分配的无效率与资源运用的无效率，给社会经济剩余造成损失；市场的外部性问题将不可避免地以非价格的形式给其他生产者和消费者的利益带来负影响，使私人成本和社会成本发生偏离；市场的缺陷还表现在不能保证公共产品的供给达到最优状态。因此，这些失灵必须依靠国家对市场活动的宏观指导和调控来加以弥补和克服。对我国而言，经过 40 多年的改革开放，社会主义市场经济体制不断发展健全，政府也从改革之初作为市场的"组织者"逐渐转变为"调控者"，以公有制为主体、多种所有制经济共同发展的基本经济制度使我国的经济体制有其自身的特殊性，加之我国土地辽阔、民族众多、自然灾害频繁、经济发展水平不平衡以及独特的社会文化传统等诸多因素的交织复合，决定了一个经济作用强大的政府的存在将有益于经济改革，保持经济繁荣与社会稳定。因此，社会主义市场经济不仅要对经济进行宏观调控，而且还要不断加强和改善宏观调控。

事实上，有效的宏观调控与建设现代化经济体系密不可分。例如：要提高经济发展质量和效益，就需要发挥国家发展规划的战略导向作用，鼓励和支持企业与公众的创新创业，综合运用多种政策手段熨平经济周期；要推进供给侧结构性改革，就需要推进产业、就业、工资、要素价格等各方面政策的协调配合，形成有效的政策供给，为供给侧结构性改革的实施拓展空间、营造环境；要形成协同发展的产业体系，就需要在充分发挥市场决定资源配置的前提下，通过各种产业政策对企业实施必要的引导，使其生产经营活动符合产业发展规律和客观要求，政府综合运用各种手段，规范和引导经济主体的行为，进而贯彻和体现国家的产业规划意图，实现国民经济的协调有序发展。一般来说，有效的宏观调控与建设现代化经济体系的关系是：一方面，有效的宏观调控是为了更好地推进现代化经济体系的建设，并为此提供重要保障；另一方面，随着现代化经济体系建设的顺利推进，又可以为改善和创新宏观调控奠定良好的经济社会基础。

需要明确的是，我国在新时代所要建设的现代化经济体系，是社会主义现代化经济体系。从生产力的角度来看，我国的现代化经济体系与西方国家的现代化经济体系在相关内容上具有某些共性；但是，从生产关系的角度来看，这二者在性质、作用、最终目的等方面存在本质差异。中国社会主义现代化经济体系的最终目的是要在生产力极大发展的基础上，实现全体人民的共同富裕和人的全面发展，这与西方现代化经济体系所追求的资本利润最大化有着本质区别。在构建现代化经济体系的过程中，由于资本主义私有制及其基本矛盾的存在，将不可避免地诱致周期性经济危机的爆发，发生在近期的起自美国次贷危机的席卷全球的大危机再次证明了这点。而中国以公有制为主体的基本经济制度及其强力有效的国家宏观调控体系，使其投资某种程度上既能体现国家的意图，也有利于把宏观调控与民生问题结合起来，这对宏观经济的短期平衡起到了有力的调节作用，从而更容易克服经济危机的影响，更有利于建设现代化经济体系。

5.3.4　以完善市场经济体制为抓手加快推进现代化经济体系建设

现代化经济体系的建设离不开生产关系的调整，对此，党的十九大报告指出，建设现代化经济体系，要加快完善社会主义市场经济体制，并将此作为现代化经济体系的重要特征之一。因而，我们必须全面贯彻"五大发展理念"，把产业体系、经济体制、开放格局作为发展生产力和改善生产关系的现实载体，并以此为抓手加快推进现代化经济体系建设。

5.3.4.1　着力建设协同发展的产业体系

党的十九大报告指出，在建设现代化经济体系的过程中，要着力加快建设实体经济、科技创新、现代金融、人力资源协同发展的产业体系，这就是说，社会经济协同发展的客观规律，要求人类的社会活动和经济活动，对产业体系的组织构建达到这样一种和谐的程度：既能使各种资源要素得到充分的开发利用，以满足经济增长的需要，又能把实体经济、虚拟经济和人的发展统一起来，以维持生产力的持续发展和生产关系的动态平衡。

中华人民共和国成立后，中国产业体系的发展路径基本是在较长的时期内采取了"倾斜式的发展战略"，即牺牲农业和服务业，片面地发展重工业，这样的发展路径过分重视重工业，带来了一系列诸如空气污染、水质恶化、资源短缺等生态问题。这就极大地制约了中国产业的工业化整体进程，阻碍了第二产业附加价值和综合竞争力的进一步提高，也难以满足人民对美好生活的需要。因此，必须改变传统发展思路，大力推进现代产业体系的建设。这就需要以供给侧结构性改革为主线，以创新能力建设为支撑，用高新技术产业带动传统产业的改造升级，用"互联网+"助力产业体系转型升级，推动大企业成为产业化创新的核心力量。在这一过程中，要注重发挥市场和政府的力量。一方面，产业体系的转型升级要依赖于有效竞争的市场以及市场主体创新能力的发挥；另一方面，产业体系的转型升级要注重发挥好政府的作用，即政府要成为市场竞争的维护者、产业创新的引领者、产业链舵手的培育者以及居民消费的引导者。

众所周知，现代产业体系既是拥有"现代性元素"的产业体系，也是强调布局合理、协调发展的产业体系。要大力实施乡村振兴战略，提升农村地区经济发展的市场化程度，促进城乡区域协调发展；大力发展现代农业，推进农业供给侧结构性改革，改善农产品的供给结构和供给质量，使农业的基础地位得以不断稳固。此外，优化产业发展的空间布局也是建构现代产业体系的重要内容，要注重发挥创新聚集地对产业发展产生的正效益，要把特色优势产业的发展和科技资源空间布局结合起来，使知识（技术）外溢成为区域经济发展的重要驱动力量，只有使区域科技知识、上下游企业之间的投入—产出以及同行业的企业地理集聚三者交互融合，协调互动，深入把握创新与产业体系之间的互动影响以及新时代产业发展的主要特征，才有利于构建与之相适应的现代产业体系。

5.3.4.2 着力打造政府与市场融合发展的现代化经济体制

经济体系是生产力与生产关系的有机统一体，因而建设现代化经济体系要在促进生产力朝着现代化方向发展的同时，对社会主义生产关系进行调整完善，即通过全面深化改革来革除束缚生产力发展的体制机制，在完善市场经济体制的基础上促进生产关系的深刻变革。也就是说，建设现代化经济体系需要着力打造政府与市场融合发展的现代化经济体制，这也是党的十九大报告对建设现代化经济体系的内在要求。我国经济发展历程表明，构建政府与市场融合发展的现代化经济体制，需要从以下方面入手：

首先，把尊重市场规律与创新完善国家宏观调控结合起来。市场对资源配置起决定性作用，这是现代市场经济的一般规律，因而社会经济活动必须遵循价值、供求、竞争等市场机制的相互作用，使各种商品和资源要素在市场上自由流通，进而优化资源配置效率。当然，市场经济由于其内在的固有缺陷，需要通过创新完善国家宏观调控来进行弥补，但国家对经济进行宏观调控也必须尊重市场规律，不能进行随意干预。国家在进行宏观调控时，要注重发挥战略规划的导向作用，优化产业的空间布局，推进城乡之间、区域之间的经济协调发展，进而实现社会总供给和总需求的动态平衡。

其次，加强完善统一开放、竞争有序的现代市场体系。在现代市场体系中，存在着各种类型、各种供需关系并存的市场群落，这些市场群落在价值规律的指引下相互竞争，进而推动经济发展的质量变革、效率变革，实现经济转向高质量发展阶段，这就需要加快构建并完善现代市场体系。一是要在坚持"两个毫不动摇"的基础上，加强和完善产权保护，使参与市场竞争的微观经济活动主体日益丰富且充满活力，为市场的竞争机制搭建良好的载体与平台。二是要深化行政体制改革，消除行政垄断和地方保护主义，实施市场准入的负面清单制度，加快构建全国统一的市场体系，使各种商品资源和生产要素都能资源流动。三是要借助"互联网＋""区块链"等现代信息技术，以市场的方式把各种资源和要素进行有效整合，确保资源配置效率的提升。四是要全面推进依法治国，彰显市场经济的法治属性，使各类市场主体的经济活动必须在法治的轨道上进行，政府对经济活动的调控干预也必须在法治的框架内展开，即"法无授权不可为"，实现市场秩序规范。

最后，现代市场体系的建设要完善各种市场机制。因为现代市场经济本身就是一种经济机制。这种机制的建立要与其他经济和社会的机制密切相连，而且所有机制的良好运行均需要这些机制的保障，这些机制主要包括：价格机制、竞争机制、创新机制、监督机制、信息采集机制、平衡协调机制、政府调节机制等，上述机制为现代化经济体系建设分别提供了运行系统、支撑系统、干涉系统、纠正系统等。

5.3.4.3　着力构建全面开放共享的现代化开放格局

随着中国特色社会主义进入新时代，中国与世界的交融发展也揭开了新篇章。1978 年以来，我国积极参与经济全球化进程的生动实践表明，过去 40 多年"中国经济发展是在开放条件下取得的，未来中国经济实现高质量发展也必须在更加开放条件下进行"①。可见，建设现代化经济体系，需要将社会主义生产方式置于全球开放的大视域中，在大力发展开放型经济的基础上，不断提升现代化开放的新格局。

改革开放 40 多年，我国从创办经济特区到开放沿海城市，从加入 WTO 到推进"一带一路"建设，始终"坚定不移奉行互利共赢的开放战略，坚持引进来和走出去并重，推动形成陆海内外联动、东西双向互济的开放格局"②，在此基础上有效统筹国际国内"两个市场""两种资源"，促使我国积极参与和推动经济全球化进程，深度融入全球产业链和国际分工，逐步走向全球产业价值链的中高端和国际产业分工上游，进而不断提升我国产业体系的国际竞争力，为建设现代化经济体系开辟国际通道。

习近平总书记在党的十九大报告中指出："中国开放的大门不会关闭，只会越开越大"③，并强调要推动形成全面开放的新格局，从而为建设现代化经济体系提供新平台和新优势。对此，一是要推进"一带一路"建设，"一带一路"将要穿越广袤的陆地与海洋，连接起不同的民族、宗教、语言、习俗和传统。"一带一路"倡导"共商、共建、共享"原则，将指导我们在市场效率和社会公平之间实现动态、有效的平衡④，这将有利于推动我国产业体系的转型升级与世界分工的协调互动，形成全新的合作发展模式。二是要实行高水平的贸易和投资自由化便利化政策，探索建设中国特色自由贸易港⑤，以利于活跃进出口贸易市场，加强与国际市场和世界分工的关联互动，提升外贸服务业对产业转型升级的连带效应，可以说，自由贸易港是中国全面开放新格局下建设现代化经济体系的新坐标。三是要主动参与全球经济治理，把构建人类命运共同体作为开放导向的新目的，以此打造建设现代化经济体系的国际平台。因为中国所主

①②⑤　习近平. 开放共创繁荣　创新引领未来——在博鳌亚洲论坛 2018 年年会开幕式上的主旨演讲 ［N］. 人民日报，2018 - 04 - 11 （03）.

③　习近平. 决胜全面建成小康社会夺取新时代中国特色社会主义伟大胜利——在中国共产党第十九次全国代表大会上的报告 ［N］. 人民日报，2017 - 10 - 28 （03）.

④　钱路波，张占斌. 论中国共产党领导经济改革 40 年的历史方位 ［J］. 西南大学学报（社会科学版），2018 （4）：64.

张构建的人类命运共同体,是由不同国家、不同民族组成的命运攸关、利益相连、相互依存的集合体,这一新思想融合了"中国梦"与"世界梦",体现了中国国家利益和国际社会共同利益的高度一致性①。四是要掌握全球产业标准话语权,全面参与全球国际金融规则及标准的调整与制定,反对贸易保护主义,减少和消除贸易壁垒,避免全球市场的分割及贸易规则的碎片化,进而使我国现代化经济体系的建设获得更多国际规则和制度安排的支持。

5.4 为解决人类问题贡献中国智慧和中国方案

5.4.1 为转型国家提供一种可供借鉴的改革和发展模式

综观当今世界各种不同的市场模式,虽然表现形式各异,在政府与市场的二元对立关系基本格局上却是相同的。经历了长期试错和探索,中国没有照搬诸如"华盛顿共识"等改革发展模式,没有简单地复制所谓西方标准化的市场经济模式,而是在政府与市场、国家与经济之间关系的不断调整和改善中,探索出一条符合自己国情的渐进式改革与经济持续快速增长的发展道路,使市场经济的一般规律与中国经济的具体情况相契合,完成了有中国特色的制度自主创新和体制结构性变迁。实践证明,中国市场经济是适应我国当代社会生产力发展需要而建立起来的全新经济社会发展模式,既是对我国传统计划经济进行体制变革的创新性成果,也是对传统英美模式市场经济的制度创新。这一创举超越了西方国家将政府与市场相互对立的狭隘经验,创造了政府(中央和地方)与市场之间的兼容互动。中国社会主义市场经济的创新性做法和思想,抛弃制度和意识形态,对各国经济理论和实践的发展具有重要启示。

不可否认,中国市场模式是中国特殊国情的产物,与中国特色社会主义道路紧密地联系在一起。但是,共性寓于个性之中,特殊性中包含普遍性,中国的经验和模式中也必然包含着某些普遍的规律和一般意义。这主要表现在:实事求是、因地制宜地选择适合本国国情的发展道路,通过改革创新、扩大开放、人民群众主体作用的发挥来推动本国经济发展,有效协调经济发展过程中的若干重大关系,遵循人类社会发展规律,既不偏离长远理想又注重近期任务的有机统一,等等。尤其是中国在发展市场

---

① 钱路波,张占斌. 论中国共产党领导经济改革 40 年的历史方位 [J]. 西南大学学报(社会科学版),2018 (4):64.

经济的过程中，始终凸显出"共同富裕"的价值取向，通过产业扶持、异地搬迁、教育支持、医疗救助等精准措施助力贫困人口脱贫，并把完全或部分散失劳动能力的人口全部纳入农村低保制度覆盖范围，实行社保政策兜底脱贫，以确保经济发展成果由全体人民共享，这也是第三世界在发展经济摆脱贫困方面所要学习和借鉴的。可以说，中国市场经济发展的经验和模式拓展了现代经济学的研究视野，进一步深化了人们对经济发展和制度变迁规律的认识，在国际理论界引起强烈反响。对此，美国著名经济学家斯蒂格利茨指出，中国经济发展形成的"中国模式"，堪称很好的经济学教材①。古巴社会科学高级理事会主席胡安·路易斯·马丁·查韦斯也认为，中国的发展道路是非常成功的，是发展中国家发展的范例，应研究中国的发展案例，丰富发展理论②。

总之，作为中国特色的经济发展与社会进步的"中国模式"，为广大经济转型中追求经济增长和改善人民生活的国家提供了新的发展思路，这个模式目前在许多发展中和经济转型中的国家，如埃及、印度、俄罗斯、越南等得到强烈响应。从当前相关发展中国家的经济改革轨迹来看，中国经济体制改革的方式方法、战略步骤、思维举措等已被我国经济实践证明行之有效的新型改革范本，为广大发展中国家提供了有益借鉴并被它们所采纳，以此来推动它们的经济改革。正如邓小平在谈到中国探索改革的意义时所指出的那样："我们的改革不仅在中国，而且在国际范围内也是一种试验，我们相信会成功。如果成功了，可以对世界上的社会主义事业和不发达国家的发展提供某些经验。③"

5.4.2　为国际共产主义运动带来新的活力和希望

自俄国十月革命以来，列宁在领导苏俄开展社会主义建设的过程中，如何正确认识和处理好社会主义条件下的商品货币关系，使社会主义制度得以巩固完善，就成为各国无产阶级政党及其广大群众所面临的一个时代性难题。实践表明，无产阶级在夺取政权、建立社会主义制度后，在社会主义建设的过程中，还要进行政治、经济等体制的改革和对外开放，才能使社会主义制度得以巩固完善并充分发挥其优越性，中国特色社会主义道路的开创就充分证明了这一点。而开创这一道路的关键就在于把社会主义和市场经济有机结合起来，创造性地建设社会主义市场经济。社会主义市场经济

---

① 郭万超. 中国特色社会主义进入新的发展阶段 [J]. 经济日报, 2017 - 08 - 25 (13).
② 中共执政之道中国发展之路的启示 [N]. 光明日报, 2017 - 11 - 17 (06).
③ 邓小平文选（第三卷）[M]. 北京：人民出版社, 1993：135.

不仅在理论和实践上实现了对传统社会主义的创新，而且它所解决和回答的相关重大时代课题，也在其他社会主义国家同样存在，并以不同的形式表现出来，具有一定的普遍性，任何发展中国家也回避不了。因此，中国市场经济的发展完善，不仅有力地促进了本国社会主义事业的欣欣向荣，又将超越一国范围而对其他社会主义国家提供参照范本，产生重大影响。

回溯历史可以发现，20 世纪的世界，社会主义运动曾经出现了蓬勃的发展态势。但是，由于僵化的社会主义模式越来越不适应时代发展的要求，社会主义改革一再经历严重挫折。苏联、东欧剧变的发生，使世界社会主义运动跌入低谷，中国共产党冷静分析，沉着应对。邓小平坚定指出："一些国家出现严重曲折，社会主义好像被削弱了，但人民经受锻炼，从中吸取教训，将促使社会主义向着更加健康的方向发展。[①]"邓小平的这一重要论述再次彰显了中国共产党人对坚持和发展社会主义的坚定信念。中华人民共和国成立以来，中国共产党人为巩固完善社会主义制度，不断推进马克思经济学中国化的新飞跃，在跨越资本主义"卡夫丁峡谷"的基础上充分吸收"资本主义所创造的一切肯定性成就"，努力推进社会主义与市场经济的兼容结合，走出了一条符合本国国情与发展实际的中国特色社会主义道路：在基本经济制度方面，中国始终强调并坚持公有制的主体地位，因为这是党的执政基础所在，也是发挥社会主义制度优越性的物质基础所在，但为了促进生产力更好更快地发展，我国还强调在推进公有制实现形式多样化的同时，要积极推进多种所有制的共同发展，始终做到"两个毫不动摇"；在资源配置方面，中国虽然实行了市场经济，但是把市场经济置于社会主义的前提下，是为社会主义而服务的，因此我国政府既注重发挥市场的决定性作用，又不断创新和完善宏观调控的方式方法，且调控力度和目标为西方国家所不及。可见，这条道路在经济领域中通过把"看得见的手"和"看不见的手"进行有效结合、把社会主义的制度优越性和市场配置资源的有效性进行兼容结合，在促进我国经济社会迅速发展的同时，也对其他社会主义国家产生深远影响。比如，越南在革新开放的过程中借鉴了中国的有益经验，自 20 世纪 80 年代后实行经济"宽松"政策，并从 1988 年推行农业家庭承包责任制，同时在越共六大提出"有过渡时期特点的有计划商品经济"的论点，越共七大提出革新成就之一是"初步形成了在国家管理下按照市场机制运行的多种成分的商品经济"，越共九大进而提出要发展"社会主义定向的市场经济"；古巴也参照了中国的改革范本，根据国际市场需求和本国资源特点，对长期单一的产业结构进行了逐步调整，重点发展采镍、旅游和高新技术等出口创汇部门，同时还颁布

---

① 邓小平文选（第三卷）[M]. 北京：人民出版社，1993：383.

了《农牧业生产合作社、信贷和服务合作社法案》，进一步扩大合作社自主经营权；面对日趋激烈的国际市场竞争，卡斯特罗还认为外国投资是"古巴重建其百孔千疮经济的唯一选择"。此外，南亚社会主义国家老挝也提出了要实行"有原则的全面革新"，允许多种经济成分长期共存。可以说，当今社会主义国家对各具本国特色社会主义的新探索，使中国市场经济理论的世界意义正在逐步显现。

这些进一步提升了马克思关于未来社会发展在全世界的生命力和吸引力，体现了中国推进世界社会主义发展的榜样作用，更加坚定了人们对世界社会主义事业能够兴旺发达的理想信念，从而使世界社会主义运动以一种崭新的姿态在复杂多变的世界格局中得以延续和发展。可以说，社会主义市场经济所取得的伟大成就及其对我国现代化的有力推进，是社会主义在中国的凤凰涅槃，也是马克思主义真理性在当今世界的郑重宣言，开辟和绽放了社会主义的复兴之路与希望之光，成为 21 世纪世界社会主义新发展的引领旗帜。正如邓小平所指出的那样："只要中国不垮，世界上就有五分之一的人口在坚持社会主义"[1]，"只要中国社会主义不倒，社会主义在世界将始终站得住。[2]"

5.4.3　为推动构建人类命运共同体提供了有力支撑

习近平总书记在党的十九大报告中指出："坚持推动构建人类命运共同体。中国人民的梦想同各国人民的梦想息息相通，实现中国梦离不开和平的国际环境和稳定的国际秩序"[3]。从客观上看，人类命运共同体的形成是经济全球化深入发展的结果，是社会信息化持续推进的结果，是世界各国利益深度交融共同发展的必然结果。

一方面，随着经济全球化进程的加速发展，各国经济发展的相互依存度日益密切，产业关联度日益提高，全球范围的要素优化组合与配置促成了全球统一市场的逐步形成，世界各国越来越多地参与到全球产业分工之中，成为全球价值链上的各个环节，成为你中有我、我中有你的命运共同体。另一方面，在经济全球化的进程中，发达国家掌握着制定国际经济规范的主导权，权力向世界各地扩张，以寻求更多的资源和市场。但经济发展水平的差异，加上资源财富分配不均，扩大了世界贫富两极的差距。尤其是，金融风险导致金融危机，"2008 年爆发的国际金融危机启示我们，引导经济全

---

① 邓小平文选（第三卷）［M］. 北京：人民出版社，1993：321.
② 邓小平文选（第三卷）［M］. 北京：人民出版社，1993：346.
③ 习近平. 决胜全面建成小康社会夺取新时代中国特色社会主义伟大胜利——在中国共产党第十九次全国代表大会上的报告［N］. 人民日报，2017 – 10 – 28（03）.

球化健康发展，需要加强协调、完善治理，推动建设一个开放、包容、普惠、平衡、共赢的经济全球化"①。同时，习近平总书记还深刻指出："经济全球化、社会信息化极大解放和发展了社会生产力，既创造了前所未有的发展机遇，也带来了需要认真对待的新威胁新挑战"；因此，"我们要继承和弘扬联合国宪章的宗旨和原则，构建以合作共赢为核心的新型国际关系，打造人类命运共同体"②。这一中国方案的提出，决定了构建人类命运共同体，事关世界经济发展的前景和人类发展的前途，不仅有基础和条件，而且有迫切的需要。

"发展是第一要务，适用于各国"③，而人类命运共同体追求的是共同发展。为此，习近平总书记指出"'一带一路'倡议，就是要实现共赢共享发展。目前，已经有100多个国家和国际组织积极响应支持，一大批早期收获项目落地开花。中国支持建设好亚洲基础设施投资银行等新型多边金融机构，为国际社会提供更多公共产品"④。"一带一路"倡议的实施，旨在弘扬"团结互信、平等互利、包容互鉴、合作共赢"的新丝路精神，希望通过这个平台使沿线国家能共享中国经济的快速发展，使中国同沿线国家实现利益紧密结合。这也是我国发展完善社会主义市场经济的重大举措，有利于促进各种资源和生产要素在国际国内市场的自由流动，形成优势互补、区域分工、联动开发、共同发展的通道经济带，不断发展社会生产力，释放社会创造力。实践也表明，中国社会主义市场经济既尊重个人权利、自由、平等和全面发展，又注重社会和谐，也强调国家富强，注重正确处理国家、社会和公民个人之间以及政府、市场和社会之间的关系，中国经济发展道路的世界表述，就是坚持走和平发展、合作共赢的道路，这条道路就是中国对世界经济做出的一种和平性贡献。

另一方面，市场经济本质上是一种法治经济，中国自加入 WTO 后，就开始按照 WTO 国际规则来建立与国际接轨的开放型经济体制，尤其是党的十八大以来，中国积极"维护世界贸易组织规则，支持开放、透明、包容、非歧视性的多边贸易体制，构建开放型世界经济"⑤，不断提升我国及广大发展中国家在全球经济治理中的制度性话语权，推进全球经济治理体制朝着更加公正合理的方向发展。同时，社会主义市场经济作为一种开放型经济、外向型经济，它的发展完善需要将引进来与走出去相结合，在加快引进来的同时，积极加快中国经济走出去，在推动全球产业链高中低端深度融合的过程中，建立起利益共享的价值链，形成"你中有我、我中有你"的利益共同体。

① 习近平. 习近平谈治国理政（第二卷）[M]. 北京：外文出版社，2017：543.
② 习近平. 习近平谈治国理政（第二卷）[M]. 北京：外文出版社，2017：522.
③ 习近平. 习近平谈治国理政（第二卷）[M]. 北京：外文出版社，2017：542.
④ 习近平. 习近平谈治国理政（第二卷）[M]. 北京：外文出版社，2017：546.
⑤ 习近平. 习近平谈治国理政（第二卷）[M]. 北京：外文出版社，2017：542－543.

5.5　中国社会主义市场经济创新发展的时代价值

5.5.1　坚定中国特色社会主义政治经济学的理论自觉和理论自信

在党的十九大报告中，习近平总书记强调指出："全党要更加自觉地增强道路自信、理论自信、制度自信、文化自信，既不走封闭僵化的老路，也不走改旗易帜的邪路，保持政治定力，坚持实干兴邦，始终坚持和发展中国特色社会主义"①。中国市场经济的创新发展，是对新时代马克思主义经济学中国化的理论自觉，为增强和坚定道路自信、制度自信、文化自信提供了学理上的阐释和支撑。

改革开放 40 多年，我们在促进马克思主义经济学中国化第二次飞跃的历史进程中，始终注重在坚持马克思主义政治经济学基本原理的基础上，不断推进我国社会经济体制的深刻变革，走出了一条独具中国特色的发展道路，这条发展道路的核心就在于把"社会主义"和"市场经济"进行了兼容结合，进而实现了对马克思主义政治经济学的创新与发展。在中国建设和发展社会主义市场经济体制，不仅关涉各种利益关系的变革调整，而且它还关涉人们思想观念的深刻变革，也就是说，能否从马克思政治经济学的基本原理和内在逻辑透彻回答"社会主义"和"市场经济"兼容结合的世纪性难题，与我国建立发展"社会主义市场经济体制"的合法性直接相关。历史性地看，自 20 世纪 80 年代初期，我国马克思主义经济学家就紧密结合当时经济建设的具体实情，运用马克思政治经济学的生产关系所有制原理，围绕社会主义商品经济展开了深入讨论，并且就所有制结构与社会结构、所有制与所有制实现形式、基本经济制度和经济体制等概念范畴做出了合乎历史逻辑的解读，正是在坚持马克思政治经济学基础上对上述概念范畴不断进行创新发展，我们党才最终确立了"以公有制为主体，多种所有制经济共同发展"的基本经济制度。可以说，这是我们党对马克思传统政治经济学范式及社会主义理论的重大创新和突破，它内在地解答了"社会主义"与"市场经济"为何能兼容以及怎样兼容的世界性难题，使我国的社会主义市场经济体制改革在理论内涵、改革思想及其合法性上彰显了马克思主义的理论自信；进而为我国的体制转型奠定了理论自信和制度自信。

---

① 习近平. 决胜全面建成小康社会夺取新时代中国特色社会主义伟大胜利——在中国共产党第十九次全国代表大会上的报告［N］. 人民日报，2017 – 10 – 28（02）.

改革开放 40 多年间，我国所取得的一系列辉煌成就充分表明，社会主义市场经济道路是通往富裕繁荣之路，必须坚持社会主义市场经济的改革方向，发展完善社会主义市场经济是适合我国国情的经济发展道路，它超越了传统的社会主义经济模式，也突破了西方传统政治经济学理论。而这一发展道路取得成功的重要原因之一就是我们始终坚持并不断发展中国特色社会主义理论，并使这一理论回到实践为更多群众所掌握，进而使人们建设中国特色社会主义的实践活动由自发上升为自觉。随着我国发展进入新时代，我们更应该坚持中国特色社会主义的理论自信，这一理论自信映射到经济学领域，就表现为中国特色社会主义政治经济学的理论自信。我们要讲好"中国故事"、传播"中国声音"，首先就必须增强我国政治经济学的理论自信，树立中国制度变革的理论自信，构建具有中国特色的经济学话语体系，这也是社会主义市场经济创新发展的内在要求和时代任务。

在 40 多年的改革发展实践中，我国并没有把西方教条奉为圭臬，而是深深植根于中国土壤，科学把握中国发展实际，并对中国经济体制改革的实践经验进行了系统总结和理论提炼，我们才得以彰显中国特色社会主义政治经济学的理论自信。在"系统化的经济学说"视域中，我国紧紧围绕"社会主义与市场经济兼容结合"这条主线，先后形成了初级阶段论、社会主义本质论、基本经济制度论、经济新常态论、中国特色市场决定论、供给侧结构性改革、新发展理念、现代化经济体系、人类命运共同体等一系列具有中国特色、中国风格的"学术话语"，这些"学术话语"既是对西方主流经济学相关概念范畴的"术语革命"，也是对西方主流经济学所倡导的曲线与模型的超越，从而实现了对西方主流经济学中"看得见的手"与"看不见的手"这二者关系的解构和重建，打破了西方主流经济学在发展中国家的"现代性霸权话语体系"①。可见，这些具有中国特色、中国风格的"术语"自然成为我国在完善市场经济过程中所形成的"系统化的经济学说"的重要构件，同时又成为中国经济学的话语体系和学术范式的显著标识，是马克思政治经济学生产关系理论在新时代的最新发展，"创造性"地重构了社会主义市场经济理论的逻辑体系，这将有助于我们在"学好用好政治经济学"的过程中，不断推动社会生产力的迅速发展和社会主义生产关系的变革完善，加快构建社会主义现代化经济体系，从而进一步增强中国特色社会主义政治经济学的理论自信，并在此基础上不断增强中国特色社会主义的道路自信、制度自信和文化自信。

---

① 周文. 经济学的中国境界 [N]. 光明日报，2017–10–11 (16).

5.5.2　推动中华民族赶上时代潮流的必要条件

一个民族要站在时代的高峰，一刻也不能没有理论思维，尤其是与时代发展同频共振的理论思维。中国从几千年封建专制时代跨越"卡夫丁峡谷"，直接进入社会主义时代，留下了生产力的巨大"时代差"需要我们加紧弥补。经过改革开放 40 多年的发展，中国特色社会主义进入了新时代，社会主义市场经济作为中国特色社会主义的重要组成部分，它的发展完善既开启全面建设社会主义现代化国家新征程，又为建设现代化经济体系提供体制基础，从而使中华民族迈入了追赶时代潮流的光明大道。

我们党始终高度重视对当代中国国情和时代特征的分析把握，并一以贯之地加以坚持，使社会主义市场经济的发展完善始终建立在与时代发展相同步的基础之上。从历史的发展逻辑来看，改革开放之初，我们党敢于把工作重心由"阶级斗争"转移到"以经济建设为中心"，并在随后的经济体制改革实践中，最终确立了社会主义市场经济体制的改革目标，说到底是因为我们对当时社会发展阶段有了新的认识。随着中国特色社会主义发展进入新时代，"人民日益增长的美好生活需要和不平衡不充分的发展之间的矛盾"是对我国社会主义初级阶段时代特征的精辟概括，"开启全面建设社会主义现代化国家新征程"是对新时代中国特色社会主义发展战略安排的生动阐释，"建设现代化经济体系"是对社会主义经济建设路径的科学揭示，等等，这些重要论断的提出，决定了中国社会主义市场经济将在发生广泛而深刻变革的新时代中国这一现实土壤中继续发展完善，决定了她的每一个重大论断、观点和主张，在坚持马克思主义政治经济学基本原理的同时，又都是立足新时代中国社会主义的生动实践，从基本国情出发，着眼于解决中国实际问题的，因而能够有效地保证中华民族一步接着一步、一个阶段连着一个阶段地追赶时代潮流。

当然，我们追赶时代潮流已经没有当年早期先发国家的各种"便利"条件，我们不会更不屑于以牺牲他国利益为代价，而是自觉抛弃那些浸透着血和肮脏东西的错误理论，积极汲取人类文明宝库中以文明的方式追赶时代潮流的智慧结晶，通过以"一带一路"建设为载体来推进开放发展，强调在和平合作、开放包容、互学互鉴、互利共赢的基础上构建人类命运共同体。正因为这样，中国社会主义市场经济的创新发展，坚持以宽广眼界观察世界，以科学思维审视时代，以各个国家的发展和各个民族现代化的成功经验为参照，积极借鉴人类一切有益文明成果为我所用，为追赶时代潮流提供了理论营养，充实了精神宝库。有了博采人类文明成果的科学理论的指引，中华民族追赶时代潮流的航船才得以劈波斩浪，胜利前行。

5.5.3 发展 21 世纪中国的马克思主义的必然要求

习近平总书记郑重指出，要根据时代变化和实践发展，不断实现理论创新和实践创新良性互动，在这种统一和互动中发展 21 世纪中国的马克思主义①。习近平总书记的这一重要论述，科学地说明了马克思主义与时代化的双向互动的关系。一方面，马克思主义理论并不是封闭僵化和固守不变的理论，它必须随着时代的发展而发展，不断适应时代发展的需要，跟上时代发展的步伐，因为"任何真正的哲学都是自己时代的精神的精华"②；另一方面，马克思主义理论本身就是一种发展的理论，需要紧跟时代发展的脚步把它不断推向时代发展的前沿，用马克思主义时代化的最新理论成果来丰富和发展马克思主义，提升马克思主义的时代境界。因此，"21 世纪中国的马克思主义"既强调时间定位和时代特征，又凸显地理定位和中国特色。

"时代是思想之母，实践是理论之源"③。发展 21 世纪中国的马克思主义是时代发展的必然要求。随着中国特色社会主义发展进入新时代，我国市场经济的发展也进入新时代，突出表现在经济发展从高速增长阶段转向高质量发展阶段，社会主要矛盾也发生了相应转换，马克思主义政治经济学在我国的创新发展开始由原来的"站起来"和"富起来"走向新时代的"强起来"；从国际范围来看，自 2008 年金融危机后，我国经济发展对世界经济所做出的贡献不断增多，迫切需要构建中国的国际话语权，讲好中国故事；同时，以美国为代表的西方发达国家以单一维度对我国市场经济地位横加指责，不断挑起中美经贸摩擦，为弱化中美经贸摩擦的"负面"冲击，打破美国挑起经贸摩擦的话语逻辑以及关于政府与市场关系认知的傲慢和偏见，我国迫切需要把"市场有效"与"政府有为"结合起来，进而实现社会主义生产目的。国内国际的这些新变化，是创新和发展 21 世纪中国的马克思主义的问题域和时代背景，也是促进我国市场经济体制更加完善的时代特点。

发展 21 世纪中国的马克思主义，必须把理论和实践的创新机制协调统一起来，既以理论创新即马克思主义中国化的最新成果来推动 21 世纪中国社会主义建设的实践创新，又以实践创新检验和完善新时代我国马克思主义中国化的理论创新，从而形成最能说明中国实践、中国特色、中国道路的中国理论；中国理论在说明中国道路的过程

① 习近平.坚持运用辩证唯物主义世界观方法论提高解决我国改革发展基本问题本领［J］.光明日报，2015 - 01 - 25（01）.
② 马克思恩格斯全集（第 1 卷）［M］.北京：人民出版社，1995：220.
③ 习近平.决胜全面建成小康社会夺取新时代中国特色社会主义伟大胜利——在中国共产党第十九次全国代表大会上的报告［N］.人民日报，2017 - 10 - 28（03）.

中，也势必形成中国的话语体系。因此，发展 21 世纪中国的马克思主义，必须把"以人民为中心"和实现社会主义生产目的统一起来，不断增强人民群众的获得感、幸福感，凸显马克思主义关于人的全面自由发展的本质要求；必须坚持引领经济新常态，正确处理好政府与市场的关系，为经济社会发展注入强大动力；必须坚持以供给侧结构性改革为主线，完善宏观调控，创新供给体系、提升供给质量，更好满足人民对美好生活的需要等。这些举措是我国经济发展进入新时代后，马克思主义政治经济学同我国追寻经济发展高质量、建设现代化经济体系的生动实践相结合而形成的科学命题，构成了习近平新时代中国特色社会主义经济思想的重要内容，反映了 21 世纪经济发展的本质要求，揭示了 21 世纪全球经济发展的共同规律，从而谱写了马克思主义政治经济学时代化在 21 世纪发展的崭新篇章。

第6章 中国社会主义市场创新经济发展的特色呈现

中国市场经济的创新发展不是遵循市场原教旨主义，而是根据本国国情，坚持把马克思主义政治经济学的基本原理和中国经济体制改革的具体实践相结合，独立自主并创造性地进行制度选择与制度安排，形成内生性和创新型的制度变迁轨迹，由此避免了那种强制性的制度移植输入和制度外部依附所带来的灾难性后果。由于中国进行市场经济体制改革初始条件的特殊性和改革现实基础的不可逆性，使中国的市场经济体制改革只能从最初的"摸着石头过河"到"小步舞曲"再到"大刀阔斧"渐次演进，同时将自下而上的改革和自上而下的改革相结合、将增量改革和存量改革相结合，以达到改革的目的。同时，价格改革既是经济体制改革的重要组成部分，又是关键环节；价格改革的全面展开，为发挥价值规律的调节功能、建立社会主义市场经济体制发挥了关键性作用。我国社会主义市场经济的创新发展，本质上是社会主义制度的自我发展完善，这就需要坚持生产力标准和价值标准的有机统一，从而实现社会主义制度优越性和市场配置资源有效性的兼容结合，形成具有中国特色和"本土化"制度创新模式的市场经济。

6.1 充分发挥创新型制度变迁对市场化改革的推进

6.1.1 注重制度建设"破旧"与"立新"的动态磨合

我国社会主义市场经济体制的创建和发展是在特定的经济、政治、文化、法律的框架内进行的，而且也是对传统计划经济体制的辩证扬弃，多种因素的相互交织和综合作用使得从放弃旧规范到确立新规范的制度变迁与创新具有自我强化的倾向，形成路径依赖。因而，从理论上讲，推动我国从传统计划经济体制转向现代市场经济体制就需要"破旧"与"立新"的同步协调，避免传统计划体制被打破而新的市场体制没能及时确立而出现制度真空。

事实上，我国在建立、发展、完善市场经济体制的过程中，一直注重制度建设"破旧"与"立新"的动态磨合。比如，在打破传统计划体制的束缚、建立社会主义市场经济体制的过程中，既强调要发挥市场配置资源的决定性作用，又注意到市场机制存在自发性、盲目性、滞后性等内在缺陷，要求"更好发挥政府作用"，不断创新和完善政府的宏观调控；在所有制方面，通过破除"一大二公"的传统公有制，鼓励多种所有制经济共同发展，进而不断丰富市场经济活动的微观主体，但在这一过程中，始终强调要坚持公有制的主体地位不动摇，以确保市场经济发展的"社会主义方向"，尤其是党的十八大以来，不同所有制的"磨合"发展，为混合所有制经济的发展提供了广阔空间；在收入分配的改革过程中，为打破传统计划经济条件下的平均主义分配政策，改革初期通过某些差别化的政策待遇，让一部分人和地区先富起来，使市场发展生产力的优越性逐步得到大多数社会成员的认可，进而凝聚改革共识、形成改革动力；但随着我国市场经济体制改革发展到一定阶段，收入分配的明显特征表现为收入差距扩大，这时我国政府又强调"先富带后富"，并把"共同富裕"作为社会主义的本质要求。尤其是我国经济发展进入新常态以来，为更好地体现我国市场经济的社会主义属性，我国不断加大收入分配制度改革，强调要"坚持以人民为中心"的发展思想，并把共享作为"五大发展理念"的出发点和落脚点，由此带动相关体制机制的发展完善。而建设现代化经济体系，实现经济高质量发展，进而建设现代化强国，在坚持社会主义市场经济正确方向的轨迹上，又必须加快完善社会主义市场经济体制。我们必须以更加明确的制度保障，厘清政府与市场的边界和关系，充分发挥市场在资源配置中的决定性作用和更好发挥政府作用。因此，党的十九届四中全会审议通过的《中共中央关于坚持和完善中国特色社会主义制度　推进国家治理体系和治理能力现代化若干重大问题的决定》将社会主义市场经济体制上升为基本经济制度，就鲜明地昭示，社会主义制度与市场经济不仅可以有效结合，更是为了坚实进一步解放和发展社会主义生产力和社会活力的最有效的社会生产组织方式和交换方式，让经济基础与上层建筑实现良性互动。总之，中国市场经济体制改革从其制度变迁的性质上说，是在坚持和发展中国特色社会主义的前提条件下，以建立社会主义市场经济体制为目标而进行的一场社会经济制度变迁的实践。

6.1.2　从单项制度变迁向制度结构变迁演进

所谓制度变迁是指新制度（或新制度结构）产生、替代或改变旧制度的动态过程。

作为替代过程，制度变迁是以一种效率更高的制度替代原制度；作为转换过程，制度变迁是一种更有效率的制度的生产过程；作为交换过程，制度变迁是制度的交易过程。究其实质而言，制度变迁是一种效率更高的制度对另一种制度的替代过程，是制度供给满足制度需求的过程。

在我国市场经济体制建立和发展的初期，为打破传统计划经济体制的束缚，确立市场化的改革取向，虽然党和政府每年都制定了相关法律法规并出台了若干政策措施，但本质上是各个相互独立的单项制度变迁，各项制度安排和政策措施之间缺乏相互的彼此关联，没有形成一个有机统一体和制度创新群。比如，在国企改革初期时，单纯强调承包基数、分成比例，单项突出"松绑放权""扩大企业自主权"，注重企业、上级主管部门与财政部门的谈判博弈，这是在我国经济体制改革从一开始就缺乏可资借鉴的成功经验、只能"摸着石头过河"的情况下所采取的不得已的举措。但随着党的十四大的召开，以及十四届三中全会通过的《中共中央关于建立社会主义市场经济体制若干问题的决定》的颁发与执行，明确肯定市场在政府宏观调控下对资源配置起基础性作用，进一步放大市场机制的作用空间。在此基础上，我国开始建立健全现代企业制度，稳步推进价格、土地、财税金融、外汇管理、投融资、收入分配以及社会保障等各项制度的配套改革，这些改革举措是对前期改革内容的延伸和拓展，突出不同领域改革之间的协同配套和系统性安排，较好地促进了我国市场体制的建立与发展，标志着中国经济体制改革的制度变迁开始从单项制度变迁向制度结构变迁转移，也使我国市场经济体制的框架得以形成。

总之，改革开放的40多年，是中国经济保持高速增长和发展的40多年，亦是中国向市场经济体制迈步、完善的40多年，实质就是制度变迁的40多年。40多年间，在社会主义制度背景下，中国按照市场经济规则重构新的制度，激励和优化经济、社会结构，依据生产力发展要求做出新的调整，促进经济体制改革，无疑这一创新过程就是一种制度变迁。这场制度变迁是从计划经济体制向市场经济体制的转型，从单一公有制向以公有制为主多种经济成分并存转变，亦是一种对传统旧制度的摒弃、转型和升级，让更多的人参与到新体制改革中来，逐步实现全体人民的共同富裕。

6.1.3 宏观经济制度变迁与微观经济制度变迁同步进行

在我国市场经济体制的创新发展过程中，当微观层面的改革取得初步进展后，宏观层面的约束就随之凸显出来，主要表现为各种宏观信号的失真，市场化程度提高的微观主体无法做出合理的反应，加速推进宏观改革由此提上日程。于是，改革主要着眼于矫正微观信号的扭曲，使宏观政策环境与市场配置资源的机制和微观经济制度的改革相协调。因而，在中国市场经济体制的发展过程中，许多制度变迁都呈现出从宏观领域到微观领域的跨越性变迁特征，这主要表现在建立健全宏观调控体系的过程中，对财税体制进行的相关改革。

一方面，中国的财政体制改革，始自 20 世纪 80 年代初，从中央对地方的放权让利入手，实施中央与地方"分灶吃饭"的财政包干制。随后按照建立社会主义市场经济体制改革的目标，于 1994 年在中央和地方财政之间实行分税制改革，分税制后，政府分配关系已开始步入企业照章纳税、税后利润按出资者比例分配、企业自主经营、自负盈亏的轨道。国家对国有企业的扶持转向主要依靠调整国有企业投资方向和投资收益分享比例来实现。可见，分税制进一步淡化了政府与企业的行政隶属关系，规范了政府分配行为，而且还公平了各类企业的税负，促进了企业间的平等竞争，有利于建立现代企业制度；在推进分税制改革的同时，我国还建立了比较正式的中央对地方的转移支付制度，这种变化是以税收机构的地方基层组织的制度变迁为前提的。20 世纪 90 年代末，探索实行公共财政体制改革，围绕这一改革，逐步增加了义务教育、公共卫生和基本医疗、基本社会保障等基本公共服务领域的支出比重，这一财政体制改革不仅有利于弥补市场的内在缺陷，而且能够有效体现微观经济主体对市场灵敏度的反映。另一方面，税收体制改革近年来又有了新的进展，包括增值税从生产型向消费型的转变以及增值税扩围改革，统一内、外资企业所得税，完善资源税和实施产品油税费改革，推行物业税试点、大力推进国税地税合并、完善税收征管体制等，这些税收制度的变迁势必引起企业制度和企业财务制度的相应变迁，为微观市场主体的经济活动创造良好的体制范围和制度环境。

6.2　坚持适应生产力发展的市场化改革方式的稳步推进

6.2.1　以渐进方式稳步推进市场化

改革开放 40 多年间，中国经济持续保持高速增长并保持了稳定的政治局面，这都与中国实行渐进式的市场经济体制改革密不可分。所谓渐进式改革，就是指在向市场经济过渡时采取累积性的边际演进的转换模式。这种改革采取先易后难、先表后里的方式，在旧有制度框架内审慎推进改革，具有在时间、速度和次序上的渐进特征。也因为如此，新旧体制在一段时期内的并存是渐进式改革的重要特征。而对旧体制的容忍，一方面是在改革初期适当维持既得利益，以减少改革所面临的社会阻力，另一方面是新体制的成长不会在一夜之间完成，因此也是平稳过渡的需要。

我国的社会主义市场经济体制改革，是在社会主义基本经济制度范围内进行的"第二次革命"，这是一场根本性的变革，涉及经济运行的各个环节、社会生产的各个领域。这就使得我国的市场经济改革不可能一帆风顺，也不可能一蹴而就，它需要党和政府从宏观上进行整体把握，在保持社会稳定的前提下稳步推进，渐次展开。因此，中国的渐进式改革方式突出表现为先试验后推广（或者说"摸着石头过河"），这种改革方法是先在较小的范围或局部区域内进行商品市场改革的试点，通过分领域、分地区、分部门、分行业各个突破，逐步推进，进而在改革取得成果并总结相关经验的基础上加以逐步推广。也就是说，中国在从传统计划经济转向现代市场经济的过程中并没有事先规划好的蓝图，而是在政府的主导下逐步修正经济改革的目标走向，这与在转型前就有一整套设计方案的激进式改革相比，显然有着明显不同。事实上，我国经济改革目标的确立也正是采取这种先试验后推广的非均衡推进战略来实现的。中国在1978 年开始改革开放时，并没有一个明确的目标，仅仅认为应该承认市场作用并利用市场调节，1984 年党的十二届三中全会提出要建立"社会主义商品经济"，直到 1992年党的十四大，才明确提出经济转型的目标是建立"社会主义市场经济体制"。

总之，渐进式改革以开"天窗"式的局部试验开始，形成市场"包围"计划，通过局部推进到整体实行相结合的改革路径，最后实现经济体制的整体转变。试验推广的最大好处，就是避免了全面推行可能带来的巨大阻力、压力和风险，保持了改革的稳步推进。因为，渐进式改革采用循序渐进、先易后难的改革举措，能够保持前一个发展阶段所创造和积累的社会资本和集体资本，并且能将这些资本运用于经济效益较高的领域中，促进资源的优化配置；同时，渐进式改革对于计划经济原有的部分（存量部分）不做大的改变，改革着重在增量部分进行，这也降低了改革的风险性，有利于我国经济发展的市场化推进。

6.2.2　自下而上的改革和自上而下的改革相结合

在中国从传统计划经济体制转向现代市场经济的过程中，其转变轨迹大致表现为：民间市场因素自下而上与国家（政府）自上而下的推动相结合，且以国家（政府）的推动为主导。这是中国市场经济创新发展的又一特色所在。

从自下而上的角度来看，我国的市场化改革，率先从计划体制比较薄弱的农村起步，逐步向城市推进。就经济体制变革而言，农村改革的重大意义在于，它以农村经济发展的巨大成就，证实了传统计划经济体制对当时中国生产力发展的阻碍性，加速了自然经济的解体，进一步肯定了商品经济的充分发展是不可逾越的，初步反映了农民对剩余产品的支配权就是现代市场经济理论所揭示的个人产权，由此开始确立个人产权在经济体制转型中的基础性地位，农民开始成为独立的市场主体。这样一来，农民剩余产品的增加从根本上改善了农产品的供给，使得计划体制控制农民的重要渠道——粮食统购统销制度失去了任何存在的合理性，合同订购制度和其他农产品派购制度的放开，进一步确立了农民对其剩余产品的支配权和市场主体地位，从根本上动摇了传统社会主义排斥商品经济的理念。至此，农民基本完成了脱离旧体制向新市场体制迈进的转变，成为重要的"体制外"力量，揭开了农村市场化、工业化的序幕。更为重要的是，随着农村改革的深入推进，农民有了经营自主权和对剩余产品的支配权，就产生了增加剩余的动力，随着剩余的不断增加，农民的资产积累也必然增加，其结果是带来了个体经济的蓬勃发展和乡镇企业的"异军突起"。到 20 世纪 90 年代，包括个体经济和私人企业在内的民营经济已成为推进我国市场化改革的又一重要"体制外"力量。

当代中国社会主义市场经济的创新发展，在尊重基层群众改革首创精神的同时，也始终坚持党和政府的统一领导。因为单纯的局部改革不仅会彻底破坏现有的经济和政治秩序，造成社会的混乱和失控，而且具有很大的盲目性和破坏性[①]。这就需要发挥党和政府总揽全局、协调各方的领导核心作用，从总体上对改革进程进行调控与把握，对于改革中的"硬骨头"，可以发挥政府的法理权威和公权力以减少改革阻力；同时，政府还可以将群众自发性创造的被实践证明行之有效的经验方法变为方针政策向全国推广。

同时，由于中国市场经济的逆生性和市场主体意识的先天缺失性，决定了我国市场经济的发展道路只能走一条不同于西方发展模式的中国特色之路。自党的十一届三中全会尤其是党的十四大以来，我国才开始逐步建立市场经济体制，因而我国的市场经济时间较短且各方面尚不完备，加之地区经济发展极不平衡，尤其是地广人稀、经济发展相对滞后的西部民族地区，它们的市场主体、产品市场、要素市场的发育程度以及法律制度等方面，都与理想化的市场经济运行所需具备的条件差距巨大。甚至在有的民族地区，自给自足的自然经济长期占据着主导地位，压根就不存在现代意义上的"市场"。在此情形下，就需要从产业选择和企业扶持等方面发挥政府的主导作用，这就意味着政府一方面需要运用强制性权力来促进市场发育，为市场机制充分发挥作

---

① 黄新华. 中国经济体制改革的制度分析 [M]. 北京：中国文史出版社，2005.

用创造良好的体制环境，另一方面政府为了达到既定的政策目标，通过运用必要的政策工具来影响经济主体的市场预期，调整经济主体的市场活动，使我国的市场经济发展呈现出浓郁的政府主导型色彩。

6.2.3　从局部性改革到整体推进

相对来说，激进式改革是一种全面推进的整体改革战略，它更强调整体的变革；而渐进式改革则是一种局部推进的非均衡改革战略，它强调从局部向整体推进。中国的市场化改革是在社会主义宪法制度基础上进行的，其改革所要建立的新体制不是对传统计划经济意义的全盘否定，而是在肯定其历史成就的基础上，通过辩证扬弃计划体制的弊端，更好地促进我国社会生产力的迅速发展，它们之间有着内在的历史逻辑关系。因此，中国的市场经济改革必须从局部入手，在渐次推进的基础上走向全面实行。同时，中国地域辽阔，各地区生产力发展水平差距较大，产业发展不平衡，加之市场要素的投入、市场主体的培育都是一个循序渐进的发展过程，这也需要因地制宜、创造条件逐步深化改革。20 世纪 80 年代初，中国农村的改革先于城市突破计划经济体制获得巨大成功；20 世纪 80 年代中后期，中国商品市场先于要素市场突破计划管制实现市场化；在全国经济改革刚刚开始后不久，沿海经济特区率先与国际市场接轨，较大程度地实现了市场化。尤其是 1992 年党的十四大召开之后，我国市场经济体制改革目标模式的确立，肯定了市场对资源配置的积极作用，进一步放大了市场机制的作用空间，拓展了市场调节资源的领域范围。在此基础上，市场化改革在微观经济基础、市场体系、政府管理、收入分配制度以及社会保障等方面整体推进，在前期所有制结构改革、国有企业改革、农村改革以及价格改革的基础上，改革内容又有了延伸和拓展，并且突出了不同领域改革之间的协同配套和系统性安排。

党的十五大到十七大强调发挥市场在资源配置中的基础性作用；党的十八届三中全会明确提出，使市场在资源配置中起决定性作用和更好发挥政府作用。党的十九届四中全会更进一步指出：要建设高标准市场体系，完善公平竞争制度，全面实施市场准入负面清单制度，改革生产许可制度，健全破产制度；要强化竞争政策基础地位，落实公平竞争审查制度，加强和改进反垄断和反不正当竞争执法；要健全以公平为原则的产权保护制度，建立知识产权侵权惩罚性赔偿制度，加强企业商业秘密保护；要推进要素市场制度建设，实现要素价格市场决定、流动自主有序、配置高效公平；同时，要更好地发展政府的作用，完善政府经济调节、市场监管、社会管理、公共服务、生态环境保护等职能。党的十九届四中全会把社会主义市场经济体制上升为基本经济制度必将对经济体制改革的深化起极大的推动作用，并对经济发展产生稳定的预期。

需要强调的是，我国社会主义市场经济改革在从局部推向整体的过程中，始终维护宪法的权威，把推进市场化改革的方针政策始终纳入宪法的制度框架内，在延续制度的连续性和保持社会稳定的条件下，逐步放松政府对经济的直接管控，先从农业农村开始进行改革，逐步扩展到其他领域，因而我国在市场化改革过程中始终注重新体制对旧体制的继承，确保相关体制和制度的连贯性和延续性，确保原有的经济结构、政治结构和利益结构是相对稳定的。因而，我国市场经济改革初始条件的特殊性以及新旧体制的长期并存、磨合、交替，使双轨制成为我国市场化改革的特殊过渡形式，希望通过双轨制的实行来确保新体制的日趋完善和旧体制的相对萎缩，进而以平稳方式实现向市场经济的过渡。如前所述，中国经济的双轨制主要是价格和市场的双轨制，包括各种经济要素价格的行政协调与市场协调并存的双轨制。它可以把灵活性与稳定性、计划与市场、改革与发展结合起来，绕开改革中的一些障碍和难点，为市场机制作用的发挥开辟道路，推动经济改革的顺利进行。

总之，我国社会主义市场经济体制的改革运行存在着"共向一"的方向组合机理，即存量改革与增量改革在总体上均同经济结构调整由不平衡向平衡状态转移的方向保持一致。这样，由计划一轨到计划内外双轨，再到以市场为主线的一轨，就成为我国社会主义市场经济体制改革的必然过程。

6.3　凸显以市场配置资源为目标的价格改革

6.3.1　价格改革是我国市场经济体制改革的关键

众所周知，市场经济是依靠市场机制运行的，市场关系的核心是价格关系，市场机制的核心是价格机制。因此，市场体系的形成与发展，关键在于通过价格改革形成市场价格体系。在市场中，由于存在竞争，价格随着商品供求关系的变化而经常地围绕着价值（在平均利润率形成条件下则是生产价格）上下波动。正是通过商品价格信号，各种商品生产者和商品经营者才知道自己生产或经营的商品在市场上的供求情况，产品是否能卖出去，能以什么样的价格卖出去，等等。于是才能做出生产经营决策：是继续生产和经营，是扩大还是缩小生产经营的规模，还是转产。商品市场供求关系的变动引起商品价格的波动，而价格的变动又会反过来调节各种商品的供求关系，从而调节商品生产，引导资源合理流动。所以，正是市场价格引导着生产要素在市场上流动和重新组合，经过一个较长时期，社会资源的配置就会发生明显的变化，即改变产业结构。这是价值规律对生产起调节作用的具体表现，也是市场主体发育和成长的重要一环。

从市场及其主体的发育与成长历程来看，市场及其主体的发育和成长也是随着价格改革的逐步深化而不断深化的。我国的市场发育，一是先从生活消费品特别是农产品市场发育开始，通过先放开一部分农产品的价格由市场调节，使这一部分农民率先成为发育中的农产品市场的主体，然后逐步放开农产品和工业消费品价格，从而逐步壮大农产品和工业消费品市场主体；二是通过实行价格双轨制，使一部分生产资料的生产经营者和需求者获得一部分价格自主权，率先成为发育中的生产资料市场主体，进而通过逐步扩大放开的生产资料的比重和品种范围，使生产资料市场主体不断发展壮大；三是在商品市场及其主体发展壮大的同时，逐步开放生产要素市场和培育要素市场主体；四是市场的发育与价格改革相适应，先形成某一大类商品的专业市场，进而发展扩大为商品市场体系，或是先形成区域市场，进而形成全国统一市场。随着改革的深入、经济的发展和对外经济联系的日趋紧密，在逐步实现国内统一市场的同时，通过放开某些商品市场和要素市场，使国内市场向国际市场推进，逐步形成国内、国际市场的对接。

由上可见，我国价格改革的经验已充分说明，实行市场化的价格改革，将行政定价模式转变为市场定价模式，是推动我国市场体系首先是商品市场发育、完善的必要条件和前提，价格的市场化改革，是扩展市场体系、建立市场经济体制的先导。特别是经过 40 多年的改革，我国价格形成机制发生了根本变化，除极少数基础商品和生活必需品由政府管理价格外，绝大多数商品的价格都已经由市场来决定，如表 6.1 所示。可以这样说，中国的各种价格已基本由市场来决定，为发挥市场在资源配置中的决定性作用创造了有利条件。

表 6.1 改革开放以来三种价格形式的比重变化 单位：%

年份	商品零售			农产品收购			生产资料销售		
	政府定价	政府指导价	市场调节价	政府定价	政府指导价	市场调节价	政府定价	政府指导价	市场调节价
1978	97.0	0.0	3.0	92.2	2.2	5.6	100	0.0	0.0
1988	47.0	19.0	34.0	37.0	23.0	40.0	60.0	0.0	40.0
1990	29.8	17.2	53.0	25.0	23.4	51.6	44.6	19.0	36.4

年份	商品零售			农产品收购			生产资料销售		
	政府定价	政府指导价	市场调节价	政府定价	政府指导价	市场调节价	政府定价	政府指导价	市场调节价
1991	20.9	10.3	68.0	22.2	20.0	57.8	36.0	18.3	45.7
1992	5.9	1.1	93.0	12.5	5.7	81.8	18.7	7.5	73.8
1993	4.8	1.4	93.8	10.4	2.1	87.5	13.8	5.1	81.1
1994	7.2	2.4	90.4	16.6	4.1	79.3	14.7	5.3	80.0
1995	8.8	2.4	88.8	17.0	4.4	78.6	15.6	6.5	77.9
1996	6.3	1.2	92.5	16.9	4.1	79.0	14.0	4.9	81.1
1997	5.5	1.3	93.2	16.1	3.4	80.5	13.6	4.8	81.6
1998	4.1	1.2	94.7	9.1	7.1	83.8	9.6	4.4	86.0
1999	3.7	1.5	94.8	6.7	2.9	90.4	9.6	4.8	85.6
2000	3.2	1.0	95.8	4.7	2.8	92.5	8.4	4.2	87.4
2001	2.7	1.3	96.0	2.7	3.4	93.9	9.5	2.9	87.6
2002	2.6	1.3	96.1	2.6	2.9	94.5	9.7	3.0	87.3
2003	3.3	1.5	95.6	1.9	1.6	95.6	9.9	2.7	87.4
2004	3.0	1.7	95.3	1.0	1.2	97.8	8.9	3.3	87.8
2005	2.7	1.7	95.6	1.2	1.1	97.7	5.9	2.2	91.9

资料来源：各年的《中国物价年鉴》。

6.3.2 价格改革促进了市场制度建设

在我国，推进价格改革，进行价格形成机制的转换，使政府的经济管理职能由计划管理价格转变为主要以法律、经济手段来规范价格行为或干预价格，需要制定有关法律法规。同时，体制改革是各种利益关系的相互博弈，而价格既是价值规律发生作用的重要载体，也是各种经济利益关系交织的关键点，因而我们推进价格改革，要求计划、物资、财政、金融、工资以及企业体制等方面改革协同推进。一方面，没有价格改革，商品价格和生产者的利益关系就会处于扭曲状态，价值规律和市场机制也就无法通过价格波动实现资源的优化配置；另一方面，推进市场价格机制改革，也必然改变人们的思维方式、价值取向和道德伦理观念。因此，价格的形成是一种社会意志的形成，而不仅仅是经济意志的形成，因为双边合同和由双边合同产生的多边市场价格是社会的协调形式、社会的统一形式①。放开价格，就是让价值规律充分发挥作用，做到"等价交换"，使交易双方都具有"平等"和"公平"的伦理观念。马克思说："价值表现的秘密，即一切劳动由于而且只是由于都是一般人类劳动而具有的等同性和同等意义，只有在人类平等概念已经成为国民的牢固的成见的时候，才能揭示出来。而这只有在这样的社会里才有可能，在那里，商品形式成为劳动产品的一般形式，从而人们彼此作为商品所有者的关系成为占统治地位的社会关系。②"

显然，要在一个社会形成"等价交换"的"平等"伦理观念，必须要求商品经济达到一定程度。也就是说，要由传统的社会进入理性社会。中国社会经历了几千年的封建地主经济，强调亲情与等级，从而使传统的中国社会成为一个伦理社会或政治社会。新中国成立后，实行社会主义计划经济，强调的是"集体主义"：生产资料公有；生活消费品的分配一部分按等级实行福利分配，一部分"按劳分配"。但实际上贯彻的是"不患寡而患不均，不患贫而患不安"的平均主义原则。因而，在人们的头脑里，形成了所得与所劳不对称的不等价交换的观念。推进价格改革，放开商品价格，刺激了商品化和货币化，促进了人们"等价交换"的"平等"观念逐渐形成。如今，人们对住房制度、医疗收费制度、高等教育收费制度改革等，都已有了一种平常心态，这充分说明中国居民已初步形成了市场经济的伦理道德观。这也表明，中国社会主义市场经济的基础性制度——市场制度的初步形成。

6.3.3 价格改革促进企业制度改革

在传统的计划经济条件下，企业完全是政府的附属物。企业在物资上实行统一调拨，产品统一定价，统收统支，并严格执行国家计划。企业内部基本上没有多大的资源配置权，而在企业外部必须绝对服从国家计划，企业没有独立发展的空间，企业经济效率普遍低下。而价格改革，就是为企业改革提供一种"公平、公正、公开"竞争的外部市场环境。价格形成机制的转换，使市场价格机制成为企业的一种有效的信息机制和激励机制。价格机制的转换，必然促使企业经营机制的转换，进而引起企业制度的转换。

1978 年以来，价格改革不但有效地配合了企业制度的改革，而且促进了企业制度

---

① 彼得·科斯洛夫斯基：伦理经济学原理［M］. 北京：中国社会科学出版社，1997.
② 马克思. 资本论（第 1 卷）［M］. 北京：人民出版社，1975：75.

的改革。我国的企业制度改革大致经历了四个发展阶段。第一阶段（1978～1983 年），推行"简政放权，减税让利"，而价格改革以调为主，对部分工业品实行"浮动价格"，并放开了部分日用小商品。第二阶段（1983～1986 年），进行"利改税"，实行厂长（经理）负责制。相应地，价格改革也加大了力度，价格改革以放为主，调放结合，并从 1985 年开始，对生产资料实行价格"双轨制"。第三阶段（1986～1993 年），推行承包责任制，价格改革继续以放为主，放调结合，并向市场价格制度过渡。第四阶段（1993 年至今），建立现代企业制度，同时，中央在价格改革方面正式确定了社会主义市场价格模式，逐步形成了"在宏观调控下要由市场形成价格的价格机制"。经过 40 多年的改革，企业已基本成为独立核算、自负盈亏、自我积累和自我发展的经济实体。尤其是党的十八大以来，我国进一步推进水、石油、天然气等资源性产品价格和环保收费改革，对于竞争性环节的商品价格则由市场决定，同时不断缩减政府定价范围，明确界定"政府定价范围主要限定在重要公用事业、公益性服务、网络型自然垄断环节"①，不断健全完善相关价格形成机制和价格调控手段，提高价格调控能力，这些改革举措将会加强企业对市场价格变化的敏感度，提高企业的市场竞争能力和抗风险能力，为我国建设世界一流企业创造有利条件。

6.4　注重生产力标准和价值标准的统一

6.4.1　生产力标准和价值标准是唯物史观的应有之义

生产力标准的提出，在直接意义上是从社会主义初级阶段的实际出发的，是以发展生产力解决人民日益增长的物质和文化需要，发挥社会主义的优越性和增强其吸引力为目的的；其长远目标是要逐步创造日益增多的财富，准备向更高社会发展阶段过渡的条件。这既是唯物史观关于物质生产是社会存在和发展的基础的科学原理的体现，又突出了发展生产力这一根本因素，也就是对唯物史观的创造性运用和发展。在我国市场经济的创新发展过程中，我们强调是否有利于发展生产力是思考一切问题的出发点和评价一切事物的根本标准，正是在总结过去经验教训的基础上，对唯心主义的克服，向唯物主义的复归，即复归到把客观物质性的东西作为评价的根本标准上。但又不是简单地重申这种客观性，而是具体到生产力的发展上。这就具有了新的内容，是

---

① 中共中央文献研究室. 十八大以来重要文献选编（上）［M］. 北京：中央文献出版社，2014：518.

在更高基础上的复归。同时，在历史辩证法的视域中，物质生活资料的生产方式（即生产力与生产关系的有机统一体）是社会历史发展的决定性力量。马克思曾指出："在人们的生产力发展的一定状况下，就会有一定的交换和消费形式。在生产、交换和消费发展的一定阶段上，就会有一定的社会制度、一定的家庭、等级或阶级组织"[1]，"交换和消费"属于生产关系的内容，"社会制度"则包括经济和政治以及社会生活等各方面，这就表明了生产力标准凸显社会历史运动的起点。正如马克思一再指出的那样："随着新生产力的获得，人们改变自己的生活方式，随着生产方式即保证自己生活的方式的改变，人们也就会改变自己的一切社会关系"[2]。

价值标准，就是主体用以衡量客体（一个具体的人、事、行动）对自己是否有价值，有多大价值的尺度。依托价值标准，才能对客体做出具体的价值判断；透过价值标准，我们又可以窥见主体内在的价值观。价值标准首先取决于价值主体，主体不同，衡量的出发点不同，标准当然也就大相径庭。马克思明确地认为，未来社会的价值主体是工人阶级领导的人民大众，这就决定着我国的价值观是以人民的利益和要求作为衡量一切事物价值的最根本标准。可见，在唯物史观的视域中，生产力标准和人民利益标准是辩证统一的。无论是毛泽东在革命战争年代说的"以合乎最广大人民群众的最大利益，为最广大人民群众所拥护为最高标准[3]"，还是实践标准、生产力标准、三个"有利于"标准，它们精神实质都是一致的，都是以人民利益作为价值坐标。其中，生产力标准是从整个社会生产力发展的角度，即人类社会总体的高度上来评述的。而社会是人组成的，人民是社会的主体，社会生产力的发展之所以有着根本重要的意义，也是对人而言的，从社会主义社会来说，就是对人民物质文化生活得到满足和美好生活需要得到实现而言的。因此，评价一个社会经济制度（生产关系层面）的先进与落后或评价一个执政党方针政策（上层建筑层面）的是非得失，在坚持生产力标准的同时，还必须坚持用能够反映生产关系和上层建筑价值取向的价值标准来评价。

6.4.2 生产力标准和价值标准的统一体现了社会主义的本质内涵

我国市场经济是建立在社会主义制度基础之上的市场经济，这种市场经济是通过对传统的社会主义的实际改造和对古典的市场经济的理论改造形成的。前者，可以用

① 马克思恩格斯选集（第4卷）[M].北京：人民出版社，1972：320-321.
② 马克思恩格斯全集（第19卷）[M].北京：人民出版社，1963：228.
③ 毛泽东选集（第三卷）[M].北京：人民出版社，1991：1096.

"社会主义从科学走向现实"来概括，后者用"市场经济从初级走向文明"来概括。我们主张的社会主义，其最终的目标，就是为了实现全体人民的共同富裕，而这是在共产党领导下进行的；我们追求的市场经济，是现代文明的市场经济，是以人的价值为本原、以个人利益与集体协作为基础的优化配置资源的经济体制。用"社会主义"改造"市场经济"，我们发掘了"市场经济"中现代化的文明因素；用"市场经济"改造"社会主义"，我们得到了"社会主义"的经济运行效益。"双向改造"使我们得到了一个完整意义的"社会主义市场经济"。

　　这种完整意义的"社会主义市场经济"，凸显了生产力标准与价值标准的有机统一。因为社会主义的得失成败，既要用生产力标准去判断，又要以价值标准去判断①。社会主义的根本任务是解放和发展生产力，而市场经济通过交易和竞争的方式来配置资源，可以最大限度地激发各种资源的潜能，从而为生产力的发展开辟广阔通途；但市场经济的逐利性难免引起两极分化，这就需要坚持公平正义的价值标准，使其朝着"共同富裕"的社会主义方向迈进。在建立和发展我国社会主义市场经济的历史进程中，正是由于我国始终坚持生产力标准，才使得各种非公有制经济蓬勃发展起来；但在强调生产力标准的同时，我们党也始终强调各种私营企业的生产经营行为要遵守国家的法律法规，符合社会主义的价值标准，并通过深化收入分配制度改革来不断提高中低收入者的实际收入，实现劳动福利的持续改进。可以说，社会主义通过灌注集体主义精神的以公有制和按劳分配为主体的经济制度，通过灌注集体主义精神的以人民当家做主的政治制度，通过灌注集体主义精神的"为人民服务，为社会主义服务"的文化，无时无刻不在对市场经济进行着"以人民为中心"的价值导向和"全民共享"的目标指引。因而我们不仅敢于把市场经济拿来为我所用，而且能够在实践中把社会主义价值取向和市场经济体制结合起来，使我们市场经济的规章制度体现社会主义价值标准的要求，体现人民利益的要求。正如马克思所说："在一切社会形式中都有一种一定的生产支配着其他一切生产的地位和影响，因而它的关系也支配着其他一切关系的地位和影响。这是一种普照的光，一切其他色彩都隐没其中，它使它们的特点变了样。这是一种特殊的以太，它决定着它里面显露出来的一切存在的比重"②。在实现中华民族伟大复兴的历史进程中，各种性质的所有制企业和不同类型的生产经营主体就是要在社会主义价值标准下最大限度地释放生产活力，共同促进我国社会生产力的迅速发展。

---

① 卫兴华.论社会主义生产力标准和价值标准的统一［J］.经济学动态，2010（10）：17.
② 马克思恩格斯选集（第2卷）［M］.北京：人民出版社，1995：24.

6.4.3 生产力标准和价值标准的统一是实现效率与公平的必然要求

在唯物史观的视域中，社会主义必然战胜并取代资本主义，其根本原因就在于资本主义私有制与社会化大生产之间存在根本冲突。建立生产资料的社会主义公有制，是社会主义市场关系的本质特征所在，通过建立公有制，使人们在共同占有生产资料的基础上进行劳动，为实现社会主义生产目的创造有利条件，这就消除了资本主义私有制所造成的各种"异化"，为助推生产力水平效益的提升扫清障碍。因而，公有制代替私有制是通过所有制的变革来解放发展生产力，进而消灭剥削，消除贫穷。我国是在跨越"卡夫丁峡谷"的基础上建立起社会主义的，迄今为止仍处于社会主义初级阶段，尽快解放和发展生产力，增强综合国力，提高经济社会效率并在此基础上实现人民对美好生活的需要，显得尤为重要而紧迫。但在发展生产力方面，市场体制已被证明是迄今为止最有效率的经济体制，也是能最大可能地促进生产力发展的资源配置方式。市场经济之所以有效率，在于它的竞争机制。在市场竞争中，价值规律发挥着优胜劣汰的现实功能，这种现实功能的内在标准就是生产某种产品的社会必要劳动时间或社会资源平均耗费水平，只有达到或高于平均水平，才会在竞争中处于有利地位，否则将会被市场所淘汰。因此，在同样的资源耗费情况下生产出更多、更好的为社会所需要的产品，具有更高效率，作为竞争的规律就表现出来了。同时，社会必要劳动时间又是通过竞争形成的，处于不断变易的过程之中，这又对生产者产生了一种外在压力，促使他们不断改进生产技术，提高经营管理水平，通过各种资源的优化组合来提高全要素生产率，进而提升生产力的发展水平和发展质量。事实上，市场经济作为一种有效配置资源的方式方法，可以和不同的社会制度兼容结合。当市场经济与社会主义制度结合后，它就为社会主义发展的目标而服务。因为它将市场置于社会主义基本制度的规制下运作，从而市场经济就变成我国发展生产力的工具和手段，这样既可以克服资本主义制度引发的市场经济的缺陷，又可以充分发挥市场经济促进生产力发展的优越性，使市场经济发轫的高效率为全体人民走上共同富裕创造物质基础，进而消除市场经济所引起的诸如两极分化之类的固有弊病，使社会成员在发展完善我国市场经济的过程中拥有更多获得感、幸福感，最终使市场经济能够成为社会主义本质得以实现的具体形式和体制保证。这样，社会主义与市场经济就从追寻效率正义的角度实现了生产力标准和价值标准的有机统一。

而同时，生产力的发展只具有社会发展的工具价值，就像共产主义一样，它们都有服从"人的解放和复原的一个现实的"① 发展目标。马克思指出，在新社会制度中，"社会生产力的发展将如此迅速，以致尽管生产将以所有人的富裕为目的"②。列宁则明确强调，社会主义就是要"使所有劳动者过最美好的、最幸福的生活"③。所以，社会主义制度的确立本身还深蕴着公平正义的道德价值。按照邓小平的理解，社会主义的本质在公平正义层面就表现为要消灭剥削，消除两极分化，最终实现共同富裕。尤其是党的十八大以来，习近平总书记明确提出"人民对美好生活的向往，就是我们的奋斗目标"④，强调要坚持"以人民为中心"的发展思想，并把共享发展作为"五大发展理念"的重要内核之一，这是社会主义公平正义在新时代的最新展现。但是，公平正义不仅是一种伦理道德，而且也是人与人之间相互关系在道德领域中的现实反映。因为生产关系是不断发展变化的，即在不同国度、不同时期的人与人之间的关系都会有不同的表现形式，因而公平正义的内涵和标准也会随之变化，呈现多元样态。正如马克思所说，公平的"权利永远不能超出社会的经济结构以及由经济结构所制约的社会的文化发展"⑤。因此，我国公平正义的道德价值必须通过人们在发展经济过程中所形成的各种关系来体现。以往的经济类型已被实践所证明由于不能担负历史的发展目标而退居幕后，只有市场经济为我们追求公平正义在现实的社会生活中提供了中介与桥梁。因为"商品是天生的平等派"⑥，市场经济以独立的所有权为前提，以等价交换为原则，以自由竞争为条件，它排除超经济的强制手段，实行完全自愿的平等交易；它要求每个人都处于在同一"起跑线"上参与市场竞争。对此，马克思曾深刻指出："平等和自由不仅在以交换价值为基础的交换中受到尊重，……作为在法律的、政治的、社会的关系上发展了的东西，平等和自由不过是另一次方的这种基础而已"⑦。因而从本质上讲，现代市场经济是自由的经济、平等的经济，市场经济是实现社会主义所追求自由平等理想价值的合宜机制。由此可见，公平的正义就成为社会主义市场经济把生产力标准和价值标准统一起来的又一重要基础。

---

① 马克思恩格斯全集（第 42 卷）［M］. 北京：人民出版社：1979：131.
② 马克思恩格斯全集（第 46 卷，下册）［M］. 北京：人民出版社：1979：222.
③ 列宁选集（第 3 卷）［M］. 北京：人民出版社：1995：546.
④ 习近平. 习近平谈治国理政［M］. 北京：外文出版社，2014：4.
⑤ 马克思. 哥达纲领批判［M］. 北京：人民出版社：1997：15.
⑥ 马克思恩格斯全集（第 23 卷）［M］. 北京：人民出版社：1972：103.
⑦ 马克思恩格斯全集（第 46 卷，上册）［M］. 北京：人民出版社：1979：197.

第 7 章 以习近平新时代中国特色社会主义思想为指引完善中国社会主义市场经济的路径指南

习近平新时代中国特色社会主义思想，立足中国特色社会主义进入新时代这个我国发展新的历史方位，从理论和实践上系统回答了新时代坚持和发展什么样的中国特色社会主义，怎样坚持和发展中国特色社会主义；充分体现了从党的十九大到党的二十大是"两个一百年"奋斗目标的历史交汇期，中国特色社会主义事业要从第一个一百年迈向第二个一百年；充分体现了我国社会主要矛盾发生变化，经济建设依然是党和国家的中心工作，但要更加注重全面协调可持续发展。时代是思想之母，实践是理论之源。要有效消除中美贸易摩擦的负面影响、积极推进新时代中国社会主义市场经济更加完善，就必须以习近平新时代中国特色社会主义思想为指引，深入推进基本经济制度、产权制度的更加完善，同时从要素配置的市场化、宏观调控方式以及全面深化供给侧结构性改革等方面进行深入思考。

7.1 继续推进基本经济制度的更加完善

7.1.1 持续增强国有经济的活力、控制力、影响力

我国的社会主义性质决定了国有经济在国民经济发展中起主导作用，在社会主义市场经济条件下，这种主导作用主要体现在国有经济的控制力上。由于国有经济是全国人民的共同财富，具有明确的公共属性。因此，习近平总书记在党的十九大报告中指出："要加快国有经济布局优化、结构调整、战略性重组，……有效防止国有资产流失"①。

---

① 习近平. 决胜全面建成小康社会夺取新时代中国特色社会主义伟大胜利——在中国共产党第十九次全国代表大会上的报告［N］. 人民日报, 2017 – 10 – 28 (03).

这一重要论述对持续增强国有经济的活力、控制力、影响力提供了路径向导。

首先，加快国有企业股权多元化改革，不断提高国有经济控制力。这一举措的关键在于探索形成国有制的有效实现形式。所有制的实现形式是指财产的所有形式和占有形式的结合问题。因此，深化国有企业产权改革，除了极少数的独资或绝对控股的国有企业，其他绝大多数的国有企业都必须推进产权多元化、人格化的改革。无论它们是实行混合所有的股份制改革，还是建立现代企业制度，无论实现投资主体多元化改革，还是放活国有中小企业，都要走产权多元化、人格化的改革之路。也就是在遵循市场规律的基础上，在原国有企业内引进不同的产权主体、投资主体、利益主体。另外，在对国有企业根据定位不同进行分类处理的同时，可以从推进国有企业特别是母公司层面的公司制、股份制改革，推进投资主体多元化，进一步优化国有企业的股权结构。实践表明，国有企业通过实施股权多元化改革，一方面可以吸引更多的社会资本与国有资本共同发展，另一方面促进国有企业进一步完善公司治理结构和内部运行机制。

其次，深化垄断行业国有企业改革，推动国有企业体制机制创新。我国经济发展进入新时代，迫切需要使经济发展由原来的高速增长转向高质量发展阶段。这一目标的实现客观上要求我国加快垄断产业改革，形成与社会主义市场经济体制相适应的垄断产业发展方式。从国内外改革发展情况看，放宽准入、多元投资、有效竞争、合理分配、独立监管是垄断产业改革的主攻方向和重要内容。改进垄断产业资源配置方式和配置效率，推动垄断产业与国民经济其他产业协调发展，使垄断产业改革和发展成果更好地惠及国民经济其他产业和广大人民群众，是新时代垄断产业改革的重要任务。当前和今后一个时期，我国垄断行业改革应该着力完善垄断行业国有企业管理和经营体制，尽快扭转在整个经济体制改革中相对滞后的问题，在健全法规、改善监管、强化激励、促进竞争并使竞争惠及终端用户方面取得突破。

再其次，调整和优化国有经济的战略布局与结构。国有经济战略性调整是政府职能转变、市场作用扩大和私有部门扩张的过程。现阶段国有经济战略性调整的主要任务是，继续促进国有资本向关系国家安全和国民经济命脉的重要行业和关键领域集中，向不能或不具备引入竞争机制的垄断行业集中，向私人资本无力或不愿意进入的行业集中，更好地发挥国有经济作用，防止商业寡头和外国资本威胁国家经济安全。同时，针对我国国有经济分布领域仍然过宽、一些企业经营范围庞杂等问题，国有经济既可以通过股权投资渗入民营企业，也可以通过转让国有股权吸收私人资本，实现产权多元化，改造成混合所有制企业，与民营企业形成你中有我、我中有你的融合。

最后，改革完善国有资产管理体制。党的十八届三中全会明确指出，以管资本为主加强国有资产监管；党的十九大也强调，"要完善各类国有资产管理体制，改革国有资本授权经营体制"。国有资产监管机构国资委要真正回归"代表国家履行出资人职责"的角色，不断健全国有资本经营预算、收益分配制度，扩大国有资本经营预算实施范围，逐步提高国有资本收益收取比例，确保国有资产保值增值；要建立权力清单、责任清单、负面清单。要以产权关系为纽带，使企业真正成为市场主体，把该给企业的权力都交给企业，该给董事会的权力都给董事会，既使出资人的职责得到落实，又使企业日常的生产经营活动和法人财产权不受干扰和侵害，让企业真正活起来，让企业运作和兼并重组充分发挥市场的作用。同时，要优化国有资本投资的运营主体，组建投资公司，行使股东职能，改善国有资本的质量效益。

7.1.2 毫不动摇地鼓励、支持、引导非公有制经济发展

习近平总书记在党的十九大报告中指出："全面实施市场准入负面清单制度，清理废除妨碍统一市场和公平竞争的各种规定和做法，支持民营企业发展，激发各类市场主体活力。[①]"这一重要论述，为促进我国非公经济的发展指明了方向。

首先，厘清促进非公有制经济的发展思路。在思想观念上，要摒弃传统公有制经济与非公有制经济的"老大""老二"之分，赋予非公有制经济与公有制经济同样的"名分"和地位，明确认定二者都是我国市场经济的重要组成部分。在政府与市场的关系上，进一步强调政府作为市场监管者或调控者，应该履行经济调节、市场监管、社会管理和公共服务职能，平等对待各类企业，平等保护各种性质企业的合法权益与产权归属。在市场竞争方面，鼓励、支持与引导民营企业与国有企业共同参与市场竞争，通过合理引导投资方向、强化科学有效的企业管理、增强企业技术创新能力、依靠创新驱动来促进民营企业的转型升级，实现规模化经营和专业化协作，形成非公经济发展的市场内生动力。

其次，进一步放宽民间资本市场准入。要实行开放式的市场准入政策，统一市场准入的价值标准，消除隐性壁垒，破除垄断专营。凡是法律法规未明确禁入的行业和领域都应该鼓励民营资本进入，凡是已向外资开放或承诺开放的领域都应该向国内资本开放。放宽金融、通信、文化、体育交通运输等服务业领域的投资"门槛"。推广PPP模式，引导民间资本与政府投资之间无缝对接，在PPP推广过程中，打造透明公

① 习近平. 决胜全面建成小康社会夺取新时代中国特色社会主义伟大胜利——在中国共产党第十九次全国代表大会上的报告［N］. 人民日报，2017 – 10 – 28（03）.

开的投资环境,不断完善合理的投资回报机制。

再其次,优化非公经济发展的制度环境。在市场经济条件下,政府要尊重和保护个体自由,通过制度安排和政策实施,给民营经济以更多的自由空间,使整个民营阶层享有自由的权利和合法的财产权。要从财政体制上进一步推动结构性的减税措施,通过清理乱收费、减轻企业税费负担、降低其融资成本等措施来真正降低民营企业的"税收痛苦指数"。继续完善鼓励引导民间投资健康发展的配套措施和实施细则,为各类民营企业的发展提供优质的服务环境和构建有力的政策支持、制度保障。

最后,积极"构建亲清新型政商关系"①。在我国现阶段,由于政府主导经济发展的模式没有根本转变,因此,完善我国市场体制离不开"构建亲清新型政商关系"。从"政"的方面来看,要把规范政府行为作为构建新型政商关系的着眼点,要在加大反腐力度的同时,实施权力清单、负面清单、责任清单的管理方式,加快健全各种监督机制,让权力在阳光下运行。从"商"的方面来看,要激发企业家精神,发挥企业家才能,不断提高企业自身的发展能力和竞争能力,积极引导民营企业走依法治企、合法经营的道路,同时还要加强对民营企业家的教育,使其自觉摒弃用不当利益输送解决问题的做法。从"政""商"的互动关系来看,要加强商会建设,建立公开透明的政商互动平台,使政商关系在互动博弈中健康发展。

7.1.3 加快发展混合所有制经济

现代市场经济既不是单一的政府干预型经济,也不是单一的市场自控型经济,而是一种市场机制与宏观调控相结合的经济。新时代背景下促进我国市场经济体制的更加完善,就是要适应全球化和新技术革命的新形势,完善"市场在宏观调控下对资源配置起决定性作用"的体制。这种新型经济体制的产权基础既不是单一公有制,也不是单一私有制,而是将公有资本和非公有资本"统一于新时代我国经济建设转向高质量发展阶段的历史进程中",这种"统一性",不是外在的统一,而是内在的统一。因此,习近平总书记在党的十九大报告中强调指出:要"发展混合所有制经济,培育具有全球竞争力的世界一流企业"②,这可以从宏观、中观和微观三个层面来推进混合所有制经济的发展。

---

① 习近平. 决胜全面建成小康社会夺取新时代中国特色社会主义伟大胜利——在中国共产党第十九次全国代表大会上的报告 [N]. 人民日报, 2017-10-28 (04).

② 习近平. 决胜全面建成小康社会夺取新时代中国特色社会主义伟大胜利——在中国共产党第十九次全国代表大会上的报告 [N]. 人民日报, 2017-10-28 (03).

首先，在宏观层面，优化我国积极"发展混合所有制经济"的社会经济环境。鉴于混合所有制企业归属于现代企业，而现代企业发展的具体社会经济环境主要是城市提供的，因此，要从城市的产业空间、市场空间、业务领域、经济生态、配套体系、法制建设、社会保障等方面不断促进城市的发展优化，从而有利于各种所有制企业（包括混合所有制企业）的成长。

其次，在中观层面，夯实我国积极"发展混合所有制经济"的前提和平台。这一前提和平台就是使公有制经济和非国有制经济之间能够相互合作、相互渗透、相互贯穿、相互融合，为此需要夯实经济制度的基础、市场基础、法律基础三个具体平台。第一，经济制度的基础就是指在同时空中积聚、发展和"并存"的公有制经济与非公有制经济，这为发展混合所有制经济提供了可能性；第二，市场基础是指日益健全和完善的市场体系及其市场行为的总和，这为发展混合所有制经济准备了实现条件；第三，法律基础是日益完善的且与市场经济相适宜的各种制度体系和法律规范，这是发展混合所有制经济的制度保障。

最后，在微观层面，积极推进我国混合所有制企业的组建。混合所有制企业是混合所有制经济的具体组织形式和实现载体，"发展混合所有制经济"就表现为混合所有制企业的组建、运营与管理。从存量上看，不同所有制企业不是一成不变的，可以通过产权市场、资本市场、企业并购市场的相互作用，实现国有企业、民营企业、外资企业以及混合所有制企业之间的相互转化。从增量上看，各种所有制资本在向市场、产业、城市等新的空间扩展和深化的过程中，彼此之间会因为共同利益的追求而相互转化、联合和"混合"，共同出资组建混合所有制企业。从国有资本来看，国有企业特别是国有大中型企业"封闭"和"固化"的产权格局亟待打破，亟待通过推进股份制和完善法人治理结构，从依赖"政策调整型"的改革模式和惯性中解脱出来，在企业的"产权制度创新"中寻求突破，形成混合所有制的产权结构。从民营资本来看，民营企业可以通过引进国有资本、民营资本或其他社会资本来实现产权的多元混合所有，也可以通过向民资、外资、企业内经营者和职工转化或吸收股本的办法，实现产权置换和优化重组。在"置换"和"重组"中，多种形式的混合所有制将会蓬勃发展，从而成为促进我国市场经济体制更加完善的重要着力点和基本实现形式。

总之，随着上述举措的不断推进落实，混合所有制经济将与公有制经济、非公有制经济之间在同一时空中实现"并存"，这三者共同构成我国市场经济的所有制经济基础，届时中国特色社会主义市场经济中的所有制经济总格局将如图7.1所示。

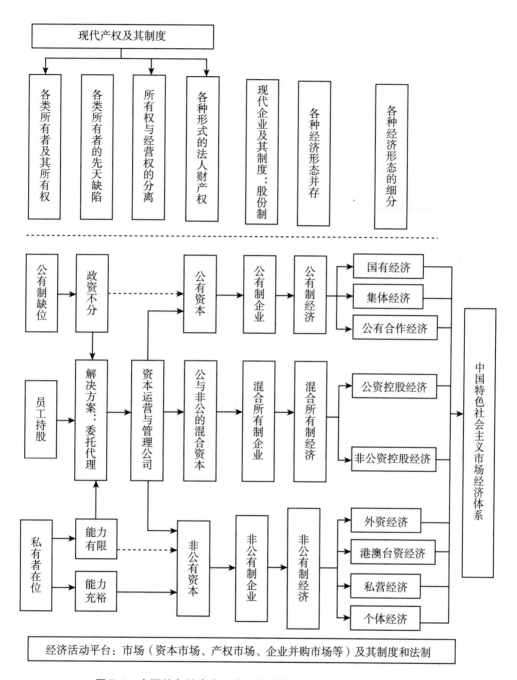

图 7.1　中国特色社会主义市场经济的所有制经济总体格局示意

资料来源：石良平，沈开艳. 社会主义社会主义初级阶段市场模式研究［M］.上海：上海社会科学院出版社，2016：123.

7.1.4 深入推进分配制度的改革完善

党的十九届四中全会明确指出，要坚持和完善公有制为主体、多种所有制经济共同发展，按劳分配为主体、多种分配方式并存，社会主义市场经济体制等社会主义基本经济制度。这也是党的中央文件首次将分配方式、社会主义市场经济体制与所有制形式并列，共同表述为我国社会主义基本经济制度。

按照马克思主义关于经济制度的学说，经济制度是生产关系的总和。生产关系是人们在生产过程中所形成的人与人之间的关系，由三个方面构成：生产资料归谁所有；人们在生产中的地位和相互关系；产品如何分配。这其中，生产资料归谁所有是最基本的、决定性的方面，是生产关系的基础，也是由社会生产组织方式、社会生产的交换方式、社会生产成果的分配方式等内容来综合体现的动态过程。这实际上表明，经济制度不仅包括生产资料所有制形式，还包括社会生产成果的分配方式，以及如何体现经济社会发展不可回避的对公平与效率要求适合的社会生产组织方式和交换方式等问题，也就是经济基础与上层建筑的关系问题。

从初次分配的角度看，从单一的按劳分配制度，逐步转向按劳分配为主与按生产要素分配相结合的制度，不仅为发展非公有制经济与私有财产保护提供了支撑，而且有利于激发各种要素活力，促进社会生产力发展，创造巨大的社会财富。

鼓励勤劳致富，健全劳动、资本、土地、知识、技术、管理、数据等生产要素由市场评价贡献、按贡献决定报酬的机制。健全社会再分配调节机制，实现由政府按照兼顾效率与公平的原则，完善以税收、社会保障、转移支付等为主要手段的再分配调节机制，强化税收调节，完善直接税制度并逐步提高其比重。重视发挥第三次分配作用，发展慈善等社会公益事业。中等收入群体是经济增长的核心力量，是跨越"中等收入陷阱"的中坚力量，扩大中等收入群体比重是跨越"中等收入陷阱"的关键因素。积极安排有效制度，如通过改善营商环境，鼓励创业和企业创新，带动就业，增加劳动收入，通过教育和培训提高人力资本，提高居民获取高收入的能力，积极拓宽城镇与农村居民财产性收入来源渠道，比如利息、股息、红利、租金、土地流转收益等，促使中等收入者规模逐渐增加，收入分布结构逐渐向"橄榄型"转变。

总之，坚持按劳分配为主体、多种分配方式并存，坚持多劳多得，着重保护劳动所得，增加劳动者特别是一线劳动者劳动报酬，提高劳动报酬在初次分配中的比重，并健全劳动、资本、土地、知识、技术、管理、数据等传统生产要素和新生的生产要素由市场评价贡献、按贡献决定报酬的机制。这既充分体现了社会主义的本质特征，体现社会公平正义，让改革发展的成果由人民共享，又能顺应现代社会经济的发展变革，通过更加合理更加科学的收入分配制度设计，可以最大限度地调动各种要素所有者的积极性和创造性，让一切创造社会财富的源泉充分涌流，让更多的社会主体积极主动投身到国家现代化的历史进程中。

7.2 深入推动产权制度的更加完善

7.2.1 建立健全产权保护的法律法规

马克思认为，市场就是商品的流通领域，是社会成员间各种交换关系的总和。而交换的实质是商品所有权在不同商品所有者之间的让渡。可见，产权制度是市场交换的前提，也是市场主体之间进行财产权利交换的法制保障，只有产权得到平等有效保护，市场主体才能放心投资，因此，产权制度是社会主义市场经济的基石，保护产权是坚持社会主义基本经济制度的必然要求①。

改革开放 40 多年中，我国的产权制度不断改革完善。现行宪法在强调"社会主义公有财产神圣不可侵犯"的同时，也明确规定了"公民的合法的私有财产不受侵犯"，以及"国家依照法律规定保护公民的私有财产权和继承权"。2007 年通过的《中华人民共和国物权法》构建了产权制度的基本框架，明确规定了对不同所有制的财产权实行平等保护，确认了民事主体对自己所有的物享有排斥非法干涉的支配性权利，从而奠定了产权保护的基础。党的十八届三中、四中、五中全会都反复强调要加强产权保护。然而在实践中，由于受"一大二公"的"左"的思想的影响，以及法治观念的淡薄，我国产权保护仍然存在一些薄弱环节。

进入新时代以来，我国正在走向成熟的市场经济，迫切要求建立健全与之相适应的产权制度。因此，必须依据我国《宪法》和《物权法》的规定，对各类所有制财产进行平等保护、全面保护、依法保护，使各类产权主体在市场交换中形成一种可以合理把握其财产的利益预期。首先，破除"左"的思想障碍，将公有产权与私有产权一视同仁，平等保护，因为每个市场主体都拥有独立地位，平等参与市场竞争，并按价值规律的要求来配置资源是市场经济的内在要求。在我国现阶段，"两个毫不动摇"的

---

① 中共中央国务院关于完善产权保护制度依法保护产权的意见 [J]. 人民日报, 2016 – 11 – 28 (01).

实施离不开公有制经济财产权不可侵犯，非公有制经济财产权同样不可侵犯①。其次，全面推进依法治国，把权力关进制度的"笼子"里。因为市场经济本质上是法治经济，它不但要求各类市场主体要遵守市场规则、维护市场秩序，而且要求政府在行使权力时也必须在法律框架内依法行政，不得以公权力侵害各类市场主体的合法财产权，要合理界定征收征用适用的公共利益范围，不将公共利益扩大化，细化规范征收征用法定权限和程序②，并给予及时合理补偿。再其次，加大知识产权保护力度，探索建立对专利权、著作权等知识产权侵权惩罚性赔偿制度，从而保护市场经济的创新精神。保护产权尤其是无形财产权，有利于鼓励人们勇于承担风险，促进技术创新，推动生产力的发展。如果忽视对产权的保护，则个人所创造的利益可能被他人无偿利用，从而使其丧失竞争优势，这将极大地消减个人的创新欲望，不利于经济社会的长远发展。最后，健全增加城乡居民财产性收入的各项制度，在国有企业混合所有制改革中，支持有条件的混合所有制企业实行员工持股，坚持同股同权、同股同利。深化农村土地制度改革，赋予农民更多财产权利，增加农民财产收益③。只有不断完善产权保护制度，使个人的合法财产权得到有效保护，才能充分激发市场主体的活力和创造力，使经济发展的内生动力不断增强，提高资源配置和利用效率，推动社会主义市场经济的发展完善。

7.2.2　健全产权交易和流转制度

健全产权交易和流转制度，就是通过健全相应的法律法规和制度安排，使产权交易和流转的制度更加完备有效，在提高产权交易效率的同时有效防止合法产权权利受到侵犯。健全产权交易和流转制度，最重要的就是要完善多层次的资本市场。从产权交易和流转角度看，完善多层次的资本市场，主要是完善产权交易市场，同时要逐步发展和完善场外交易市场。

首先，要继续健全产权交易市场。我国的产权交易市场作为多层次资本市场的重要组成部分，在促进国有产权的市场化、资本化方面具有重要作用。尤其是 10 多年来我国产权市场的发展证明，正是产权交易客观上在推进国企改革、打破中小企业融资瓶颈、优化资源资产重组等方面发挥了积极作用，其信息集聚、价格发现、金融服务等功能日益显著，更好地体现了市场在配置资源中的决定性作用。当然，由于我国产

---

① 中共中央国务院关于完善产权保护制度依法保护产权的意见［J］. 人民日报，2016 – 11 – 28（01）.
②③ 中共中央国务院关于完善产权保护制度依法保护产权的意见［J］. 人民日报，2016 – 11 – 28（06）.

权交易的市场化进程还比较短，市场化程度还不够高，在保证国有产权交易过程的廉洁操作、公开透明、依法经营等方面，还需要继续推进制度创新和制度规范。作为改革方向选择和正式制度安排，应在统一的产权信息市场的基础上，逐步推进不同地区产权交易机构的整合和重组，并形成统一的产权交易市场。随着我国资本市场的不断发展，现行产权交易市场的定位和功能也需要不断调整和界定，作为一种制度选择和安排，现有以国有产权交易为主的产权交易市场应向社会公共资本市场逐步转变，最终融入统一的社会资本市场体系。

其次，逐步发展和形成场外交易市场。目前我国的场外市场主要由金融市场报价、信息和交易系统（NET）与全国证券自动报价系统（STAQ）组成。借鉴欧美等发达国家或地区发展场外市场的成功经验，结合我国场外交易市场发展的特点，加快我国场外交易市场改革发展可以考虑从以下方面努力：第一，建立一个全国统一互联的、电子化报价的柜台交易系统，允许非上市公司股权转让和交易；第二，给予小企业融资更多的豁免权；第三，柜台交易拟定为证券公司非上市证券买卖或代理买卖的新业务，应鼓励发展做市商；第四，交易佣金收入宜实行固定佣金制，采取统一固定比率的佣金制。

7.2.3　加强对产权市场运转的有效监管

无论是证券市场还是产权市场，要能够有效运转，都必须做到严格监管和提高监管效果。要依法严格监管，强化执法意识，加大执法力度，严厉打击违反交易规则和损害投资者利益的各类违法违规行为，真正做到有法必依、违法必究，确保参与交易的公司规范运作，维护证券和产权市场正常发展的秩序。

一是加强和完善政府的监管模式，由集中监管转向分层监管，由单一监管转向多元监管。通过证监会、银保监会等主要监管机构，在建立更加规范和透明的强制性信息披露制度的基础之上，把舆论监管与行业自律相结合，赋予优质的证券公司以创新空间，并以此来奖励他们，而对那些劣迹公司则通过限制其业务范围来进行惩罚，直至其弃恶从善，以保障资本产权交易市场的健康有序运行。

二是加强和改进国有资本的产权监管。国有资本产权监督是全方位、多层次、多个机构组合的监督体系。要进一步落实国有企业监事会制度，每年对企业定期检查1～2次，也可以根据实际需要不定期地对企业进行专项检查，以防止企业资产流失。要认真开展审计监督，既要对经营者的任期进行经济责任审计，也要对经营者的离任进行经济责任审计，通过外部审计和内部审计相结合的方式，使国有资产的受托经营者认真履行职责。要不断健全财务监督制度和会计监督制度，进一步加强工商税务监督、工会与职工监督，发挥新闻媒体、社会舆论监督的积极作用。

三是加强对中介机构的监管。我国产权交易市场的发展离不开规范的中介服务体系，建立完善的中介服务体系，包括科技成果评估认定机构、技术交易经纪机构、风险投资管理顾问机构、监督和信息披露机构、行业自律组织等。吸引金融、投资、会计、审计、评估、交易、法律、专利、咨询等方面的中介机构参与，使中介服务社会化，中介服务机构要按照诚信、公正、科学的原则依法开展经营活动，并承担相应责任。

7.3　加快实现要素市场化配置的更加完善

7.3.1　不断健全公开透明的市场规则

现代市场体系的市场规则，就是根据市场经济的内在要求，通过一系列法规、制度、条例或约定俗成的认同等形式，所确定和形成的市场主体经济行为与相互之间经济关系及活动方式的准则。建立公平开放透明的市场规则，主要围绕以下内容展开：

一是建立和完善统一的市场准入规则。要在深化行政审批制度改革的基础上，制定负面清单，降低市场准入门槛，对所有企业和其他市场主体而言，只要是负面清单没有明文规定的，任何生产领域都能进入、任何经营活动都能开展、任何事情都可以进行，也就是"法无禁止即可为"，这将有利于营造充满活力与创造力的市场氛围。因此，要实行统一的市场准入制度，在制定负面清单基础上，各类市场主体可依法平等进入清单之外领域①。这是适应世界市场发展和全球贸易自由化的需要，有利于提高市场准入程序的公开化和准入透明度，保障各类经济主体获得平等的市场准入机会，有利于促进各种市场主体在经济活动中公平交易、平等竞争、共同发展。

二是建立和完善市场监管的规则。党的十八届三中全会指出，要实行统一的市场监管，清理和废除妨碍全国统一市场和公平竞争的各种规定和做法，严禁和惩处各类违法实行优惠政策行为②，切实实施《中华人民共和国反垄断法》以规范市场垄断行为，全面修订《中华人民共和国反不正当竞争法》以重新界定不正当竞争行为，反对地方保护，反对垄断和不正当竞争，加快形成企业自主经营、公平竞争的市场大环境。

---

①② 中共中央文献研究室．十八大以来重要文献选编（上）［M］．北京：中央文献出版社，2014．

三是建立和完善社会信用规则。要建设个人信用联合征信服务系统，逐步扩大个人诚信系统覆盖的领域，扩大个人信用品种；要加强企业信用管理建设，使企业的生产经营、投资贷款、上缴税费等方面全部纳入信用数据库进行统一管理；要完善政府信用管理和服务系统，政府的金融、财政、审计、证券监管、工商、税务、海关、质检等部门应逐步建立和完善社会信用等级管理制度、信用考核评价体系、信用信息公开系统等；还要注重培育信用中介机构，推进信用服务行业的发展，同时充分考虑社会平衡和风险控制，有效保护个人隐私和企业商业秘密。

7.3.2　完善主要由市场决定价格的机制

从价格角度讲，现代市场应是一个市场价格主体众多、价格信息畅通、价格体系完善的大市场。因此，在清除市场壁垒的同时，要通过制定政策法规，实施一系列的价格规范，来确认定价主体的价格和定价行为准则，进而使市场形成价格的机制得以实现。

同时，党的十八届三中全会还明确强调，凡是能由市场形成的价格都交给市场，政府不进行不当干预①，要尽量减少政府的行政干预，缩小政府定价商品的范围，即政府定价范围主要限定在公用事业、公益性服务、网络型自然垄断环节②，让供求机制、价格机制、竞争机制等相互作用，充分发挥其引导市场主体的作用，价格主管部门应当实现由过去单一的管理职能向管理和服务并重的职能转变。在管理决策方面，应当建立科学的经济决策制度，如建立听证会制度，对重大的政策措施应当广泛征求各方面的有关意见，认真进行可行性研究和科学论证；价格主管部门还应当强化其服务职能，为社会各界提供准确、及时的价格信息，尤其要为企业提供价格服务，建立商情分析系统与信息发布网络，为企业生产经营提供可靠的决策信息，为广大的消费者提供方便。

7.3.3　着力推进要素市场体系建设

第一，建立统一融合的劳动力市场。政府要从根本上改革二元户籍制度和多重分割的社会保障制度，消除城乡户口差别，实行统一的居民户口登记制，并在此基础上建立与之相适应的教育、医疗、就业、社保、住房及人口统计制度，以利于打破劳动

---

①② 中共中央文献研究室. 十八大以来重要文献选编（上）[M]. 北京：中央文献出版社，2014.

力市场的城乡分割。鼓励农村劳动力向城镇非农产业转移，进一步调整户口迁移政策，积极推进以人为核心的城镇化，以此打破劳动力市场的行业分割。

第二，健全充分竞争的消费品市场。一是增加消费的有效供给，推动消费供给与需求的相互匹配与相互促进，充分发挥市场机制的决定性作用；二是净化网络消费环境，推进网络消费市场健康发展；三是健全完善消费品市场法规，改善消费环境，不断降低消费品市场的运营成本，使生产者与消费者得到合理的剩余，以消费品市场发育推动市场体系的健全完善。

第三，建立城乡统一的建设用地市场。要推进农村建设用地资本化，加快土地有效流转，通过"要素同权"来盘活农村资源要素，使农民拥有更多财产性收入；同时，由于我国人口众多，人均占有耕地相对较少，为确保我国粮食安全和农业基础地位，就必须要求在发展土地市场的过程中实行最严格的耕地保护制度和节约制度。因此，政府的介入是必不可少的。但政府对土地市场的调控应更多采用价格、税收、利率、信贷等经济杠杆和制度、政策等法律手段来进行调控和管理，防止市场波动。

第四，不断完善资本市场。党的十八届三中全会指出，在加强监管前提下，允许具备条件的民间资本依法发起设立中小型银行等金融机构[1]，这就需要不断深化金融改革，建立现代银行体系，提高社会资金的动员能力和配置效率；不断优化证券市场，鼓励金融创新，拓宽融资渠道，降低融资成本。同时，政府要适时制定并完善市场规则，尤其是在爆发金融危机时，政府需要强力介入并将其负面影响降至最低。对此，党的十九届四中全会通过的《中共中央关于坚持和完善中国特色社会主义制度 推进国家治理体系和治理能力现代化若干重大问题的决定》明确提出，加强资本市场基础制度建设，健全具有高度适应性、竞争力、普惠性的现代金融体系，有效防范化解金融风险[2]。这一重要论述明确了健全完善金融体系、提高金融服务实体经济能力的重点和方向。

7.4　促进宏观调控方式和体系的更加完善

7.4.1　理顺政府与市场的关系

党的十八届三中全会提出，要使市场在资源配置中起决定性作用和更好发挥政府

---

① 中共中央文献研究室. 十八大以来重要文献选编（上）［M］. 北京：中央文献出版社，2014.
② 中共中央关于坚持和完善中国特色社会主义制度 推进国家治理体系和治理能力现代化若干重大问题的决定［N］. 人民日报，2019-11-06（05）.

作用①。对宏观调控而言，"更好发挥政府作用"的实质内涵在于要形成尊重市场规律的政府作用，政府行为要有利于发挥市场配置资源的决定性作用。

一方面，政府行为要尊重市场规律。在提供规则和程序方面，政府需要尊重市场规律，因为政府制定的很多外在规则并不是说完全由政府制定的，更多的情况是政府适应了市场的需要承认一个既成事实，只是系统化和形式化了业已存在的规则而已②；反之则会引起市场秩序的混乱。在提供公共服务方面，政府也要尊重市场规律，利用市场机制，以尽可能低的成本提供高质量的公共服务，因为公共产品（服务）的价值也是由社会必要劳动时间所决定，它们也要进入市场并通过市场交换才能实现自身的价值。因此政府提供公共产品（服务）的行为在一定程度上也是一种市场购买行为，只不过购买主体由普通厂商转变为政府。这就需要政府在遵循价值规律的前提下，规范进入市场的公共产品供给秩序。

另一方面，要合理界定政府职能。根据其职能属性，可将政府职能概括为三大类，即管理、服务、保障三大职能。在管理职能方面，主要包括经济管理、社会管理和文化管理。其中，经济管理主要包括（公正的）市场监管、（间接的）宏观调控以及（有限的）国有资产管理；社会管理主要包括户籍管理、社团管理、收入分配（包括一次分配、二次分配和三次分配）；文化管理主要包括新闻、出版、文艺。在服务职能方面，主要包括教育、医疗、就业。其中，教育服务主要包括义务教育、高等教育、职业教育；医疗服务主要包括公共卫生、医疗救治、养老养生；就业服务主要包括职业介绍、岗前培训、最低工资。在保障职能方面，主要包括安保、社保、环保。其中，安全保障主要包括国家安全、社会治安、司法法律；社会保障主要包括养老保险、医疗保险、失业保险；环境保护主要包括水资源保护、空气污染防治、土壤污染防治。

7.4.2　调整宏观调控的政策取向

随着中国经济发展进入新常态，在确定宏观调控增长目标时，应当更多关注效益性指标。只要企业盈利增长平稳、就业总体压力不大、金融财政风险没有恶化、增长质量有效提升，预期目标定得低一点并不会耽误长远的发展；相反，如果速度定得过高，则可能对结构转换、风险控制均带来不利影响。克服高增长时期形成的思维惯性，需要注意两种错误倾向。一种是没有认识到增长阶段转换的全局性影响，通过透支增

① 中共中央文献研究室. 十八大以来重要文献选编（上）[M]. 北京：中央文献出版社，2014.

② 方福前. 政府与市场秩序的形成 [J]. 经济理论与经济管理，2004（7）.

长潜力、扩大泡沫的方式将本区域经济增速推高,最终引起新的产能过剩和风险累积。另一种是虽然认识到潜在增速的变化,但对增速下行可能带来的风险隐患未能引起足够重视,一旦风险爆发就会措手不及。

另外,宏观调控需要更加关注供给侧的政策措施。高增长阶段,面对广阔的国内外市场,企业只要将未充分利用的资源和生产要素组织起来投入生产,就可以获取丰厚利润。国内外需求的扩张速度放缓后,经济增长的制约因素越来越转向供给侧,全要素增长率在促进增长中的作用日益提高。与发达国家相比,我国生产率提升的空间仍较大。提高生产要素的配置效率、提升高新技术研发、应用能力,将一步释放我国后发优势。在做好需求管理的基础上,宏观调控应更多关注供给侧效率和能力提升,在人力资本提升、知识产权保护、科技和创新等方面加大投入和支持力度,切实将增长的驱动力更多转换到创新上来。

7.4.3 完善宏观调控的方式方法

加强和完善宏观调控,更好发挥政府作用,是社会主义市场经济体制的内在要求。党的十九届四中全会通过的《中共中央关于坚持和完善中国特色社会主义制度 推进国家治理体系和治理能力现代化若干重大问题的决定》提出,健全以国家发展规划为战略导向,以财政政策和货币政策为主要手段,就业、产业、投资、消费、区域等政策协同发力的宏观调控制度体系①。这就需要厘清政府和市场、政府和社会的关系,深入推进简政放权、放管结合、优化服务,建设人民满意的服务型政府。

第一,按照宏观调控的主要任务,突出市场在资源配置中的决定性作用。要深刻认识到部分商品和要素价格扭曲、经济结构和发展方式不合理、产能过剩、地方债务和金融风险积累、生态环境恶化等现象,都与政府对资源配置干预过多和干预不当、市场功能发挥不够有密切关系,因此,在明确宏观调控任务的同时,必须遵循市场在资源配置中起决定作用这样一条基本的经济规律。

第二,加强财政政策与货币政策协调配合的运行机制,推进财政与信贷的综合平衡。根据经济周期发展的不同阶段,相机抉择地采用不同的财政、货币政策组合类型,提高政府对经济运行的宏观调控水平,保持社会总供求的动态平衡;同时政府还要发挥投资、消费、外资外贸、市场准入、土地、区域政策、节能环保等政策工具的支撑

---

① 中共中央关于坚持和完善中国特色社会主义制度 推进国家治理体系和治理能力现代化若干重大问题的决定 [N]. 人民日报, 2019 – 11 – 06 (05).

作用，努力做好各方面的适应性调整，及时化解各种矛盾，努力实现经济增长阶段的平滑过渡。

第三，推进宏观调控目标制定和政策手段运用机制化。包括：建立健全宏观经济形势分析研判机制和监测预测预警信息会商机制；建立健全重大问题研究和政策储备工作机制；建立健全社会听征、信息公开、公众参与、专家咨询等民主决策机制；建立健全政策评估和调整机制，寓改革于调控之中，提高相机抉择水平。

7.5　全面深化供给侧结构性改革

7.5.1　以要素新供给来提升全要素生产率

从现实语境看，社会主义制度优越性的充分发挥，必须要利用市场手段发展经济。社会主义中国要发展，发展是第一要务，是解决一切问题的基础。市场经济制度是一种有效的经济发展手段。中国必须引入市场经济制度同社会主义制度相结合，形成社会主义市场经济体制，在生产、分配、交换、消费各个环节激发活力，以赢得更充分的发展空间。实践证明，社会主义市场经济体制是推动中国稳定健康发展的有效制度。将社会主义市场经济体制上升为基本经济制度是现实选择。要应用好这一重大创新就要紧扣供给侧结构性改革这条主线，解决供给和需求的动态匹配问题，使供需良性互动，形成生产和消费互促共生格局。对此，习近平总书记在党的十九大报告中指出："以供给侧结构性改革为主线，推动经济发展质量变革、效率变革、动力变革，提高全要素生产率"[1]。因此，劳动力、资本、技术等生产资源要素生产率的提升，既是推动供给侧结构性改革的动力源，也是促进我国市场经济体制更加完善的必然要求。

首先，在劳动力要素改革之中，户籍制度改革无疑是重点。一方面，它能够促进各地的劳动力库存之间的流通，形成全国统一的劳动力市场，所以要加快落实国务院颁发的《推进户籍制度改革的意见》，促使劳动力能够在各地区、各行业之间自由流动，有序发展。另一方面，劳动力除了供给和区域之间的流转之外，还必须通过提高人口质量、加大教育投入、注重教育机会公平、增强劳动者职业技能培训等措施来不断提高劳动者的综合素质，进而提升我国的人力资本优势。其次，改革融资机制，提

---

[1]　习近平. 决胜全面建成小康社会夺取新时代中国特色社会主义伟大胜利——在中国共产党第十九次全国代表大会上的报告 [N]. 人民日报，2017 – 10 – 28（03）.

升融资意愿，推进利率市场化，通过减轻企业税费压力以降低成本，优化配置，提高资本回报率和使用效率。再其次，推进土地制度改革，加速土地确权流转。在农村，土地使用的基础是土地确权，目的是活化农村土地使用权。这样一来，未来农村土地的使用权将更加开放，突破供给瓶颈，地域之间地产流动将加快。最后，鼓励大众创新，提升创新转化率。充足的创新资源和适宜的创新环境也是提高全要素生产率的重要因素。在两种因素的鼓励下，创新者及其创新理念能够有效地存活下来，并在更大的概率上获得成功，从而有助于促进技术要素的创新供给，提升全要素生产率。

7.5.2 以结构性新供给来促进经济结构调整

供给侧结构性改革的一个重要目的就是要提升产业结构，发展新经济，改造传统产业，培育和发展战略新兴产业。所谓战略新兴产业就是关系中国重大利益并且可能成为未来的支柱性产业的成长中产业。就中国产业发展的现实而言，发展战略新兴产业必须选择那些已经掌握核心关键技术、符合市场发展寻求（前景）、资源能源消耗低、综合经济效益好的优势企业，这样才能避免重复建设、过分扩大生产能力。可以说，发展战略新兴产业，是使我国产业转型升级由"点"状突破转向"线"状、"面"状突破的必然选择，也是提高我国经济发展质量、使我国从经济大国走向经济强国的内在要求。

国际经验告诉我们，促进战略新兴产业与传统产业的互动协调发展才是产业升级的可行道路。传统产业是我国经济的主体。中国的人口规模和劳动力结构决定了需要有丰富的产业结构层次，各类产业都有发展空间。一般而言，战略新兴产业都是由传统产业改造升级而来，其目的在于优化产业布局、推进传统产业的转型升级和发展的产业化。所以，发展战略新兴产业所需要的资源、市场、技术、人才都与传统产业的升级息息相关。因此，一方面，要向传统产业植入高新技术，促进其转型升级；另一方面，也要认识到，战略新兴产业既包括新产生的产业，也包括传统产业与高新技术融合而发展起来的产业。

需要指出的是，新兴产业的发展壮大，不仅需要发达先进的生产技术，而且也需要它所生产的产品符合市场的发展需求和发展前景。2008 年国际金融危机爆发后，英美等发达国家的经济增速明显放缓，它们对新兴产业产品的市场需求也在缩减，这使得世界新兴产业的发展势头也在一定程度上受阻。因此，我们在发展战略新兴产业时不能过度依赖国际市场的需求状态，而要立足于国内市场需求，充分运用"互联网＋"、大数据、区块链等新时代的数字经济新业态新模式，更好地了解市场需求，进而在优化供给结构、提升供给质量的基础上不断扩大国内市场应用，开辟新的市场发展空间。

总之，推进产业结构的转型升级，必须依托于现实的工业体系和现实市场需求的形成和增长。如果脱离现实市场需求，期望短期内就大功告成，往往欲速则不达。尤其是在区域布局上，要加强对各地产业转型升级的规划引导，发挥区位比较优势，推进地区专门化与多元化相结合，使产业布局朝着"分散—集中—分散"的规律螺旋式上升。这是供给侧结构性改革在产业发展战略上的基本方向和根本任务。

7.5.3　以制度政策新供给来深化市场经济体制改革

推进"供给侧结构性改革"需要政府在制度等方面的支持，其中重要的一点就是控制制度成本，对市场进行保护。具体来说，就是要有序废止审批权，改革工商等监管体制，加强事中事后监管，进一步简政放权，发挥企业自由兼并重组、要素资源再配置的能力；深化财税体制改革，完善分税制，将基础教育和公共医疗卫生等社会性支出责任适当上移，提高社会保障的统筹层次；同时在改革过程中加大反腐力度，突破垄断限制，优化有利于企业发展的制度环境等。

从政策理论的角度来看，政府供给政策的核心问题就是要处理好产业政策和竞争政策的关系。从产业政策的角度来看，当前，我国政府应加强战略性的顶层设计，着眼于适应全球制造业技术和产业发展趋势，并以我国长期的经济社会发展需求为导向，适时制定和出台我国的"长期制造业发展战略"，统筹整合各项具体的产业政策，不断完善我国的产业政策体系。主要包括：加强对核心技术和重大产业项目的资金扶持；加强产业化总体部署，大幅提升新技术产业化的效率和力度；完善创新网络，实现各类产业主体的优势互补；鼓励企业整合全球资源，主动走出去占领高端市场等。与产业政策相比，竞争政策是对任何企业都没有偏好的中性政策，是一种高度法律化的经济政策，它主张要遵循市场的竞争原则，反对市场垄断，相关法律政策主要表现为我国的《反垄断法》《反不正当竞争法》等。

总之，推进产业政策和竞争政策的协调融合，不断改善商业环境、营造产业发展的良好秩序，是我国加快完善政策体系的必然要求。尤其是尽快实现竞争政策的法制化，对不断完善中国社会主义市场经济体制，将我国市场经济融入经济全球化具有十分重要的意义。因此，坚持无歧视原则，建立和运用竞争政策方面的法律，对不公平的贸易进行制裁，减少反竞争行为和现象，是维护经济全球化公平贸易的必要保障。

7.5.4　推进供给侧改革与需求侧管理的协同统一

需求管理和供给管理都是宏观经济管理的重要手段，但在经济增长和经济发展的不同时期和阶段，宏观经济管理的侧重点也是不同的。1978年以来，我国在市场化改革的进程中实现了持续的高速经济增长，在改革初期和中期，更多的是通过改革来提高生产领域的效率，增加供给，缓解短缺，由此促进经济增长，这主要属于供给领域的改革与管理；而进入21世纪后，由于我国社会主义市场经济已经基本建立，更多的是通过货币政策和财政政策调控需求，来实现平稳高速增长的目标，这主要属于需求管理。近年来，我国的总量失衡开始显现，其背后则有深刻的结构性矛盾和体制性原因，增加了市场配置资源和政府宏观调控的难度。

尤其是随着经济新常态的到来，我国处于社会主义初级阶段的特征仍十分明显，同时面临消费需求不足、供给相对过剩、公共服务和创新性领域供给又严重不足的问题。这些矛盾和问题是社会主义市场经济体制不完善的具体表现，需要新的解决药方——即实行需求管理与供给管理相结合的新方略。首先，以创新供给带动需求扩展。通过制度创新、技术创新和产品创新满足并创造新的消费需求，支持信息、绿色、旅游等领域新消费发展，在消费升级中释放需求潜力。积极增加有效投资，立足长远，实现投资综合效益递增。其次，以扩大有效需求倒逼供给升级。采取适当的宽松搭配的宏观需求管理政策，增加有效投资，以"补短板"为抓手，大力推进新型城镇化、产业升级、重大民生工程等，引导更多资金进入实体经济领域，使经济增长保持在合理区间。最后，把供给侧的政策与需求侧的政策相结合。供给和需求是一体两面，有机统一的。推进供给侧结构性改革，并非把需求侧置之不理，而是要把供给端和需求端有机统一起来，在供给和需求两端同时发力，也就是要根据经济运行的实际发展情况，把供给方的产业政策、就业政策与需求方的货币政策、财政政策有机结合起来，在相机决策进行相关政策搭配组合的基础上寻求改革各环节的一致性，以市场的力量来推进"三去一降一补"，并在这一过程中激发市场主体的活力与创造力，进而为新时代中国经济发展提供新动力。

总之，供给侧结构性改革和需求侧管理要有机统一，相互促进。供给侧结构性改革从生产力与生产关系相统一的角度出发，强调以创新驱动来淘汰落后产能，通过以要素、结构、制度政策的优化组合来创造新的供给模式，提供新的供给产品，满足并扩大新的消费需求，从而提高全要素生产率，更好地促进生产力的发展。需求侧管理则立足于消费对生产的反作用，主张适度扩大总需求，保持目标市场规模的扩张以及市场主体的合理预期，为推进供给侧结构性改革创造有利的宏观环境。正是供给侧改革和需求侧的有效协同，促进了我国社会主义市场经济体制不断发展完善。

第8章 结论与展望

经过 40 多年的改革开放，中国式增长创造了史无前例的"发展奇迹"，这在中外经济发展史上都是绝无仅有的。增长奇迹背后的支撑和动力，无疑是我国在推进马克思主义经济学中国化第二次"飞跃"的过程中把社会主义与市场经济进行有机结合，创造了世界独一无二的具有中国特色的社会主义市场经济发展模式。实践表明，中国市场经济发展的历史轨迹和现实路径，实质上遵循着中国经济与社会特有的内在运行规律，体现出实践与理论的双重探索。在新时代背景下，以习近平新时代中国特色社会主义思想为指引，加快完善我国市场经济体制，既是构成习近平新时代中国特色社会主义经济思想的重要内容，也是中国全面建设社会主义现代化国家的必然要求。

8.1 马克思主义政治经济学指导了我国市场经济创新发展

马克思在《资本论》中阐述的"社会经济三形态"理论表明，商品经济是人类社会不可逾越的发展阶段，这有利于将市场经济置于整个人类社会发展的宏观历史坐标中进行动态分析。同时，马克思还在《资本论》第 3 卷第 50 章明确指出："如果我们把工资和剩余价值，必要劳动和剩余劳动的独特的资本主义性质去掉，——那么，剩下的就不再是这几种形式，而只是它们的为一切社会生产方式所共有的基础"。① 马克思的论述表明，对人类社会的经济过程和经济范畴应从其"物质内容"和"社会形式"两个方面进行考察，也就是要揭示出经济过程和经济范畴的物质内容在一定条件下的同一性和发展的连续性，以及在经济过程发展的不同阶段上同一经济范畴所反映的不同社会形式。对于商品（市场经济）而言，马克思也从物质内容和社会形式的不同层面进行考察。《资本论》第 1 卷第 5 章中特别指出："各种经济时代的区别，不在

---

① 马克思恩格斯全集（第 46 卷）[M]. 北京：人民出版社，2003：992.

于生产什么，而在于怎样生产，用什么劳动资料生产"①。这表明，商品（市场）经济作为资源配置的一种经济手段或生产形式，本身并不具有任何社会性质，关键在于它与什么样的生产资料所有制相结合。在此基础上，马克思在《资本论》中进一步探讨了市场经济的一般规律，诸如价值规律、供求规律、竞争规律、货币流通规律、资本积累规律、生产价格规律等，这些规律体现了市场经济的内在机制，反映了市场对资源配置的调节作用。无论是建立在生产资料私有制基础上的、以资本为中心的资本主义市场经济，还是建立在生产资料公有制基础上的、以人民为中心的社会主义市场经济，这些规律都将客观存在并发挥作用。"正是从这一意义上说，马克思在《资本论》中所揭示的科学原理并未过时，马克思主义的政治经济学理论体系依然闪烁着真理的光芒，越是发展社会主义市场经济，越是要求我们必须深刻地去学习和掌握《资本论》所阐述的科学原理，并善于运用这些科学理论去指导好发展社会主义市场经济的伟大实践。②"

8.2　当代中国社会主义市场经济的创新发展是理论与实践的双重探索

中国历史上从未有过市场经济，封建制度延续几千年，计划经济体制维持几十年，在这种情况下建立和发展社会主义市场经济，我们既无历史经验可依循，又无现成模式供照搬，因此，当代中国社会主义市场经济的创新发展一直处于理论与实践的双重探索之中，即作为理论形态的社会主义市场经济是同实践形态的社会主义市场经济在互动交融中产生与发展起来的，并在此过程中不断发展完善。

中华人民共和国成立后，以毛泽东为代表的中国共产党人对苏联模式的弊端进行了反思，对我国如何进行大规模的社会主义经济建设展开积极探索，同时围绕社会主义经济中"商品生产""商品交换""价值规律"等方面进行深入探讨。在此过程中，毛泽东写下了《论十大关系》《工作方法六十条草案》等指导社会主义经济建设的重要文献，为 20 世纪 70 年代末开始的改革和市场经济理论的探索做了有益铺垫。

改革开放开启了马克思主义经济学中国化第二次飞跃的伟大进程，它推进着中国

---

① 马克思恩格斯全集（第 44 卷）［M］. 北京：人民出版社，2001：210.

② 习近平. 对发展社会主义市场经济的再认识［J］. 东南学术，2001（4）：28.

市场经济实践道路的拓展，也为中国市场经济理论的形成提供着鲜活的实践经验。因此，始于 1978 年的中国农村改革以及随后在城市进行的扩大企业自主权改革试点，使传统计划经济体制的缺口被打开，人们的市场意识开始复苏。实践上的成功反映在理论上就表现为对传统意识形态的突破。这一时期，我国先后提出"计划经济为主、市场调节为辅""有计划的商品经济""国家调节市场、市场引导企业"等一系列重大创新理论。这些重大理论成果均在不同程度上强调市场调节的重要作用，突破了完全排斥市场调节的计划经济传统观念，对全面推进市场经济体制改革起到极大的推动作用。

实践在一个新的层次上展开，理论也必然要随之进入一个新起点。经过十多年的"实践—认识—再实践—再认识"的市场化改革探索，党的十四大在总结以往我国经济体制改革所取得的经验成就的基础上，正式把"社会主义市场经济体制"作为我国经济体制改革的基本目标。这一体制就是要给予居民和企业等微观市场主体在价格机制调节下充分追求利益和财富的权利。随后，党的十五大、党的十六大都在不同程度上强调市场在资源配置中的基础性作用。这期间，我国市场经济体制改革在诸多领域取得重大突破，包括继续深化国企改革、取消生产资料价格"双轨制"以完善市场体系、初步构建新的宏观调控体系、成功加入 WTO 等。党的十六届三中全会后，我国开始进入完善社会主义市场经济体制的新阶段。党和政府对市场作用及其功能的认识也在不断加深与拓展，党的十七大报告着重从"制度上"阐明了要更好发挥市场配置资源的基础性作用，党的十八大报告则强调"更大程度更广范围发挥市场在资源配置中的基础性作用"，这表明市场能够充分配置资源、促进生产力发展的积极作用正得到人们越来越多的肯定，"市场"在提高中国经济发展质量中扮演着越来越重要的角色。

党的十八大以来，以习近平同志为核心的党中央在推进马克思主义经济学中国化的过程中，创造性地把马克思政治经济学的理论精髓运用于实现中华民族伟大复兴中国梦的历史进程中，不断推进我国市场经济走向全面完善。主要表现在：我国经济发展进入新常态，这是我国市场经济发展完善所面临的现实境遇；积极发展混合所有制经济，是完善社会主义基本经济制度的重要实现形式；推进供给侧结构性改革，是完善社会主义市场经济的重要动力；推进"一带一路"建设，拓宽了我国市场经济的发展空间。基于这些新的实践，习近平总书记先后提出了"中国特色市场决定论""五大发展理念"、坚持"以人民为中心"的发展等一系列完善我国市场经济的新思想。从"系统化的经济学说"视角考察，这些新实践和新思想注重我国经济制度、经济体制和经济运行的综合性、系统性研究，以一系列新观点、新论断进一步丰富发展了中国特色社会主义的"政治经济学初稿",形成一个完整的理论体系①,是马克思政治经济学中国化的最新成果。

党的十九届四中全会站在历史的交汇点和我国经济社会向更高质量发展、我国社会制度趋向更加成熟更加定型的关键时期,把社会主义市场经济体制上升为基本经济制度,这是对我国改革开放 40 多年经验特别是党的十八大以来新鲜经验的一个科学总结,为推动新时代我国经济高质量发展、建设现代化经济体系提供了理论支撑和制度支撑。

8.3 中国市场经济的发展完善对中国特色社会主义进入新时代具有重要意义

习近平总书记在党的十九大报告中指出:"经过长期努力,中国特色社会主义进入了新时代,这是我国发展新的历史方位。②"这一重大论断的提出,表明我国面貌发生了根本性变化,也是社会生产方式的内在矛盾及其发展的必然结果。改革开放 40 多年,我国经济实力和综合国力显著提高,国内生产总值从 54 万亿元增长到 80 万亿元,稳居世界第二,对世界经济增长贡献率超过 30%"③,这一重大经济成就的取得,是我国社会主义市场经济创新发展的必然结果,深刻反映了中国经过 40 多年的市场经济体制改革实践,使中华民族迎来了从"站起来""富起来"到"强起来"的伟大飞跃,从而成为我国进入新时代的历史坐标和重要参照系,这也是我国社会生产力迅速发展和社会主义生产关系深刻变革与阶段性调整的现实需要,是历史合力的产物。

随着我国市场经济的发展,市场合理配置资源的功能不断得到"放大",我国社会生产能力在很多方面进入世界前列,生产供给能力得到大幅提升,这是中国在社会主义经济建设过程中注重把生产力"量"的积累与"质"的跨越相结合,使我国经济实力在社会生产力持续发展的基础上创造了举世瞩目的"中国奇迹",进而为中华民族从"站起来""富起来"走向"强起来"奠定了坚实基础。同时,随着我国市场经济和社会生产力的不断发展,社会主义生产关系也会发生相应变革或阶段性调整,这种变革或调整突出地反映在新时代背景下我国社会主要矛盾发生了转换,即人

---

① 钱路波.论习近平系列重要讲话对社会主义市场经济理论的发展和创新 [J].长春师范大学学报,2016 (11):42.

②③ 习近平.决胜全面建成小康社会夺取新时代中国特色社会主义伟大胜利——在中国共产党第十九次全国代表大会上的报告 [N].人民日报,2017-10-28 (01).

们的思想观念、行为习惯、消费方式也发生了深刻变化，人们对物质文化生活的需要已转变为对美好生活的需要，需要的内涵大大扩展、层次大大提升，人们更加关注人的全面发展和社会的全面进步，这体现了社会主义生产关系的发展完善，也是中国特色社会主义进入新时代的重要标志，而这一矛盾的解决也离不开我国市场经济更加深入充分的发展。

中国特色社会主义发展进入新时代，意味着我国开启了全面建设社会主义现代化国家新征程，这也是我国在新时代背景下完善市场经济体制的必然要求。因为现代市场经济的发展有利于做到各种生产力要素之间的结构合理化，充分发挥生产力系统的整体功能，进而促进生产力的现代化和经济运行机制的现代化，这将为推进中国现代化的发展找到新的体制依托和推动力量。在推进中国现代化的历史进程中，完善市场经济与全面建成小康社会是一体两面、辩证统一的，前者既是后者的应有之意和重要构件，又为后者提供物质基础和体制保障，更是实现中华民族伟大复兴的必由之路。众所周知，发展完善社会主义市场经济，必须充分发挥市场配置资源的决定性作用和更好发挥政府作用，实现政府、市场与社会的协同共治，为推进国家治理朝着现代化的方向发展提供可靠的体制机制保障。而国家治理现代化又要求摒弃传统的国家统治，尤其是在经济治理过程中，现代化的经济治理要求政府与市场对经济主体进行调节的制度及其能力现代化。因而，发展完善社会主义市场经济，既是我国作为一个现代化国家的必然要求，又是推进国家治理现代化的重要途径，起着关键作用。

国家强，则经济体系必须强。随着中国特色社会主义发展进入新时代，意味着我国经济发展也进入一个新阶段，即从高速增长阶段转向高质量发展阶段，为主动适应新时代背景下经济发展方式的变化，弱化中美经贸摩擦的"负面"冲击，打破美国挑起经贸摩擦的话语逻辑，必须加快完善我国的市场经济体制，大力建设现代化经济体系。现代化经济体系是能够促进生产力与生产关系良性互动的经济体系，它要求在推进国家治理体系和治理能力现代化基础上实现经济活动的协调有序运转，并从发展目的、动力、环境以及管理方式等方面实现根本性转变，这与完善我国市场经济体制具有内在的逻辑一致性。建设现代化经济体系，要通过体制机制的改革创新促进经济体制的现代化，充分发挥好政府与市场这"两只手"的作用。可以说，完善我国市场经济体制、促进经济体制的现代化既是建设现代化经济体系的制度保障，也是这一有机整体不可或缺的重要内容。其中，市场机制有效是其现实前提，微观主体有活力是其关键支撑，宏观调控有度是其重要保障。

总之，中国特色社会主义发展进入新时代，意味着"我国日益走近世界舞台中央，不断为人类作出更大贡献"①，这也是我国发展完善社会主义市场经济的世界意义所在。主要表现在三个方面：一是为转型国家提供了一种可供借鉴的改革和发展模式；二是为国际共产主义运动带来了新的活力和希望；三是为推动构建人类命运共同体提供了有力支撑。

8.4 完善社会主义市场经济体制是构建中国特色社会主义政治经济学的重要内容

随着我国市场经济体制改革的深入推进，迫切需要将我国经济发展经验和思想理念"上升为系统化的经济学说"，即中国特色社会主义政治经济学。当前中国特色社会主义发展进入新时代，即"强起来"的时代，就蕴涵着我国经济发展由高速增长开始转向高质量发展，由经济大国走向经济强国。与"强起来"的时代相对应，将是中国社会主义政治经济学的最新发展。亦藉于此，中国特色社会主义政治经济学也形成了适应我国社会主要矛盾转化、贯彻新发展理念、建设现代化经济体系、转向高质量发展等为核心内容的完整理论体系②。因而，以习近平新时代中国特色社会主义思想为指引，坚持以人民为中心的根本立场和新发展理念，不断完善我国市场经济体制，促进我国经济体制的现代化，通过经济体制的发展完善来激发促进生产力发展的内在活力，必将为构建和发展"系统化的经济学说"提供鲜活的实践经验和丰厚的思想养分。

第一，从所有制层面看，完善社会主义市场经济体制要推进公有制实现形式的多样化，使混合所有制经济成为我国基本经济制度的重要实现形式，我国基本经济制度的发展变化及其在社会再生产中表现的规律性，将会拓宽传统政治经济学的研究对象，使传统政治经济学从革命走向建设。第二，我国社会主要矛盾的转换，意味着人民对美好生活的需要更为迫切，这就使得我国发展完善市场经济体制需要从经济、政治、文化、社会、生态等各方面协调推进，并将其贯穿于"五位一体"总布局和"四个全面"战略布局。这成为新时代中国特色社会主义政治经济学的理论新起点。第三，完善我国市场经济体制，必须推进市场机制有效、微观主体有活力、宏观调控有度的经济体制，不断促进国家经济治理体系和治理能力现代化，这将为构建现代化经济体系提供体制基础和制度保障，从而成为中国特色社会主义政治经济学的基本架构。第四，

---

① 习近平. 决胜全面建成小康社会夺取新时代中国特色社会主义伟大胜利——在中国共产党第十九次全国代表大会上的报告 [N]. 人民日报，2017 - 10 - 28 (01)，(02).

② 张占斌，钱路波. 论构建中国特色社会主义政治经济学 [J]. 管理世界，2018 (7)：31.

完善我国市场经济体制，需要推动产业结构的调整升级，加强国家创新体系的建设，使我国经济从高速增长转向高质量发展，不断提高全要素生产率，进而为建设社会主义现代化强国奠定坚实基础。这一重要目标将贯穿于新时代中国特色政治经济学研究的全过程。第五，完善我国市场经济体制，必须明确政府与市场的作用边界，不断创新和完善宏观调控体系，在生产力和生产关系的相互作用中正确处理好政府与市场的关系既是我国经济体制改革的核心，也是构建"系统化经济学说"的逻辑主线。第六，完善我国经济体制要正确认识并引领经济发展新常态，不断完善产权制度，以供给侧结构性改革为抓手继续优化资源要素的市场化配置，深入推进供给侧改革和需求侧的协同统一，这些重大举措将成为中国特色社会主义政治经济学的主要内容。第七，完善我国市场经济体制，需要加强和改善党对经济工作的集中统一领导，充分发挥党总揽全局、协调各方的作用，确保我国市场经济发展的社会主义方向，这也是构建中国特色社会主义政治经济学的政治保障。第八，完善我国市场经济体制，需要充分运用国际国内"两个市场、两种资源"，大力发展开放型经济，加快推进"一带一路"建设和打造人类命运共同体，不断提升我国参与全球经济治理的话语权，这将有利于拓展中国特色社会主义政治经济学研究的国际视野。第九，完善我国市场经济体制，需要从"问题意识"出发，坚持稳中求进的工作总基调，加强各项政策的协同配合，把握好工作节奏和力度，这也是构建中国特色社会主义政治经济学的方法论要义所在。第十，完善我国市场经济体制的根本立场在于始终坚持"以人民为中心"的发展思想，把人民作为推进经济发展的动力源，在促进生产力发展的基础上更好地完善社会主义生产关系，不断满足人民对美好生活的需要，切实增强人民群众在新时代的获得感、幸福感，这将成为构建中国特色社会主义政治经济学的根本立场和价值目标所在。

马克思主义认为，生产关系决定一切社会关系。习近平总书记也深刻指出："坚持社会主义市场经济改革方向，不仅是经济体制改革的基本遵循，也是全面深化改革的重要依托。使市场在资源配置中发挥决定性作用，主要涉及经济体制改革，但必然会影响到政治、文化、社会、生态文明和党的建设等各个领域。要使各方面体制朝着建立完善的社会主义市场经济体制这一方向协同推进，同时也使各方面自身相关环节更好适应社会主义市场经济发展提出的新要求[①]"。可见，我国市场经济体制的发展完善，涉及我国经济运行中各个环节以及经济制度、经济体制、经济运行、经济改革等基本内容，既注重解放、发展和保护生产力，又强调对社会主义生产关系的变革与完善，

---

① 中共中央文献研究室. 十八大以来重要文献选编（上）[M]. 北京：中央文献出版社，2014：552.

尤其是在完善我国市场经济体制的过程中建设现代化经济体系和社会主义现代化强国，极大地拓展了中国特色社会主义政治经济学的研究对象和研究范围；同时，我国市场经济的创新发展，既破除了苏联模式等传统政治经济学的僵化教条，又克服了西方发达市场国家的内在缺陷，从理论上系统阐述和揭示了把公有与私有、公平与效率、市场与政府、劳动与资本、变革与稳定、自主与开放、传统与现代等不同因素进行有机结合的客观规律，初步形成了比较完整的理论体系，为构建中国特色社会主义政治经济学提供了鲜活经验，为丰富发展马克思主义政治经济学贡献了中国智慧，也为人类对更好社会制度的探索提供了中国方案。正如习近平总书记在纪念马克思诞辰 200 周年大会上的讲话所指出的那样："我们要坚持用马克思主义观察时代、解读时代、引领时代，用鲜活丰富的当代中国实践来推动马克思主义发展，用宽广视野吸收人类创造的一切优秀文明成果，坚持在改革中守正出新、不断超越自己，在开放中博采众长、不断完善自己，不断深化对共产党执政规律、社会主义建设规律、人类社会发展规律的认识，不断开辟当代中国马克思主义、21 世纪马克思主义新境界！[①]"

---

① 习近平. 在纪念马克思诞辰 200 周年大会上的讲话［N］人民日报，2018 – 05 – 05（02）.

参 考 文 献

一、中文著作类

[1] 阿历克·诺夫. 可行的社会主义经济学 [M]. 徐钟师，等译. 北京：华夏出版社，1991.

[2] 奥斯卡·兰格. 社会主义经济理论 [M]. 王宏昌，译. 北京：中国社会科学出版社，1981.

[3] 奥塔·锡克. 经济体制——比较、理论、批评 [M]. 陈秀山，译. 北京：商务印书馆，1993.

[4] 奥塔·锡克. 社会主义的计划和市场 [M]. 王锡君，译. 北京：中国社会科学出版社，1982.

[5] 保罗·萨缪尔森. 经济学 [M]. 萧琛，主译. 北京：商务印书馆，2014.

[6] 本书编写组. 党的十九大报告辅导读本 [M]. 北京：人民出版社，2017.

[7] 本书编写组. 党的十九大报告学习辅导百问 [M]. 北京：人民出版社，2017.

[8] 本书编写组. 十九大报告关键词 [M]. 北京：党建读物出版社，2017.

[9] 本书编写组. 一图读懂十九大 [M]. 北京：人民出版社，2018.

[10] 伯特尔·奥尔曼. 市场社会主义——社会主义者之间的争论 [M]. 段忠桥，译. 北京：新华出版社，2000.

[11] 陈锦华，江春泽. 论社会主义与市场经济兼容 [M]. 北京：人民出版社，2005.

[12] 陈万里. 市场经济 300 年 [M]. 北京：中国发展出版社，1995.

[13] 陈甫军，胡德宝. 中国市场经济通论 [M]. 北京：中国人民大学出版社，2012.

[14] 陈征，李建平. 《资本论》与当代中国经济 [M]. 北京：社会科学文献出版社，2008.

[15] 程恩富. 马克思主义经济思想史（经典作家卷）[M]. 上海：东方出版中

心，2006.

[16] 程恩富. 马克思主义经济思想史（中国卷） [M]. 上海：东方出版中心，2006.

[17] 程恩富. 马克思主义经济学与应用经济学创新 [M]. 北京：经济管理出版社，2009.

[18] 程恩富，马艳，冯金华. 现代政治经济学创新 [M]. 上海：上海人民出版社，2007.

[19] 程恩富，马艳. 中国特色经济学话语研究 [M]. 北京：中国社会科学出版社，2014.

[20] 程恩富. 著名经济学家纵论新时代经济 [M]. 北京：中国经济出版社，2018.

[21] 邓本愚. 政治经济学的基础理论创新 [M]. 北京：中国经济出版社，2008.

[22] 邓纯东. 新时代·新思想·新征程——学习习近平新时代中国特色社会主义思想 [M]. 北京：人民日报出版社，2018.

[23] 邓小平文选（1~3卷） [M]. 北京：人民出版社，1994，1993.

[24]《砥砺奋进的五年》编写组. 砥砺奋进的五年：从十八大到十九大 [M]. 北京：中国统计出版社，2017.

[25] 董明堂. 市场经济原理研究 [M]. 上海：上海三联书店，2014.

[26] 傅高义. 邓小平时代 [M]. 冯克利，译. 北京：生活·读书·新知三联书店，2013.

[27] 高鸿业. 西方经济学（微观、宏观部分） [M]. 北京：中国人民大学出版社，2014.

[28] 顾海良. 马克思经济思想概论 [M]. 北京：经济科学出版社，2008.

[29] 顾海良，张雷声. 从马克思到社会主义市场经济 [M]. 北京：北京出版社，2001.

[30] 国家行政学院经济学教研部. 中国经济新常态 [M]. 北京：人民出版社，2015.

[31] 郝永平，黄相怀. 天下为公 中国共产党与新时代中国特色社会主义 [M]. 北京：人民出版社，2018.

[32] 洪银兴. 政治经济学理论创新与实践价值 [M]. 北京：经济科学出版社，2004.

[33] 洪银兴. 中国特色社会主义政治经济学理论体系构建 [M]. 北京：经济科学

出版社，2016.

[34] 洪银兴.《资本论》与马克思主义经济学中国化 ［M］. 北京：经济科学出版社，2009.

[35] 胡代光，周安军. 当代国外学者论市场经济 ［M］. 北京：商务印书馆，1996.

[36] 胡锦涛文选（1～3卷）［M］. 北京：人民出版社，2016.

[37] 胡钧. 创新发展与科学扬弃——马克思主义现代经济学与现代西方经济学的几个根本性的理论分歧 ［M］. 北京：中国言实出版社，2014.

[38] 胡钧. 中国社会主义市场经济研究 ［M］. 济南：山东人民出版社，1999.

[39] 吉尔伯特·罗兹曼. 中国的现代化 ［M］. 南京：江苏人民出版社，2018.

[40] 纪军. 匈牙利市场社会主义之路 ［M］. 北京：中国社会科学出版社，2000.

[41] 贾烈英. 新时代的全球格局与人类命运 ［M］. 北京：时事出版社，2018.

[42] 江泽民文选（1～3卷）［M］. 北京：人民出版社，2006.

[43] 焦扬. 新时代大视野 ［M］. 上海：上海人民出版社，2018.

[44] 李新家. 社会主义市场经济理论的发展 ［M］. 广州：广东人民出版社，2003.

[45] 李旭章. 中国特色社会主义政治经济学研究 ［M］. 北京：人民出版社，2016.

[46] 李义平. 经济学百年 ［M］. 北京：中国人民大学出版社，2014.

[47] 李晓西. 中国市场经济发展报告2010 ［M］. 北京：北京师范大学出版社，2010：1.

[48] 列宁选集（1～4卷）［M］. 北京：人民出版社，1995.

[49] 林木西，和军. 马克思主义政治经济学基础理论创新研究 ［M］. 北京：经济科学出版社，2013.

[50] 林兆木. 建设现代化经济体系 ［M］. 北京：中国言实出版社，2018.

[51] 刘长龙，赵莉. 市场经济思想史纲 ［M］. 北京：首都师范大学出版社，1999.

[52] 刘国光. 社会主义市场经济理论问题 ［M］. 北京：中国社会科学出版社，2013.

[53] 刘海涛. 时代之声——十八大以来中国特色社会主义的新发展 ［M］. 北京：红旗出版社，2018.

[54] 刘诗白. 政治经济学 ［M］. 成都：西南财经大学出版社，2014.

［55］柳斌杰.学习十九大报告：经济50词［M］.北京：人民出版社，2018.

［56］柳思维.中国市场经济发展研究［M］.长沙：湖南人民出版社，2003.

［57］罗伯特·劳伦斯·库恩.中国30年：人类社会的一次伟大变迁［M］.吕鹏，李荣山，等译.上海：上海人民出版社，2008.

［58］罗纳德·哈里·科斯，王宁.变革中国：市场经济的中国之路［M］.徐尧，李哲民，译.北京：中信出版社，2013.

［59］马尔塞尼奇.南斯拉夫经济制度［M］.朱行巧，译.北京：人民出版社，1981.

［60］马健行.20世纪社会主义经济思想史［M］.北京：中央党校出版社，2003.

［61］马克思恩格斯全集（第1～4、20～27、42、46～49卷）［M］.北京：人民出版社.

［62］马克思恩格斯选集（1～4卷）［M］.北京：人民出版社，1995.

［63］马克思.资本论（1～3卷）［M］.北京：人民出版社，2004.

［64］毛泽东文集（6～8卷）［M］.北京：人民出版社，1999.

［65］毛泽东选集（1～4卷）［M］.北京：人民出版社，1991.

［66］梅纳德·凯恩斯.就业·利息和货币通论［M］.高鸿业，译.北京：商务印书馆，2009.

［67］逢锦聚.马克思主义中国化进程中的经济学创新［M］.北京：经济科学出版社，2011.

［68］山口重克.市场经济：历史·思想·现在［M］.张季风，等译.北京：社会科学文献出版社，2007.

［69］史继红.社会主义市场经济理论体系创新研究［M］.成都：西南交通大学出版社，2009.

［70］孙冶方.社会主义经济论稿［M］.北京：中国大百科出版社，2009.

［71］索尔·埃斯特林.市场社会主义［M］.邓正来，徐泽荣，等译.北京：经济日报出版社，1993.

［72］托马斯·平迪克.21世纪资本论［M］.巴曙松，陈剑，余江，等译.北京：中信出版社，2014.

［73］W.布鲁斯，K.拉斯基.从马克思到市场：社会主义对经济体制的求索［M］.银温泉，译.吴敬琏，校.上海：上海三联书店、上海人民出版社，1998.

［74］W.布鲁斯.社会主义所有制与政治体制［M］.郑秉文，等译.叶南奇，校.北京：华夏出版社，1989.

［75］王冰．市场经济原理［M］．北京：研究出版社，2011.

［76］王小广．新时代宏观调控创新［M］．北京：人民出版社，2018.

［77］王云中．马克思市场经济资源配置研究［M］．北京：经济科学出版社，2010.

［78］卫兴华，张宇．社会主义经济理论［M］．北京：高等教育出版社，2013.

［79］吴敬琏．当代中国经济改革教程［M］．上海：上海远东出版社，2015.

［80］吴敬琏．计划经济还是市场经济［M］．北京：中国经济出版社，1992.

［81］吴敬琏，厉以宁，林毅夫．小趋势·2015：读懂新常态［M］．北京：中信出版社，2015.

［82］吴敬琏，许善达等．中国经济新时代　构建现代化经济体系［M］．北京：中信出版社，2018.

［83］吴易风．政府干预与市场经济［M］．北京：商务印书馆，1998.

［84］习近平．习近平谈治国理政［M］．北京：外文出版社，2014.

［85］习近平．习近平谈治国理政（第2卷）［M］．北京：外文出版社，2017.

［86］徐俊峰．社会主义与市场经济兼容模式微探［M］．上海：上海社会科学院出版社，2012.

［87］徐平华．政府与市场：看得见的手与看不见的手［M］．北京：新华出版社，2014.

［88］亚当·斯密．国富论［M］．郭大力，王亚南，译．北京：译林出版社，2011.

［89］亚诺什·科尔内．短缺经济学（上、下卷）［M］．高鸿业，校．北京：经济科学出版社，1986.

［90］杨承训．中国特色社会主义政治经济学十二讲［M］．北京：中国人民大学出版社，2017.

［91］杨国昌．马克思经济学体系的继承与创新［M］．北京：北京师范大学出版社，2004.

［92］杨瑞龙．改革开放的实践与经济创新［M］．北京：中国人民大学出版社，2008.

［93］杨玉生．社会主义市场经济理论史［M］．济南：山东人民出版社，1999.

［94］叶学平．新时代中国现代化经济体系建设［M］．武汉：武汉大学出版社，2018.

［95］于金富，剧义文．科学社会主义经济理论的发展与创新［M］．开封：河南大

学出版社，2007.

［96］余斌．马克思恩格斯列宁斯大林论政治经济学［M］．北京：中国社会科学出版社，2013.

［97］袁恩桢．江泽民社会主义市场经济思想研究［M］．上海：上海交通大学出版社，2011.

［98］约翰·罗默．社会主义的未来［M］．余文烈，译．重庆：重庆出版社，1997.

［99］张传平．市场逻辑与社会主义［M］．北京：人民出版社，2002.

［100］张宇．中国特色社会主义政治经济学［M］．北京：中国人民大学出版社，2016.

［101］张占斌．中国特色社会主义政治经济学［M］．武汉：湖北教育出版社，2016.

［102］张卓元．中国经济学60年：1949—2009［M］．北京：中国社会科学出版社，2009.

［103］赵建春．中国国家治理现代化研究［M］．北京：经济管理出版社，2018.

［104］中共中央文献研究室．邓小平年谱（一九七五——一九九七）［M］．北京：中央文献出版社，2004.

［105］中共中央文献研究室．十八大以来重要文献选编（上、中）［M］．北京：中央文献出版社，2014，2016.

［106］中共中央文献研究室．习近平关于社会主义经济建设论述摘编［M］．北京：中央文献出版社，2017.

［107］中国共产党第十九次全国代表大会文件汇编［M］．北京：人民出版社，2017.

［108］朱舜，赵峰．社会主义经济理论创新与中国经济发展［M］．成都：西南财经大学出版社，2005.

二、中文期刊报纸类

［1］艾四林，康沛竹．中国社会主要矛盾转化的理论与实践逻辑［J］．当代世界与社会主义，2018（1）.

［2］白暴力，方凤玲．资本主义经济与社会主义市场经济中有效需求不足的原因与特点［J］．思想理论教育导刊，2002（1）.

［3］包亚钧．论社会主义现代市场经济中国家调节经济的科学性［J］．中州学刊，2014（11）.

［4］波波夫．波波夫谈中国模式［J］．毕文胜，译．国外理论动态，2011（1）：65.

［5］陈霄，王正攀．全球化与社会主义市场经济：历程、转型与展望［J］．探索，2013（3）．

［6］程恩富，谭劲松．社会主义比资本主义能更好地运用市场经济［J］．当代经济研究，2015（3）．

［7］程恩富．习近平的十大经济战略思想［J］．当代社科视野，2014（1）．

［8］崔友平．政治经济学的伟大复兴——习近平新时代中国特色社会主义经济思想的形成［J］．山东财经大学学报，2018（2）．

［9］大木一训．正确看待中国的经济发展［J］．梅荣政，倪傣裹，编译，当代世界与社会主义，2005（2）．

［10］邓玲．社会主义市场经济理论是重大创新［N］．人民日报，2015－03－20（7）．

［11］丁任重，李标．供给侧结构性改革的马克思主义政治经济学分析［J］．中国经济问题，2017（1）．

［12］董辅礽．对社会主义市场经济还需进一步研究［J］．经济研究，1998（11）．

［13］范恒山．关于社会主义市场经济内涵与特征的思考［J］．马克思主义与现实，1997（1）．

［14］范静．政府主导与社会主义市场经济［J］．上海财经大学学报，2012（6）．

［15］方敏，胡涛．供给侧结构性改革的政治经济学［J］．山东社会科学，2016（6）．

［16］方兴起．评形而上学的市场经济观［J］．中国社会科学，1996（6）．

［17］冯柏，温彬，李洪侠．现代化经济体系的内涵、依据及路径［J］．改革，2018（6）．

［18］冯志峰．供给侧结构性改革的理论逻辑与实践路径［J］．经济问题，2016（2）．

［19］傅尔基．角色重塑：公有制与市场经济相结合及其主导作用——上海国资国企改革开放30年的回顾和前瞻［J］．毛泽东邓小平理论研究，2012（7）．

［20］高帆．中国特色社会主义政治经济学的理论和实践逻辑［J］．探索与争鸣，2016（3）．

［21］谷书堂，常修泽．社会主义与商品经济论纲［J］．经济研究，1990（6）．

［22］顾海良．"一论二史"：中国特色"系统化的经济学说"的学理依循［N］．光

明日报, 2017 - 07 - 11 (13).

[23] 顾海良. 中国特色社会主义经济学的新篇章——习近平系列重要讲话中阐发的经济思想 [J]. 毛泽东邓小平理论研究, 2014 (4).

[24] 顾纪瑞. 关于社会主义市场经济的几个问题 [J]. 经济研究, 1979 (S1).

[25] 顾珏民. 社会主义与市场经济结合的再研究 [J]. 学习与探索, 2011 (1).

[26] 顾珏民. 社会主义与市场经济相结合的观念与制度创新 [J]. 马克思主义研究, 2008 (4).

[27] 顾钰民. 中国社会主义经济理论的三次创新——十一届三中全会以来中国共产党对马克思主义经济学的创新 [J]. 思想理论教育导刊, 2002 (10).

[28] 桂世镛, 周叔莲. 加强计划指导, 正确利用市场的作用 [N]. 人民日报, 1981 - 06 - 11.

[29] 郭金平. 深化对社会主义市场经济的认识 [N]. 经济日报 2015 - 08 - 27 (13).

[30] 郭克莎. 中国经济发展进入新常态的理论根据——中国特色社会主义政治经济学的分析视角 [J]. 经济研究, 2016 (9).

[31] 和军. 社会主义市场经济条件下能否实现按劳分配 [J]. 求实, 2012 (8).

[32] 洪光东. 马克思的三大社会形态理论及其当代价值 [J]. 当代世界与社会主义, 2010 (1).

[33] 洪银兴. 经济转型阶段的市场秩序建设 [J]. 经济理论与经济管理, 2005 (1).

[34] 胡鞍钢等. 供给侧结构性改革的三大逻辑 [J]. 国家行政学院学报, 2016 (6).

[35] 胡家勇. 社会主义市场经济理论的新贡献 [J]. 中国发展观察, 2013 (11).

[36] 胡钧, 秦兴方. 社会主义市场经济体制下的计划与市场 [J]. 中国社会科学, 1994 (4).

[37] 胡培兆. 市场经济与社会主义 [J]. 经济研究, 1992 (11).

[38] 简新华, 余江. 市场经济只能建立在私有制基础上吗? [J]. 经济研究, 2016 (12).

[39] 蒋永穆, 戴中亮. 一个公有制与市场经济有效结合的理论框架: 从形式兼容到本质兼容 [J]. 社会科学战线, 2013 (11).

[40] 金里伦. 三大鲜明特征开辟政治经济学新境界 [N]. 经济日报, 2017 - 08 - 21 (01).

[41] 李桂华, 郭爱萍. 市场决定性作用的发挥: 政府退出的视角 [J]. 求实,

2015（1）.

[42] 厉以宁．关于市场经济体制的几个问题［J］．理论前沿，1992（23）．

[43] 林金忠．社会主义市场经济再认识［J］．学术研究，2012（2）．

[44] 林毅夫．提高国有企业的自生能力完善社会主义市场经济体制［J］．红旗文稿，2003（11）．

[45] 林毅夫．新常态下政府如何推动转型升级［N］．人民日报，2015 - 05 - 07（7）．

[46] 刘国光．关于社会主义市场经济理论的几个问题［J］．经经研究，1992（10）．

[47] 刘国光．回顾改革开放30年：计划与市场关系的变革［J］．财贸经济，2008（11）．

[48] 刘伟，蔡志洲．新时代全面现代化建设与经济增长［J］．求是学刊，2018（1）．

[49] 刘伟．发展混合所有制经济是建设社会主义市场经济的根本性制度创新［J］．经济理论与经济管理，2015（1）．

[50] 刘伟．供给侧结构性改革是中国特色社会主义市场经济实践和理论的深刻革命［N］．光明日报，2017 - 03 - 22（01）．

[51] 刘伟．经济新常态与供给侧结构性改革［J］．管理世界，2016（7）．

[52] 刘伟．习近平新时代中国特色社会主义经济思想的内在逻辑［J］．经济研究，2018（5）．

[53] 刘元春．供给侧结构性改革的政治经济学解读［N］．光明日报，2016 - 07 - 28（16）．

[54] 刘志彪．建设现代化经济体系：新时代经济建设的总纲领［J］．山东大学学报（哲学社会科学版），2018（1）．

[55] 柳欣，刘刚．中国经济学三十年［M］．北京：中国财政经济出版社，2008：7．

[56] 吕立志．试论"三个代表"重要思想对邓小平理论的丰富和发展［J］．南京航空航天大学学报（社会科学版），2003（4）．

[57] 吕立志，张佩佩，李玉春．一个世界性的话题：社会主义与市场经济［J］．南京航空航天大学学报（社会科学版），2009（3）．

[58] 骆耕漠．关于计划经济、市场经济及其它［J］．经经研究，1979（1）．

[59] 马拥军．中国市场经济的"社会主义"底线［J］．学海，2015（4）．

[60] 马钟成．正确理解"使市场在资源配置中起决定性作用"——马克思主义视

野中的"社会主义市场经济"[J]. 求索，2014（3）.

　　[61] 庞安增. 社会主义市场经济理论的形成机制 [J]. 南通大学学报（哲学社会科学版）2012（2）.

　　[62] 逄锦聚. 新时代课题与中国特色社会主义政治经济学的新使命 [J]. 经济纵横，2018（1）.

　　[63] 裴长洪. 法治经济：习近平社会主义市场经济理论新亮点 [J]. 经济学动态，2015（1）.

　　[64] 裴长洪，李程骅. 习近平经济思想的理论创新与实践指导意义 [J]. 南京社会科学，2015（2）.

　　[65] 皮沃瓦洛娃. 中国的趋同性混合经济体制是对社会主义的重大发展 [J]. 李铁军，译. 国外理论动态，2012（7）.

　　[66] 七问供给侧结构性改革——权威人士谈当前经济怎么看怎么干 [N]. 人民日报，2016-01-04（02）.

　　[67] 邱海平. 论中国政治经济学的创新及逻辑起点——基于唯物史观对于中国现代历史适用性的思考 [J]. 教学与研究，2010（3）.

　　[68] 任保平. 理解新时代的中国特色社会主义政治经济学 [J]. 西北大学学报（哲学社会科学版），2018（3）.

　　[69] 邵光学. 党的十八大报告在经济理论上的重大创新 [J]. 中共郑州市委党校学报，2013（6）.

　　[70] 石建勋，张凯文，李兆玉. 现代化经济体系的科学内涵及建设着力点 [J]. 财经问题研究，2018（2）.

　　[71] 石仲泉. "南方谈话"与社会主义市场经济的建立和未来发展——纪念邓小平"南方谈话"发表20周年 [J]. 毛泽东邓小平理论研究，2012（2）.

　　[72] 时家贤. 马克思恩格斯的市场经济理论与社会主义市场经济 [J]. 当代世界与社会主义，2014（6）.

　　[73] 宋磊，孙晓东. 社会主义市场经济潜在的政治经济学含义 [J]. 学术研究，2011（4）.

　　[74] 孙彩红. 习近平关于政府与市场关系思想的特征及实践价值 [J]. 中国社会科学院研究生院学报，2017（3）.

　　[75] 孙冶方. 把计划和统计放在价值规律的基础上 [J]. 经济研究，1956（6）.

　　[76] 陶玉. 更好发挥政府作用是社会主义市场经济的独特优势 [J]. 马克思主义研究，2014（7）.

［77］王佳菲．正确认识和运用"看不见的手"和"看得见的手"——学习习近平总书记关于政府和市场关系的系列论述［J］．经济研究，2016（3）．

［78］王珏．关于建立社会主义市场经济的几个理论问题［J］．当代财经，1994（8）．

［79］王立胜，郭冠清．论中国特色社会主义政治经济学理论来源［J］．经济学动态，2016（5）．

［80］王立胜．习近平对中国特色社会主义政治经济学理论的重大贡献［J］．当代经济研究，2017（1）．

［81］王立胜．习近平经济思想的理论逻辑［J］．北京交通大学学报（社会科学版），2017（2）．

［82］王学忠．市场决定论对邓小平社会主义市场经济思想的坚持和发展［J］．求实，2015（3）．

［83］王岩．市场·政府·自由——社会主义市场经济条件下公民自由的实现［J］．中国行政管理，2006（11）．

［84］王岩，魏崇辉．新制度经济学意识形态理论与我国意识形态安全［J］．马克思主义研究，2011（2）．

［85］王增剑，赵明义．论社会主义市场经济的制度设计及其实现途径［J］．理论学刊，2013（4）．

［86］卫兴华．关于市场经济和社会主义市场经济的问题［J］．兰州商学院学报，1995（2）．

［87］卫兴华．社会主义市场经济与法治［J］．经济研究，2015（1）．

［88］魏礼群．邓小平社会主义市场经济理论的丰富内涵及重大贡献［J］．国家行政学院学报，2014（5）．

［89］吴振坤．关于社会主义市场经济内涵和特征的基点看法［J］．理论前沿，1996（15）．

［90］武国友．建设现代化经济体系——党的十九大报告关于转变经济发展方式的新思路与新亮点［J］．北京交通大学学报（社会科学版），2018（1）．

［91］习近平．决胜全面建成小康社会夺取新时代中国特色社会主义伟大胜利——在中国共产党第十九次全国代表大会上的报告［N］．人民日报，2017-10-28．

［92］习近平．开放共创繁荣　创新引领未来——在博鳌亚洲论坛2018年年会开幕式上的主旨演讲［N］．人民日报，2018-04-11（03）．

［93］习近平．在纪念马克思诞辰200周年大会上的讲话［N］．人民日报，2018-

05 – 05（02）.

　　［94］习近平. 在哲学社会科学工作座谈会上的讲话［N］. 人民日报，2016 – 05 –
19（02）.

　　［95］夏国军. 社会主义与市场经济关系的哲学追问［J］. 学术月刊，2015（2）.

　　［96］鲜阳红，张尊帅. 略论《资本论》中商品货币理论的价值——基于中国特色
社会主义市场经济的审视［J］. 经济问题，2015（1）.

　　［97］肖贵清，田桥. 习近平治国理政思想的逻辑主线和框架结构［J］. 中国特色
社会主义研究，2017（1）.

　　［98］徐传谌，翟绪权. 论社会主义国有经济与市场经济的结合［J］. 财经问题研
究，2014（7）.

　　［99］徐绍史. 完善社会主义市场经济体制的重大举措［N］. 人民日报，2017 – 01 –
12（10）.

　　［100］许友伦. 社会主义市场经济的基本特征——与许小年教授商榷［J］. 马克
思主义研究，2011（11）.

　　［101］许友伦. 社会主义市场经济是什么模式——与吴敬琏先生讨论［J］. 当代
经济研究，2011（12）.

　　［102］薛暮桥. 关于社会主义市场经济［J］. 经济研究，1992（10）.

　　［103］杨承训. 科学发展观规导社会主义市场经济更完善——从改革开放30年成
就看社会主义市场经济优于资本主义市场经济［J］. 高校理论战线，2008（11）.

　　［104］杨承训. 探寻社会主义市场经济特殊规律——重温邓小平关于“市场经济”
论述之感悟［J］. 思想理论教育导刊，2014（5）.

　　［105］杨继绳. 从计划经济到市场经济［J］. 社会经济体制比较，1993（4）.

　　［106］杨勇华. 中国模式的理论基础：市场经济与公有制相容性［J］. 华南师范
大学学报（社会科学版），2011（1）.

　　［107］易淼，任毅. 五大发展理念：中国特色社会主义政治经济学的重要拓展［J］.
财经科学，2016（4）.

　　［108］张建刚，刘刚. 建设现代化经济体系的政治经济学探析［J］. 山东社会科
学，2018（5）.

　　［109］张军扩. 引领新常态需要用好“两只手”［N］. 人民日报，2015 – 02 – 27
（7）.

　　［110］张俊山. 对新时代中国特色社会主义现代化经济体系建设的几点认识［J］.
经济纵横，2018（2）.

[111] 张昆仑. 社会主义市场经济的特征之我见 [J]. 计划与市场，1999 (6).

[112] 张沁悦，马艳，刘诚洁. 新时代中国特色社会主义经济思想形成与发展的内在逻辑 [J]. 上海财经大学学报，2018 (1).

[113] 张宇. 论公有制与市场经济的有机结合 [J]. 经济研究，2016 (6).

[114] 张宇. 社会主义与市场经济的联姻 [J]. 经济理论与经济管理，1997 (3).

[115] 张占斌，戚克维. 从社会主要矛盾变化看我国现代化经济体系建设 [J]. 理论探索，2018 (3).

[116] 张占斌. 习近平经济思想：中国特色社会主义政治经济学的新突破 [J]. 人民论坛，2017 (2).

[117] 张占斌. 习近平总书记"经济八论"[J]. 人民论坛，2013 (34).

[118] 张卓元. 把坚持社会主义基本制度同发展市场经济结合起来 [N]. 人民日报，2008 - 10 - 06.

[119] 张卓元. 中国价格改革三十年：成效、历程与展望 [J]. 红旗文稿，2008 (23).

[120] 赵凌云. 论社会主义与市场经济兼容 [J]. 中南财经大学学报，1993 (1).

[121] 赵士刚. 习近平关于政府、市场和社会同向发力的论述及意义 [J]. 党的文献，2016 (6).

[122] 赵晓雷. 中华人民共和国经济思想史纲 [M]. 北京：首都经济贸易大学出版社，2009：132.

[123] 周海荣，何丽华. 马克思主义社会矛盾理论视域下我国社会主要矛盾的转变 [J]. 社会科学，2018 (4).

[124] 周新城. 必须牢牢把握邓小平关于市场经济的思想 [J]. 毛泽东邓小平理论研究，2014 (6).

[125] 周新城. 社会主义与市场经济关系论争的回顾与辨析——邓小平市场经济理论再认识 [J]. 学术探索，2004 (5).

[126] 朱进东，徐丹. 从两个必然到两个绝不会——基于《共产党宣言》到《〈政治经济学批判〉序言》文献群视角 [J]. 南京航空航天大学学报（社会科学版），2007 (3).

三、外文类

[1] Aceves S R, Amato C. Government financial regulation and growth [J]. Investigacion Economica，2017，76 (299).

[2] Asch P. Industial Organizationg and Antitrust Policy [M]. New York：John Wiley

& Sons Inc. , 1983.

［3］ Backhouse R. Economic Power and the Financial Machine: Competing Conceptions of Market Failure in the Great Depression ［J］. History of Political Economy, 2015, 47 (suppl_1).

［4］ Baghestani H, Danila L. On the Accuracy of Analysts' Forecasts of Inflation in an Emerging Market Economy ［J］. Eastern European Economics, 2014, 52 (4).

［5］ Bailey S J. Public Sector Economics, Theory, Policy and Practice ［M］. England: Macmilan Press Ltd. , 1995.

［6］ Brandt L, Zhu Xiaodong, Accounting for China's Growth ［C］. Working paper, No. 395, Department of Economics, University of Toronto, 2010 (2).

［7］ Burenin A N. On the Inevitability of Economic Crises in the Modern Market Economy ［J］. Economic Policy, 2017 (5).

［8］ Coase R. The Firm, the Market, and the Law ［M］. Chicago: Univ. Chicago Press, 1988.

［9］ Curran L, Maiza A. Here There Be Dragons? Analysis of the Consequences of Granting Market Economy Status to China ［J］. Journal of World Trade, 2016, 50 (6).

［10］ Dollar D, Wei Shang – Jin. Das (Wasted) Kapital: Firm Ownership and Investment Efficiency in China ［C］. NBER Working Paper, No. 13103, Mary 2007.

［11］ Ghosh Jayati. The Continuing Need for Industrial Policy ［J］. Frontline, Vol. 29, Issue May, 2012.

［12］ Hsieh Chang – Tai, Peter J. Klenow, Misallocation and Manufacturing Tfp in China and India ［J］. The Quarterly Journal of Economics, Vol. C X X IV, Issue 4, 2009 (11).

［13］ Jesus F. Total Factor Productivity Growth in East Asia: A Critical Survey ［M］. EDRC Report Series, No. 65, 1997.

［14］ Kazakevitch G and Smyth R. Gradualism Versus Shock Therapy: (Re) Interpreting the Chinese and Russian Experiences ［J］. Asia Pacific Business Review, 2005, 11 (1): 69 – 81.

［15］ Knight J, Song Lina. Towards a Labour Market in China ［M］. Oxford University Press, 2005.

［16］ Kornai J. Economics of Shortage ［M］. New York: Elsevier, 1980.

［17］ Kuijs Louis. China through 2020 – A Macroeconomic Scenario ［J］. World Bank

China Research Working Paper, No. 9, 2010.

[18] Lardy N. China: Toward a Consumption – Driven Growth Path [J]. Policy Briefs in International Economics, October 2006 (10).

[19] Lardy N R. China in the World Economy [M]. Washington, DC: Institute for International Economics, 1994.

[20] Lardy N R. China's Unfinished Economic Revolution [M]. Washington DC: Brookings Institute Press, 1998.

[21] Martin Hart – Landsberg and Paul Burkett. China and Socialism: Market Reforms and Class Struggle [J]. Monthly Review Press, 2005: 16.

[22] Naughton Barry. Growing out of the Plan: Chinese Economic Reform 1978 – 1993 [M]. Cambridge, Cambridge University Press, 1995.

[23] Naughton B. The Chinese Economy: Transitions and Growth [M]. Cambridge, MA: MIT Press, 2007.

[24] Nolan P. China at the Crossroads [J]. Journal of Chinese E – conomic and Business Studies UK, 2005 (1) .

[25] Nolan Peter. Transforming China: Globalization, Transition and Development [M]. London, Anthem Press, 2004.

[26] North D C. Structure and Change in Economic History [M]. Norton: New York, 1981.

[27] North D. Institutions, Institutional Change, and Economic Performance [M]. Norton: New York, 1990.

[28] Oi Jean C. Rural China Takes Off: Institutional Foundations of Economic Reform [M]. Berkeley and Los Angeles, University of California Press, 1999.

[29] Oi Jean C. Walder Andrew. Property Rights and Economic Reform in China [M]. Stanford, CA, Stanford University Press, 1999.

[30] Palley T. External Contradiction of the Chinese Development Model: Export – led Growth and Dangers of Golobal Economic Contraction [J]. Journal of Contemporary China, 2006, 15 (6): 69 – 88.

[31] Palley T. External Contradictions of the Chinese Development Model: Export – led Growth and the Dangers of Global Economic Contraction [J]. Journal of Contemporary China, 2006, 15 (46): 69 – 88.

[32] Samuelson P. Where Ricardo and Mill Rebut and Confirm Arguments of Mainstream

Economists Supporting Globalization ［J］. Journal of Economic Perspectives, Vol. 18, No. 3, 2004.

［33］Tarun K. Billions of Entrepreneurs: How China and India Are Reshaping Their Futures and Yours ［M］. Cambridge: Harvard University Press, 2008.

［34］Whalley John, Zhao Xiliang, The Contribution of Human Capatal to China's Economic Growth, NBER Working Paper, No16592, 2010.

［35］Williamson O. The Economic Institutions of Capitalism ［M］. Free Press: New York, 1985.

后　记

千淘万漉虽辛苦，吹尽狂沙始到金！

本书是在我博士论文的基础上修订而成的，它凝集了多人的心血，是大家共同努力的结晶。此刻，在撰写这篇后记的时候，攻读博士期间的一幅幅画面不断浮现在我的眼前，不禁感慨万千。可以说，本书即将出版，在喜悦、振奋之余，更多的是感恩。

岁月如梭，光阴荏苒。在南京航空航天大学攻读博士研究生期间，承蒙导师吕立志教授的精心指导，选题立意、开题架构、框架设计、撰写定稿等过程，都包含着吕老师的大量心血。在读博期间，导师对我生活上的关心，学习上的指导，为人方面的引领，科研方法上的精心培育，思维思路的拓宽，特别是提供大量参与课题的机会以及参与学术活动的平台，使自己的综合素质得到了更好的锻炼，为本书的最终定稿奠定了良好的基础。可以说，三十年光阴荏苒，二十载学涯如梭，何其有幸蒙导师引领，得以一窥学术殿堂的奥妙，领悟科研的乐趣，感受导师人格的魅力，并蒙导师谆谆教导，终使我能顺利完成学业，师恩浩瀚实非寸管可表，只能在此向导师致以谢忱。同时，要感谢为本书定稿做出贡献的南京航空航天大学人文与社会科学学院的所有老师。在我博士论文开题及写作过程中，南京航空航天大学人文与社会科学学院王岩教授、朱进东教授、郑易平教授、赵玲教授、李栗燕教授等都在百忙之中提出了许多宝贵意见，使我的论文最终顺利定稿并通过答辩，为本书的完成打下了坚实基础，在此向他们表示最诚挚的感谢！

博士毕业以后，我有幸继续从事教学科研工作。其间对博士论文的主题——中国特色社会主义市场经济的深入研究和拓展成为我进一步思考和研究的主要课题。围绕经济新常态背景下我国市场经济的发展完善，我有幸参与了国家社科基金重大项目"把握经济发展趋势性特征　加快形成引领经济发展新常态的体制机制和发展方式研究"，在研究过程中，幸蒙课题主持人——中央党校（国家行政学院）马克思主义学院张占斌院长的殷切指导与悉心教诲。占斌院长之为长者，身正为范；之为师者，诲人不倦；之为学者，含英咀华，与占斌院长一起学习研究，使我受益匪浅，也是我的重要精神财富。尤其是在书稿的修订过程中，占斌院长给予了许多重要的宝贵意见，他的鞭策与抬爱常常让我感动，唯有勤奋不辍才对得起这份鞭策与抬爱。

在本书写作过程中，还得到了学校各位领导和同事们的大力支持，他们不仅给予我鼓励与关心，使我有了深入研究的决心，而且对初稿提出了许多宝贵的修改意见，有助于论文进一步的深入研究，在此表示深深的谢意！感谢生命中所有关心我、支持我的朋友，感谢他们在我成长和求学道路上给予我的鼓励与帮助。

另外，感谢一直以来默默关心我、支持我的父母和爱人，他们是我最坚强的后盾！感谢父母，他们含辛茹苦，把我养育成人。对我读博求学，鼎力支持、任劳任怨、无怨无悔。我读书二十余载，空有反哺之心，却少有实际行动。"低首愧人子，不敢叹风尘。"谨以此书献给您们。感谢我的妻子，是她的宽容、鼓励和牺牲使我度过了那段艰苦日子，风雨人生路上幸有她为伴。她无私的支持与帮助，使我在困难面前多了几分力量，少了几许彷徨，我的每一项成果都有她的心血；正是有了她的默默付出和包容理解，我才得以顺利从容地完成书稿写作。

由于社会主义与市场经济的兼容发展是社会主义发展中富有争议性和挑战性的问题，研究综合性强、难度大，本书仅仅是作者的一己之见，疏漏、不足之处在所难免，恳请专家们和读者们批评指正。

最后，本书的编辑出版，还要感谢经济科学出版社编辑的辛勤劳作，他们工作热情、负责、一丝不苟，让人感动！

钱路波
2020 年 2 月